Sammlung Aufserdeutscher Strafgesetzbücher
No. 39.

Regierungs-Entwurf

eines

Österreichischen Strafgesetzbuches

und einer

Abänderung der Strafprozeßordnung

(1912)

BERLIN 1913.
J. Guttentag, Verlagsbuchhandlung,
G. m. b. H.

Fortsetzung auf der 3. Umschlagseite.

Sammlung

Außerdeutscher Strafgesetzbücher.

Herausgegeben von den Schriftleitungen

der

Zeitschrift für die gesamte Strafrechtswissenschaft

und der

Mitteilungen der Internationalen Kriminalistischen Vereinigung.

XXXIX.

Regierungs-Entwurf eines Österreichischen Strafgesetzbuches und einer Abänderung der Strafprozeßordnung.

BERLIN 1913.

J. Guttentag, Verlagsbuchhandlung,

G. m. b. H.

Regierungs-Entwurf

eines

Österreichischen Strafgesetzbuches

und einer

Abänderung der Strafprozeßordnung

(1912)

BERLIN 1913.

J. Guttentag, Verlagsbuchhandlung,

G. m. b. H.

Regierungsvorlage.

Nr. $\frac{58}{\text{H. H.}}$

Strafgesetzbuch

vom . . . .

Mit Zustimmung beider Häuser des Reichsrates finde Ich anzuordnen, wie folgt:

I. Teil.

Allgemeine Bestimmungen.

I. Hauptstück.

Strafbarkeit.

1. Abschnitt.

Einleitende Bestimmungen.

§ 1. Von den Gerichten darf nur bestraft werden, wer eine Handlung begeht, die ein Gesetz mit Strafe bedroht.

§ 2. Eine mit dem Tod oder mit Kerker bedrohte Handlung ist ein Verbrechen, eine mit Gefängnis oder Haft von mehr als sechs Monaten oder mit Geldstrafe von mehr als zweitausend Kronen bedrohte Handlung ist ein Vergehen.

Handlungen, die mit einer sechs Monate nicht übersteigenden Freiheitsstrafe oder mit einer zweitausend Kronen nicht übersteigendeu Geldstrafe bedroht siud, sind Übertretungen, soferne sie das Gesetz nicht als Vergehen bezeichnet.

2. Abschnitt.

Zurechnungsfähigkeit.

§ 3. Wer zur Zeit der Tat wegen Geistesstörung, Geistesschwäche oder Bewußtseinsstörung nicht die Fähigkeit besitzt, das Unrecht seiner Tat einzusehen oder dieser Einsicht gemäß zu handeln, ist nicht strafbar.

3. Abschnitt.

Unmündigkeit und jugendliches Alter.

§ 4. Wer zur Zeit der Tat das vierzehnte Lebensjahr nicht vollendet hat, ist nicht strafbar.

Der Unmündige wird der Fürsorgeerziehung überwiesen, wenn die häusliche Zucht nicht ausreicht.

§ 5. Wer zur Zeit der Tat im Alter vom vollendeten vierzehnten bis zum vollendeten achtzehnten Lebensjahre steht (Jugendlicher), ist nicht strafbar, wenn er nach dem Stande seiner Entwicklung nicht die Fähigkeit besitzt, das Unrecht seiner Tat einzusehen oder dieser Einsicht gemäß zu handeln.

Spricht das Gericht den Jugendlichen aus diesem Grunde frei so kann es anordnen, daß er der Fürsorgeerziehung übergeben werde, wenn dies geboten erscheint, um ihn zu bessern oder seine Verwahrlosung zu verhüten.

Hat der Jugendliche zur Zeit des Urteiles das achtzehnte Lebensjahr überschritten, so ist die Maßregel ausgeschlossen.

4. Abschnitt.

Verschulden.

§ 6. Strafbar ist nur, wer vorsätzlich handelt, es sei denn ausdrücklich bestimmt, daß auch der fahrlässig Handelnde bestraft werden soll.

Vorsätzlich handelt, wer die Verletzung oder Gefährdung, deren Herbeiführen die Strafbarkeit begründet, herbeiführen will und wer einwilligt, sie herbeizuführen.

Fahrlässig handelt, wer die Verletzuug oder Gefährdung, deren Herbeiführen die Strafbarkeit begründet, als mögliche Folge seiner Handlung voraussah, ohne ihren Eintritt zu wollen oder dazu einzuwilligen, und wer sie bei pflichtgemäßer Aufmerksamkeit hätte voraussehen können.

§ 7. Die erhöhten Strafen, die das Gesetz an den Eintritt bestimmter Folgen einer strafbaren Handlung knüpft, dürfen nur dann verhängt werden, wenn der Täter die Folgen fahrlässig herbeiführt.

§ 8. Handelt der Täter im Irrtum über Umstände der Tat, so ist sie nach der Vorstellung des Täters zu beurteilen, wenn diese Beurteilung für den Täter günstiger ist.

Beruht der Irrtum auf Fahrlässigkeit, so ist der Täter dafür verantwortlich, soferne das fahrlässige Handeln strafbar ist.

§ 9. Unkenntnis des Strafgesetzes schließt das Verschulden des Täters nicht aus.

5. Abschnitt.

Notstand und Notwehr.

§ 10. Wer eine mit Strafe bedrohte Tat begeht, um eine unmittelbar drohende, anders nicht abwendbare Verletzung an Körper, Freiheit oder Vermögen von sich oder einem Dritten abzuwenden, ist nicht strafbar, wenn der aus der Tat entstehende Nachteil nicht außer Verhältnis zu dem drohenden Nachteile steht.

Notstand schließt die Strafbarkeit nicht aus, wenn für den Täter eine besondere Pflicht besteht, sich der drohenden Verletzung auszusetzen.

§ 11. Wer sich oder einen Dritten gegen einen unmittelbar drohenden rechtswidrigen Angriff angemessen verteidigt, übt das Recht der Notwehr aus.

Das Maß der Verteidigung wird durch die Gefährlichkeit des Angriffes, die Art der drohenden Verletzung und das Verhalten des Angreifers bestimmt.

Wer die Grenzen angemessener Verteidigung nur infolge einer durch den Angriff hervorgerufenen Unbesonnenheit überschreitet, ist nicht strafbar.

6. Abschnitt.

Anstiftung und Beihilfe.

§ 12. Wer einen andern bestimmt, eine strafbare Handlung zu begehen, wer einem andern zu einer strafbaren Handlung durch Wort oder Tat Hilfe leistet oder eine bei oder nach der Tat zu leistende Hilfe zusagt, unterliegt den für den Täter geltenden Bestimmungen.

Ist Todesstrafe oder lebenslanger Kerker angedroht, so wird der Gehilfe mit Kerker von fünf bis zu zwanzig Jahren bestraft.

Persönliche Eigenschaften oder Verhältnisse können nur die Strafbarkeit desjenigen, bei dem sie vorhanden sind, aufheben, vermindern oder erhöhen.

Wer bewirkt, daß ein anderer eine mit Strafe bedrohte Tat begeht, die diesem nicht als vorsätzliche Handlung zugerechnet werden kann, oder wer zu einer solchen Tat Hilfe leistet, ist Täter.

7. Abschnitt.

Versuch.

§ 13. Wer mit dem Vorsatz, eine strafbare Tat zu begehen, eine unmittelbar zu ihrer Ausführung führende Handlung vornimmt, unterliegt den Bestimmungen, die für den Täter der vollendeten strafbaren Handlung gelten.

Der Versuch ist nicht strafbar, wenn die Handlung mit einer drei Monate nicht übersteigenden Freiheitsstrafe oder einer tausend Kronen nicht übersteigenden Geldstrafe bedroht ist.

Ist Todesstrafe oder lebenslanger Kerker angedroht, so wird auf Kerker von fünf bis zu zwanzig Jahren erkannt.

§ 14. Der Versuch ist nicht strafbar, wenn er an einem Gegenstand oder mit einem Mittel unternommen wird, dessen Beschaffenheit den Eintritt des Erfolges unter allen Umständen ausschließt, es sei denn, daß der Täter den Versuch nur infolge eines Zufalles oder eines Irrtumes an einem ungeeigneten Gegenstand oder mit einem ungeeigneten Mittel an Stelle des geeigneten begeht.

§ 15. Wer zu einer als Verbrechen bedrohten Tat anzustiften versucht, wird bestraft:

mit Kerker oder Gefängnis von einem bis zu zehn Jahren, wenn das Verbrechen mit dem Tod oder mit lebenslangem Kerker bedroht ist;

mit Kerker von einem bis zu fünf Jahren oder Gefängnis oder Haft von sechs Monaten bis zu fünf Jahren, wenn das Verbrechen ein gemeingefährliches oder mit Freiheitsstrafe von fünfzehn oder zwanzig Jahren bedroht ist;

mit Gefängnis oder Haft von zwei Wochen bis zu zwei Jahren in den übrigen Fällen.

Ist die Strafe des Verbrechens von persönlichen Eigenschaften oder Verhältnissen abhängig, so ist die Strafe maßgebend, die diesen Eigenschaften oder Verhältnissen bei dem Anstifter entspricht.

§ 16. Wer freiwillig und nicht weil er weiß, daß seine Tat entdeckt ist, von seiner Tätigkeit absteht, bevor er sie beendet hat, oder den Erfolg verhindert oder abwendet, ist wegen Versuches nicht mehr strafbar.

§ 17. Wer eine strafbare Handlung vorbereitet, ist in den vom Gesetze bezeichneten Fällen strafbar. Der Täter, der freiwillig und nicht weil er weiß, daß seine Tat entdeckt ist, von seiner Tätigkeit absteht und bewirkt, daß die vorhandenen Mittel oder Werkzeuge zur Verübung strafbarer Handlungen unbrauchbar werden, wird straflos.

II. Hauptstück.

Strafen und Sicherungsmittel.

1. Abschnitt.

Strafen und Straffolgen.

Todesstrafe.

§ 18. Die Todesstrafe wird mit dem Strange vollzogen.

Im standrechtlichen Verfahren kann sie durch Erschießen vollzogen werden.

Freiheitsstrafen.

§ 19. Die Kerkerstrafe wird auf Lebensdauer oder für die Dauer von einem bis zu zwanzig Jahren verhängt und nach Jahren oder Monaten bemessen.

§ 20. Die Gefängnisstrafe wird auf die Dauer von drei Tagen bis zu zwanzig Jahren verhängt.

§ 21. Die Haftstrafe wird auf die Dauer von einem Tage bis zu fünf Jahren verhängt.

§ 22. Die Strafe des Hausarrestes wird auf die Dauer von einem Tage bis zu zwei Wochen verhängt.

Der Verurteilte hat zu geloben, daß er seine Wohnung nicht verlassen werde. Bricht er das Gelöbnis, so hat er Haft in der ganzen Dauer des Hausarrestes zu verbüßen.

Bedingte Entlassung.

§ 23. Hat ein Sträfling zwei Drittel einer ein Jahr erreichenden zeitlichen Freiheitsstrafe verbüßt, so kann er bedingt entlassen werden, wenn nach seinem Lebenswandel, seinem Verhalten während des Strafvollzuges und den Aussichten auf ein redliches Fortkommen anzunehmen ist, er werde sich in der Freiheit bewähren. Unter den gleichen Voraussetzungen kann ein Sträfling, der zu lebenslangem Kerker verurteilt ist, entlassen werden, wenn er fünfzehn Jahre verbüßt hat; ein Jugendlicher schon dann, wenn er zwei Drittel einer mindestens sechsmonatlichen Freiheitsstrafe verbüßt hat.

Die Probezeit ist gleich dem nicht vollzogenen Reste der Strafe, jedoch niemals kürzer als ein Jahr. Bei lebenslanger Kerkerstrafe beträgt sie sieben Jahre.

§ 24. Die Strafvollzugsbehörde kann dem Entlassenen die Bekanntgabe seines Aufenthaltes auferlegen und den Aufenthalt an bestimmten Orten untersagen.

Sie kann den Jugendlichen einer Schutzaufsicht unterstellen und ihm bei der Entlassung oder später bestimmte Weisungen für sein Verhalten erteilen.

§ 25. Hat sich der Entlassene bewährt, so gilt die ganze Freiheitsstrafe als verbüßt.

Die Entlassung wird widerrufen und der Rest der Strafe vollzogen,

wenn sich der Entlassene während der Probezeit dem Trunke, Spiele, Müßiggang oder einem unsittlichen Lebenswandel ergibt;

wenn er den Anforderungen der Strafvollzugsbehörde böswillig und beharrlich nicht nachkommt;

wenn er wegen einer während der Probezeit begangenen strafbaren Handlung zu einer Kerkerstrafe oder Gefängnisstrafe verurteilt wird, es sei denn, daß besondere Umstände die Annahme der Bewährung nicht hinfällig erscheinen lassen.

§ 26. Nach Ablauf von drei Monaten seit dem Ende der Probezeit ist der Widerruf ausgeschlossen. Wenn bei Ablauf der Probezeit ein Stafverfahren gegen den Entlassenen anhängig ist, kann der Widerruf noch innerhalb sechs Wochen nach rechtskräftigem Abschlusse dieses Verfahrens erfolgen.

Wenn sich der Verdacht eines Widerrufsgrundes ergibt und die Flucht des Entlassenen zu befürchten ist, kann der Entlassene vorläufig verwahrt werden. Tritt Widerruf ein, so ist die Zeit der Verwahrung auf den Rest der Strafe anzurechnen.

Geldstrafe und Einziehung.

§ 27. Der geringste Betrag der Geldstrafe ist zwei Kronen, der höchste Betrag fünfzigtausend Kronen.

Das Gericht kann dem Verurteilten gestatten, die Geldstrafe in bestimmten Teilbeträgen und Fristen innerhalb sechs Monaten nach Rechtskraft des Urteiles zu entrichten.

§ 28. Geldstrafen dürfen nur insoweit zwangsweise eingebracht werden, als dadurch der Verurteilte weder in seinem Unterhalte gefährdet noch an der Erfüllung der Pflicht gehindert wird, seinen Angehörigen den Unterhalt oder dem Beschädigten Ersatz zu leisten.

Wenn der Verurteilte gestorben ist, fällt der Vollzug weg.

§ 29. Das Gericht kann dem Verurteilten gestatten, eine Geldstrafe oder einen Teilbetrag, die nicht eingebracht werden können, durch freie Arbeit für den Staat, ein Land, einen Bezirk oder eine Gemeinde zu tilgen, wenn zur Zeit des Ansuchens Gelegenheit zu solchen Arbeiten vorhanden ist. Die Strafe ist getilgt, wenn der übliche Preis der geleisteten Arbeit dem Betrage der Geldstrafe gleichkommt.

Wenn eine Geldstrafe oder ein Teilbetrag weder eingebracht werden kann noch durch Arbeit getilgt wird, so hat der Verurteilte als Ersatzstrafe in der Regel Haft zu verbüßen; wenn aber eine Geldstrafe neben einer Freiheitsstrafe verhängt wird, eine Freiheitsstrafe derselben Art. Der Vollzug einer Ersatzstrafe zieht die Folgen nicht nach sich, die sonst mit dem Vollzug einer Freiheitstrafe verbunden sind.

Die Ersatzstrafe ist in das Urteil aufzunehmen. Ihre Dauer bestimmt das Gericht nach den allgemeinen Grundsätzen der Strafzumessung.

Der Verurteilte kann den Vollzug der Ersatzstrafe dadurch abwenden oder abkürzen, daß er die Geldstrafe oder den noch ausstehenden Rest erlegt.

§ 30. Vermögensvorteile, die dem Täter als Lohn oder Geschenk für eine strafbare Handlung zugewendet worden sind, werden vorbehaltlich der Rechte dritter, an der strafbaren Handlung unbeteiligter Personen eingezogen.

Wenn der Verurteilte gestorben ist, fällt der Vollzug weg.

Hat der Täter sich des Vermögensvorteiles entäußert oder ihn verbraucht, so tritt an die Stelle der Einziehung Geldstrafe in der Höhe seines Wertes. Die Geldstrafe ist in das Urteil aufzunehmen.

§ 31. Die Geldstrafen kommen dem Lande, in dessen Gebiet das Urteilsgericht liegt, und den Bezirken und Gemeinden dieses Landes zu, wenn sie Anstalten für Jugendfürsorge, für Trunksüchtige, für Vermittlung von Arbeit oder Zwangsarbeitsanstalten errichten, erhalten oder zu diesen Zwecken beitragen. Soweit der Ertrag der Geldstrafen den Aufwand des Landes, der Bezirke und Gemeinden übersteigt, fällt er dem Staate zu. Die Grundsätze für die Ermittlung dieses Aufwandes werden durch Verordnung festgestellt.

Zwischen dem Lande, den Bezirken und Gemeinden werden die Geldstrafen mit Rücksicht auf ihre verhältnismäßigen Anteile an dem Aufwande für die angeführten Zwecke verteilt.

Die Bestimmungen gelten auch für den Erlös eingezogener Sachen oder Forderungen und für eingezogene Geldbeträge.

Schmälerung der bürgerlichen Ehrenrechte.

§ 32. Die Schmälerung der bürgerlichen Ehrenrechte umfaßt

den Verlust jedes inländischen öffentlichen Amtes und Dienstes, der akademischen Grade, der Advokatur und des Notariates, der öffentlichen Agentur und des Rechtes, Parteien vor den Behörden zu vertreten und im Inland ausländische akademische Grade zu führen;

den Verlust des Wahlrechtes, der Mitgliedschaft und der Wählbarkeit in bezug auf verfassungsmäßige und andere öffentliche Vertretungskörper;

die Unfähigkeit, solche Rechte, Stellungen und Befugnisse zu erlangen;

den Verlust des inländischen Adels und anderer inländischer Titel und Würden, inländischer Orden und Ehrenzeichen und den Verlust der erteilten Befugnis, im Inland ausländische Titel und Würden zu führen, ausländische Orden und Ehrenzeichen zu tragen.

Diese Rechtsfolgen treten mit der Rechtskraft des Urteils ein.

§ 33. Die Schmälerung der bürgerlichen Ehrenrechte ist mit der Verurteilung zum Tod und zu einer Kerkerstrafe verbunden. Die Unfähigkeit, Rechte, Stellungen und Befugnisse zu erlangen (§ 32, Absatz 4), besteht für die Dauer der zu verbüßenden Freiheitsstrafe und einen weiteren Zeitraum von zehn Jahren.

Bei Verurteilung zu einer Gefängnisstrafe von mindestens sechs Monaten ist auf Schmälerung der bürgerlichen Ehrenrechte für die Dauer der zu verbüßenden Freiheitsstrafe und einen weiteren Zeitraum von zwei bis zu fünf Jahren zu erkennen, wenn dem Täter besondere Roheit, grober Eigennutz, Schamlosigkeit oder Arbeitsscheu zur Last fällt.

§ 34. Hat ein Urteil eines Militärgerichts Rechtsfolgen nach sich gezogen und tritt der Verurteilte sodann unter die Gerichtsbarkeit der bürgerlichen Gerichte, so entscheidet das Gericht auf Grund dieses Gesetzes, ob, in welchem Maß und für welche Dauer bürgerliche Rechtsfolgen (§ 32) eintreten oder fortbestehen. Es ist hiebei an die rechtliche Beurteilung der strafbaren Handlung durch das Militärgericht gebunden.

Rechtsfolgen, die sich auf das militärische Dienstverhältnis des Verurteilten beziehen, bleiben unberührt.

Veröffentlichung von Urteilen.

§ 35. Auf Veröffentlichung des Urteiles ist zu erkennen, wenn sie im öffentlichen Interesse gelegen ist.

In den im Gesetze bezeichneten Fällen kann bei einem verurteilenden Erkenntnis auf Antrag des Verletzten, bei einem freisprechenden Erkenntnis auf Antrag des Freigesprochenen die Veröffentlichung angeordnet werden, wenn der Antragsteller ein berechtigtes Interesse nachweist. Nach dem Tode des Verurteilten steht das Recht, den Antrag zu stellen, dem Ehegatten und den Verwandten ersten Grades zu.

Das Gericht bezeichnet eine oder zwei Druckschriften, in welchen die Veröffentlichung je einmal zu erfolgen hat. Wenn besondere Umstände dafür sprechen, sind auch die Urteilsgründe zu veröffentlichen.

2. Abschnitt.
Sicherungsmittel.

§ 36. Ein Geisteskranker, der eine strenger als mit sechs Monaten Freiheitsstrafe bedrohte Tat begangen hat und wegen Zurechnungsunfähigkeit zur Zeit der Tat nicht verfolgt oder nicht verurteilt werden kann, wird an eine staatliche Anstalt für verbrecherische Irre abgegeben, wenn er wegen seines Geisteszustandes und mit Rücksicht auf seinen Lebenswandel und die Eigenart seiner Tat als besonders gefährlich für die Sittlichkeit oder für die Person oder des Vermögens (gemeingefährlich) anzusehen ist.

Der Kranke bleibt in der Anstalt, so lange seine Gemeingefährlichkeit dauert. Die Entlassung kann endgültig oder auf Widerruf erfolgen.

Ausländer sind nur solange zu verwahren, bis sie an den Heimatsstaat abgegeben werden können.

§ 37. Der zu Freiheitsstrafe verurteilte Täter eines Verbrechens oder eines mit einer sechs Monate übersteigenden Freiheitsstrafe bedrohten Vergehens, dessen Fähigkeit, das Unrecht seiner Tat einzusehen oder dieser Einsicht gemäß zu handeln, zur Zeit der Tat infolge eines andauernden krankhaften Zustandes wesentlich vermindert war, kann nach dem Vollzuge der Strafe weiterhin verwahrt werden, wenn er wegen seines Zustandes und mit Rücksicht auf seinen Lebenswandel und die Eigenart seiner Tat als gemeingefährlich anzusehen ist.

Das Gericht spricht die Zulässigkeit der Verwahrung im Anschluß an das Urteil aus und ordnet sodann auf Grund der Ergebnisse des Strafvollzuges an, daß der Verurteilte in einer besonderen staatlichen Anstalt oder in einer besonderen Abteilung der im § 36 bezeichneten Anstalt zu verwahren sei, wenn seine Gemeingefährlichkeit nicht behoben ist.

Die Entlassung kann endgültig oder auf Widerruf erfolgen.

Ausländer sind nur so lange zu verwahren, bis sie an den Heimaatsstaat abgegeben werden können.

§ 38. Ein Inländer, der wegen desselben oder wegen verschiedener der in den Hauptstücken 18, 22, 23, 26, 27, 28, 29, 30, 34 und 35 angeführten Verbrechen mindestens zwei Kerkerstrafen verbüßt hat und innerhalb fünf Jahren seit dem Vollzuge der letzten dieser Strafen wieder eines dieser Verbrechen begeht, kann nach Verbüßung der verwirkten Strafe noch weiterhin angehalten werden, wenn ihn seine Verbrechen als gemeingefährlich erscheinen lassen und anzunehmen ist, er werde sich von weiteren strafbaren Handlungen nicht abhalten lassen. Eine im Auslande verbüßte Strafe ist zu berücksichtigen, wenn die Tat nach inländischem Recht eines der angeführten Verbrechen bildet und die verbüßte Strafe der inländischen Kerkerstrafe gleichkommt.

Die Zeit, während der der Täter wegen einer andern strafbaren Handlung eine Freiheitsstrafe verbüßte oder ihm wegen des Vollzuges eines Sicherungsmittels die Freiheit entzogen war, wird in den Zeitraum von fünf Jahren nicht eingerechnet.

Das Gericht spricht die Zulässigkeit der Anhaltung im Anschluß an das Urteil aus und entscheidet sodann auf Grund der Ergebnisse des Strafvollzuges, ob der Verurteilte entlassen werden könne oder wegen fortdauernder Gemeingefährlichkeit in einer besonderen Anstalt oder in einer besonderen Abteilung einer Strafanstalt anzuhalten sei.

Die Anhaltung darf zehn Jahre nicht übersteigen. Nach Ablauf von mindestens drei Jahren kann der Täter endgültig oder auf Widerruf entlassen werden.

§ 39. Wird ein Inländer wegen eines Verbrechens gegen die Sicherheit des Geldverkehres, gegen fremdes Vermögen oder wegen eines gemeingefährlichen Verbrechens zu einer Kerkerstrafe verurteilt, so erklärt es das Gericht für zulässig, den Täter unter Polizeiaufsicht zu stellen, wenn die Gefahr besteht, daß er neuerdings strafbare Handlungen dieser Art begehen werde und wenn von der Polizeiaufsicht eine Minderung dieser Gefahr zu erwarten ist.

§ 40. Ein Ausländer, der zu einer ein Jahr erreichenden Freiheitsstrafe verurteilt wird, kann für immer oder für zehn Jahre aus dem Inland ausgewiesen werden, wenn er nach seinem Lebenswandel und der Eigenart seiner Tat als gefährlich für die Sicherheit des Staates, die Sittlichkeit oder die Sicherheit der Person, des Vermögens oder des Geldverkehrs anzusehen ist.

Ausländer, die von einem ausländischen Staate wegen einer Tat verfolgt werden, hinsichtlich der an diesen Staat Auslieferung nicht stattfindet, dürfen ohne ihre Einwilligung nicht an dessen Grenzen gebracht werden.

§ 41. Für verfallen sind zu erklären

Sachen, die ihrer Beschaffenheit nach nur zur Begehung einer strafbaren Handlung bestimmt sind;

Sachen, die durch eine strafbare Handlung hervorgebracht oder zu einer strafbaren Handlung verwendet wurden, sowie Sachen, mit welchen eine strafbare Handlung begangen wurde, wenn sie ihrer Beschaffenheit nach geeignet sind, die Sicherheit des Staates, die öffentliche Ordnung, die öffentliche Sittlichkeit, die Gesundheit oder die Sicherheit der Person, des Vermögens oder des Geldverkehrs zu gefährden.

§ 42. Ist die Verfolgung oder Verurteilung des Täters nicht zulässig oder nicht ausführbar, so kann auf den Verfall selbständig erkannt werden.

Der Erlös verfallener Sachen, die nach den bestehenden Vorschriften zu veräußern sind, und verfallene Geldbeträge kommen der Staatskasse zu.

III. Hauptstück.

Bemessung der Strafe.

1. Abschnitt.

Allgemeine Grundsätze.

§ 43. Die Strafe ist nach dem Verschulden und der Gefährlichkeit des Täters zu bemessen. Dabei sind die Beschaffenheit der Tat sowie die persönlichen und wirtschaftlichen Verhältnisse des Täters zu berücksichtigen. Bei Bemessung der Geldstrafe ist namentlich auch das Einkommen des Täters in Anschlag zu bringen.

Gestattet das Gesetz die Wahl zwischen mehreren Arten der Freiheitsstrafe oder zwischen Freiheitsstrafe und Geldstrafe, so ist auf die strengste Strafart insbesondere dann zu erkennen, wenn der Täter wiederholt rückfällig ist oder wenn ihm besondere Roheit, grober Eigennutz, Schamlosigkeit oder Arbeitsscheu zur Last fällt.

Läßt das Gesetz die Verhängung einer Geldstrafe neben einer Freiheitsstrafe zu, so ist auf Geldstrafe namentlich dann zu erkennen, wenn die Tat Eigennutz bekundet.

§ 44. Mildernde Umstände sind insbesondere

unbescholtener Lebenswandel;

Schwäche der Einsicht oder des Willens, Alter zwischen achtzehn und zwanzig Jahren und Greisenalter;

Notlage, Aufregung, der Umstand, daß der Täter zur Tat angestiftet oder durch eine besonders günstige Gelegenheit verleitet wird;

geringes Maß der Teilnahme an der strafbaren Handlung;

Verbleiben beim Versuch und Geringfügigkeit der Verletzung oder Gefährdung, soweit diese Umstände auf ein geringeres Maß des Verschuldens hinweisen;

Reue über die Tat, offenes Geständnis, Bestreben, den Schaden nach Kräften abzuwenden oder gutzumachen, vorwurffreies Verhalten nach der Tat während eines der Verjährungszeit nahekommenden Zeitraumes.

§ 45. Erschwerende Umstände sind insbesondere

liederlicher Lebenswaudel, Arbeitsscheu, vorhergegangene Bestrafung;

reifliche Überlegung und Vorbereitung der Tat, Anstiftung eines andern, Verbindung mit andern zur Ausführung der Tat, grober Eigennutz und andere besonders verwerfliche Beweggründe, durch die Tat bekundete Schamlosigkeit oder besondere Roheit, Verletzung besonderer Pflichten, Verübung der Tat bei Ausübung eines öffentlichen Amtes oder Dienstes;

Begehung der Tat durch einen Unmündigen, Anstiftung eines Jugendlichen, Verwendung eines Jugendlichen als Gehilfen;

Größe der Verletzung oder Gefährdung, soweit der Umstand auf ein größeres Maß des Verschuldens hinweist;

Empfindlichkeit des zugefügten Schadens für den Verletzten nach dessen Verhältnissen, soweit diese dem Täter bekannt sein können.

§ 46. Unter das Mindestmaß der Strafart darf nie herabgegangen und das Höchstmaß nie überschritten werden.

Ergeben sich bei der Erhöhung der Untergrenze oder Obergrenze eines Strafsatzes Bruchteile eines Tages, so sind sie als voll zu rechnen.

2. Abschnitt.

Milderung der Strafe, Änderung des Vollzuges und bedingter Strafnachlafs.

§ 47. Wer die Tat begeht

in einer an Zurechnungsunfähigkeit grenzenden Herabsetzung oder Schwäche der Fähigkeit, das Unrecht seiner Tat einzusehen oder dieser Einsicht gemäß zu handeln, soferne dieser Zustand nicht durch verschuldete Trunkenheit hervorgerufen ist;

in einer heftigen Gemütsbewegung infolge einer unmittelbar vorausgegangenen schweren und unbegründeten Kränkung, die ihm oder einer ihm nahestehenden Person zugefügt wurde;

in einer unverschuldeten, dem Notstande nahekommenden Bedrängnis;

in dem durch bestimmte Tatsachen begründeten Glauben, zu der Tat berechtigt zu sein;

auf den nachdrücklichen Befehl einer Person, von der er abhängig ist;

der Täter, der vor dem Beginne der Verfolgung den drohenden Schaden abwendet oder den angerichteten Schaden gutmacht,

kann anstatt mit der ausschließlich angedrohten zeitlichen Kerkerstrafe mit Gefängnis bestraft werden; zeitliche Freiheitsstrafen und Geldstrafen können bis auf die Hälfte der Untergrenze herabgesetzt werden.

§ 48. War die Fähigkeit des Täters, das Unrecht seiner Tat einzusehen oder dieser Einsicht gemäß zu handeln, zur Zeit der Tat infolge eines andauernden krankhaften Zustandes wesentlich vermindert, so ist an Stelle der Todesstrafe auf lebenslangen Kerker zu erkennen. Hat der Täter eine Freiheitsstrafe verwirkt, deren Vollzug in ihrer regelmäßigen Art seinen Zustand verschlimmern würde, so ordnet das Gericht an, daß die Strafe nach den der Eigenart solcher Personen angepaßten Vorschriften vollzogen werde. Der Vollzug solcher Strafen findet in einer besonderen Strafanstalt oder in einer besonderen Abteilung einer Strafanstalt oder eines Gefangenhauses statt.

§ 49. Bei dem Zusammentreffen mehrerer Milderungsgründe ist die Strafe nicht mehrfach zu mildern.

Wenn jugendliches Alter des Täters oder ein oder mehrere Milderungsgründe mit einem Umstande zusammentreffen, vermöge dessen der Strafsatz zu erhöhen wäre, so hat das Gericht nach Maßgabe der verhältnismäßigen Bedeutung dieser Umstände von der Erhöhung des Strafsatzes oder von der Herabsetzung der Untergrenze oder von jeder Änderung des Strafsatzes abzusehen.

§ 50. An Stelle einer Haftstrafe bis zu vierzehn Tagen kann das Gericht Hausarrest verhängen, wenn der Vollzug der Haft den Verurteilten wegen seines Gesundheitszustandes oder seiner Erwerbsverhältnisse besonders hart treffen würde.

§ 51. Wird jemand wegen eines Vergehens oder einer Übertretung zu einer drei Monate nicht übersteigenden Freiheitsstrafe oder zu einer tausend Kronen nicht übersteigenden Geldstrafe verurteilt, so kann das Gericht den Vollzug der Strafe für eine Probezeit von zwei bis zu fünf Jahren aufschieben, wenn anzunehmen ist, daß es des Vollzuges der Strafe nicht bedarf, um den Täter von weiteren strafbaren Handlungen abzuhalten. Das Gericht hat den Lebenswandel des Täters, seine Beweggründe und sein Verhalten nach der Tat zu berücksichtigen, insbesondere auch den Umstand, ob der Täter nach Kräften bestrebt war, den Schaden gutzumachen.

Die Maßregel soll vorzugsweise bei Jugendlichen, kann jedoch auch bei Erwachsenen angewendet werden. Sie ist ausgeschlossen, wenn der Täter bereits einmal zu einer Freiheitsstrafe verurteilt wurde.

§ 52. Die Probezeit beginnt mit der Rechtskraft des Urteiles.

Hat sich der Verurteilte bewährt, so ist die Strafe erlassen. Der Eintritt dieser Wirkung ist durch Beschluß festzustellen.

Wenn sich der Verurteilte während der Probezeit dem Trunke, Spiele, Müßiggang oder einem unsittlichen Lebenswandel ergibt;

wenn er wegen einer während der Probezeit begangenen strafbaren Handlung zu einer Kerkerstrafe oder Gefängnisstrafe verurteilt oder wenn er rückfällig wird;

wenn sich nachträglich ergibt, daß er bereits einmal zu einer Freiheitsstrafe verurteilt wurde, ordnet das Gericht den Vollzug der aufgeschobenen Strafe an.

Lautet die Verurteilung wegen einer während der Probezeit begangenen strafbaren Handlung auf eine Haftstrafe oder Geldstrafe, so entscheidet das Gericht nach den Umständen des Falles, ob die aufgeschobene Strafe zu vollziehen sei.

§ 53. Wenn der Verurteilte wegen einer vor dem Beginne der Probezeit begangenen strafbaren Handlung zu einer Kerkerstrafe verurteilt wird, ist der Vollzug der aufgeschobenen Strafe anzuordnen. Wird er wegen einer vor dem Beginne der Probezeit begangenen strafbaren Handlung zu einer Freiheitsstrafe milderer Art oder zu einer Geldstrafe verurteilt, so entscheidet das Gericht, ob auch der Vollzug der zweiten Strafe aufzuschieben oder ob nunmehr beide Strafen zu vollziehen seien.

Nach Ablauf von drei Monaten seit dem Ende der Probezeit ist die Anordnung des Vollzuges der aufgeschobenen Strafe ausgeschlossen. Wenn bei Ablauf der Probezeit ein Strafverfahren gegen den Verurteilten anhängig ist, kann der Vollzug noch innerhalb sechs Wochen nach rechtskräftigem Abschlusse des Verfahrens angeordnet werden.

3. Abschnitt.

Die Bestrafung Jugendlicher.

Absehen von Strafe.

§ 54. Hat ein Jugendlicher aus Übermut, Unüberlegtheit oder einem ähnlichen Grunde, der nicht auf verderbte Gesinnung hinweist, eine den Umständen nach geringfügige und mit einer drei Monate nicht übersteigenden Freiheitsstrafe oder tausend Kronen nicht übersteigenden Geldstrafe bedrohte Tat begangen, so kann das Gericht nach Feststellung des Tatbestandes und der Verantwortlichkeit im Urteile davon absehen, eine Strafe zu verhängen und den Täter nach ernster Ermahnung zum Wohlverhalten entlassen.

Das Absehen von Strafe ist nur bei Jugendlichen zulässig, die das erste Mal verurteilt werden.

Ergänzende Vorschriften über den bedingten Strafnachlaß.

§ 55. Das Gericht kann den Vollzug der Strafe auch dann aufschieben, wenn der Jugendliche wegen eines Verbrechens verurteilt wird.

Es kann den Jugendlichen sogleich oder während des Verlaufes der Probezeit für die Dauer der Probezeit einer Schutzaufsicht unterstellen, wenn dies zur Stütze seiner sittlichen Festigung und Besserung geraten erscheint und wenn er an seinem Aufenthaltsorte durch Vertrauenspersonen mit Aussicht auf Erfolg überwacht werden kann.

Ebenso kann das Gericht dem Jugendlichen bestimmte Weisungen für sein Verhalten während der Probezeit erteilen, die Bekanntgabe seines Aufenthaltes auferlegen und den Aufenthalt an bestimmten Orten untersagen. Wenn der Jugendliche einer Schutzaufsicht untersteht, so hat die Vertrauensperson darüber zu wachen, daß die Weisungen befolgt werden.

Kommt der Jugendliche den Weisungen böswillig und beharrlich nicht nach, so ordnet das Gericht den Vollzug der aufgeschobenen Strafe an.

Minderung der Strafen und Beschränkung der Straffolgen.

§ 56. An die Stelle der Todesstrafe und der lebenslangen Kerkerstrafe tritt Gefängnis von drei bis zu fünfzehn Jahren, an die Stelle der zeitlichen Kerkerstrafen treten Gefängnisstrafen. Das Höchstmaß der zeitlichen Freiheitsstrafe wird auf zehn Jahre, die im Gesetze bestimmten Untergrenzen werden auf die Hälfte herabgesetzt. Eine Milderung der Strafen nach § 47 und § 186 findet nicht statt.

Schmälerung der bürgerlichen Ehrenrechte und Veröffentlichung eines verurteilenden Erkenntnisses sind ausgeschlossen.

Andere nachteilige Wirkungen, die eine strafgerichtliche Verurteilung kraft besonderer Gesetze als Rechtsfolgen nach sich zieht, treten nicht ein.

Fürsorgeerziehung statt einer Strafe.

§ 57. Hat ein Jugendlicher wegen eines Vergehens oder einer Übertretung eine drei Monate nicht übersteigende Freiheitsstrafe verwirkt, so kann das Gericht, statt eine Strafe zu verhängen, anordnen, daß der Verurteilte der Fürsorgeerziehung übergeben werde, wenn diese Maßregel entsprechender erscheint, um ihn zu bessern oder seine Verwahrlosung zu verhüten.

Hat der Jugendliche zur Zeit des Urteiles das achtzehnte Lebensjahr überschritten, so ist die Maßregel ausgeschlossen.

Fürsorgeerziehung neben einer Strafe.

§ 58. Wird ein Jugendlicher zu einer Gefängnisstrafe verurteilt, so kann das Gericht anordnen, daß er nach dem Vollzuge der Strafe der Fürsorgeerziehung zu übergeben sei, wenn dies zur Stütze der voraussichtlichen Besserung des Jugendlichen mit Rücksicht auf seine persönlichen Verhältnisse geboten erscheint und die Fürsorgeerziehung vor dem vollendeten achtzehnten Lebensjahre beginnen kann.

Bestrafung von Personen im Alter zwischen dem achtzehnten und zwanzigsten Lebensjahre.

§ 59. Wer zwischen dem achtzehnten und zwanzigsten Lebensjahr eine mit dem Tod oder mit lebenslangem Kerker bedrohte Handlung begeht, wird mit Kerker von fünf bis zu zwanzig Jahren bestraft.

4. Abschnitt.

Verschärfung der Strafe, wiederholte schwere Bestrafung und Rückfall.

§ 60. Gefängnisstrafen bis zur Dauer von sechs Monaten können verschärft werden,

wenn dem Täter besondere Roheit, grober Eigennutz, Schamlosigkeit oder Arbeitsscheu zur Last fällt;

wenn der Täter die Tat durch einen Unmündigen begangen einen Jugendlichen angestiftet oder als Gehilfen verwendet hat;

wenn der Täter die Tat begangen hat, um zu einer Freiheitsstrafe verurteilt zu werden;

wenn der Täter wiederholt rückfällig ist.

§ 61. Mittel zur Verschärfung einer Freiheitsstrafe sind Fasten bei Brot und Wasser und hartes Lager durch vierundzwanzig Stunden.

Das Gericht wählt die Verschärfungsmittel und bestimmt, wie oft sie anzuwenden sind. In einer Woche darf eine Freiheitsstrafe nur an drei nicht unmittelbar aufeinanderfolgenden Tagen verschärft werden.

Der Vollzug einer Verschärfung ist so lange auszusetzen, als er mit dem Gesundheitszustande des Sträflings nicht zu vereinbaren ist.

§ 62. Die Strafe ist innerhalb der um ein Viertel erhöhten Grenzen des Strafsatzes zu bemessen, wenn der Täter zwei Kerkerstrafen oder sechs Monate übersteigende Gefängnisstrafen verbüßt hat und vor Ablauf von fünf Jahren seit dem Vollzuge der letzten dieser

Strafen eine Tat begeht, wegen der er mit Kerker oder Gefängnis zu bestrafen ist. Eine im Auslande verbüßte Strafe ist zu berücksichtigen, wenn die Tat auch nach inländischem Rechte strafbar ist und die verbüßte Strafe der inländischen Kerkerstrafe oder Gefängnisstrafe gleichkommt.

Die Zeit, für die dem Täter wegen des Vollzuges einer Haftstrafe oder eines Sicherungsmittels die Freiheit entzogen war, wird in den Zeitraum von fünf Jahren nicht eingerechnet.

§ 63. Wer vor Ablauf von fünf Jahren seit dem Vollzug einer Strafe eine strafbare Handlung begeht, die auf derselben Neigung beruht, wie die der vorausgegangenen Bestrafung zugrunde liegende Tat, unterliegt den für Rückfällige geltenden Bestimmungen. Hat der Täter bereits zwei Strafen wegen solcher Handlungen verbüßt, so wird er als wiederholt rückfällig behandelt.

Eine im Auslande vollzogene Strafe ist zu berücksichtigen, wenn die Tat auch nach inländischem Rechte strafbar ist.

Die Zeit, für die dem Täter zur Strafe wegen einer Rückfall nicht begründenden Tat oder wegen des Vollzuges eines Sicherungsmittels die Freiheit entzogen war, wird in den Zeitraum von fünf Jahren nicht eingerechnet.

Die Erhöhung um ein Viertel wegen wiederholter schwerer Bestrafung ist ausgeschlossen, wenn der Täter wegen derselben strafbaren Handlungen als wiederholt Rückfälliger nach einem strengeren Strafsatze bestraft wird.

5. Abschnitt.

Zusammentreffen.

§ 64. Hat jemand mehrere strafbare Handlungen begangen oder fällt eine Tat unter mehrere Strafdrohungen, so bestimmt das Gericht die Gesamtstrafe nach folgenden Grundsätzen.

§ 65. Treffen nach dem Gesetz oder bei wahlweiser Androhung nach der durch das Gericht getroffenen Wahl Strafen gleicher Art zusammen, so ist eine Gesamtstrafe zwischen der um ein Viertel erhöhten höchsten Untergrenze und der um ein Viertel erhöhten höchsten Obergrenze der zusammentreffenden Strafdrohungen zu bemessen. Die Erhöhung um ein Viertel wegen wiederholter schwerer Bestrafung wird dadurch ausgeschlossen.

Wenn Freiheitsstrafen verschiedener Art zusammentreffen, so ist die Gesamtstrafe nach demselben Grundsatz in der schwersten Strafart zu bemessen.

Wegen Zusammentreffens mit einer verhältnismäßig geringfügigen Strafe werden Obergrenze und Untergrenze nicht erhöht.

§ 66. Trifft eine Freiheitsstrafe mit einer Geldstrafe zusammen, so kann das Gericht die Geldstrafe neben der Freiheitsstrafe verhängen oder das Zusammentreffeu bei Bemessung der Freiheitsstrafe berücksichtigen.

Die neben einer Freiheitsstrafe angedrohte Geldstrafe, Straffolgen und Sicherungsmittel werden angewendet, auch wenn sie nur wegen einer Tat angedroht sind. Neben der Todesstrafe und der lebenslangen Kerkerstrafe sind nur Verfall und Veröffentlichung des Urteiles anwendbar.

§ 67. Wird jemand einer strafbaren Handlung schuldig erkannt, die er vor der Verurteilung wegen einer andern strafbaren Handlung begangen hat, so ermittelt das Gericht die Gesamtstrafe, auf die bei gleichzeitiger Verurteilnng zu erkennen gewesen wäre, und verhängt die Strafe als Zusatzstrafe, die nach Anrechnung der bereits erkannten Strafe noch erübrigt.

Das Gericht kann davon absehen, eine Zusatzstrafe zu verhängen, wenn die neu hervorgekommene Tat im Verhältnisse zu der früher verfolgten ganz geringfügig ist.

Auf Todesstrafe kann auch dann erkannt werden, wenn der Täter die zuerst verhängte Strafe bereits verbüßt hat.

Ist die neu hervorgekommene Tat nur mit einer Freiheitsstrafe bedroht, die der Art nach milder ist als die bereits verhängte, so ist die Zusatzstrafe in der milderen Strafart zu bemessen.

§ 68. Ist der Wert einer Sache oder eines Gutes oder der Betrag des Vermögensnachteiles für die Strafbarkeit einer Tat oder die Strafe von Einfluß, so ist die Summe der Werte oder Beträge der Beurteilung zugrunde zu legen, wenn die Tat wiederholt begangen wird.

6. Abschnitt.

Anrechnung der Strafe und der Untersuchungshaft.

§ 69. Wenn infolge Wiederaufnahme des Verfahrens oder Aufhebung eines nichtigen Urteiles eines bürgerlichen oder Militärgerichtes neuerlich die Strafe zu bemessen ist, so wird die bereits vollzogene Strafe angerechnet. Eine Freiheitsstrafe strengerer Art ist in einer angemessen verlängerten Dauer anzurechnen.

Hat der Täter eines todeswürdigen Verbrechens dieser Tat wegen eine Freiheitsstrafe erlitten, so darf Todesstrafe nicht mehr verhängt werden. An die Stelle der allein angedrohten Todesstrafe tritt lebenslanger Kerker.

§ 70. Die Verwahrungshaft und Untersuchungshaft, die der Verurteilte vor dem Urteilsspruch erlitten hat, ist auf Freiheitsstrafen und Geldstrafen anzurechnen, soweit der Verurteilte sie nicht verschuldet hat.

7. Abschnitt.

Strafbare Handlungen von Sträflingen.

§ 71. Ein Sträfling, der während des Vollzuges einer Freiheitsstrafe eine Übertretung oder ein auf Privatanklage zu verfolgendes Vergehen begeht, wird von der Strafvollzugsbehörde durch Zuchtmittel bestraft. Ein gerichtliches Verfahren findet nur statt, wenn wegen der Kürze des Strafrestes das Zuchtmittel nicht ausreicht oder wenn die Tat erst nach Entlassung des Sträflings bekannt wird.

Diese Grundsätze gelten auch für Personen, welchen des Vollzuges eines Sicherungsmittels wegen die Freiheit entzogen ist.

Begeht ein zu lebenslangem Kerker verurteilter Sträfling ein Verbrechen oder ein von Amts wegen zu verfolgendes Vergehen, so ist statt auf die angedrohte Freiheitsstrafe auf Verschärfung des Strafrestes zu erkennen.

IV. Hauptstück.

Verjährung und Rehabilitation.

1. Abschnitt.

Verjährung.

§ 72. Die Verfolgung verjährt,

wenn die Tat mit dem Tod oder mit lebenslangem Kerker bedroht ist, in fünfundzwanzig Jahren;

wenn Freiheitsstrafe im Höchstmaße von fünfzehn oder zwanzig Jahren angedroht ist, in zwanzig Jahren;

wenn Freiheitsstrafe im Höchstmaße von sechs Monaten oder mehr angedroht ist, in einem Zeitraum, der dem Doppelten des Höchstmaßes gleichkommt, aber mindestens zwei Jahre und höchstens fünfzehn Jahre beträgt;

wenn Freiheitsstrafe im Höchstmaße von weniger als sechs Monaten oder wenn bloß Geldstrafe angedroht ist, in sechs Monaten.

§ 73. Die Verjährung beginnt, wenn die strafbare Tätigkeit abgeschlossen ist oder das strafbare Verhalten aufhört.

Jede richterliche Verfolgungshandlung gegen den Täter unterbricht die für ihn laufende Verjährung.

Mit dem Urteile, der Einstellung oder einem andern Abschlusse des Verfahrens beginnt die Verjährung von neuem. Sie tritt jedenfalls dann ein, wenn ein Zeitraum verstrichen ist, der dem Doppelten der Verjährungsfrist gleichkommt. Die Dauer der Unterbrechungen wird nicht eingerechnet.

§ 74. Die Verjährung ruht, solange kraft gesetzlicher Vorschrift das Verfahren gegen den Täter nicht eingeleitet oder fortgesetzt werden kann und solange der Täter im Auslande weilt, um sich der Verfolgung zu entziehen.

2. Abschnitt.

Rehabilitation.

Rehabilitation durch Richterspruch.

§ 75. Das Gericht kann einem Verurteilten auf sein Ansuchen die Rehabilitation bewilligen, wenn er vor der Verurteilung unbescholten war, während einer bestimmten Frist sich vorwurfsfrei verhalten und den durch die Tat verursachten Schaden nach Kräften gutgemacht hat. Die Rehabilitation ist bei der Verurteilung zu einer Kerkerstrafe oder Gefängnisstrafe ausgeschlossen, deren Dauer drei Jahre übersteigt.

Die Frist beträgt

fünfzehn Jahre bei Verurteilung zu einer Kerkerstrafe;

zehn Jahre bei Verurteilung zu einer sechs Monate erreichenden oder einer längeren Gefängnisstrafe oder Haftstrafe;

sechs Jahre in allen übrigen Fällen.

Die Bewährungsfrist beginnt, sobald die Strafe vollzogen ist oder der Verurteilte davon verständigt wird, daß die Strafe durch Gnade erlassen ist. Hat das Gericht davon abgesehen, eine Strafe zu verhängen oder ist die Strafe bedingt nachgelassen, so beginnt die Frist mit der Rechtskraft des Urteiles.

Der Zeitraum, während dessen dem Verurteilten wegen des Vollzuges eines Sicherungsmittels die Freiheit entzogen war, ist in die Frist nicht einzurechnen.

§ 76. Die Rehabilitation tilgt die Verurteilung und befreit von der Pflicht, die Verurteilung auf Befragen des Gerichtes oder einer andern Behörde anzugeben. Rechte dritter Personen, die sich auf die Verurteilung gründen, bleiben unberührt.

Die Rehabilitation ist im Strafakt, in der Strafkarte des Strafregisteramtes und in den Vormerken der Verwaltungsbehörden anzumerken. Die Verurteilung darf sodann in Ausfertigungen von Strafkarten und in Leumundsnoten nicht aufgenommen werden.

Behörden, die berufen sind, Stellen des öffentlichen Dienstes zu verleihen oder eine diesem Dienste gleich zu achtende öffentliche Funktion zu übertragen, können die Bekanntgabe einer durch Rehabilitation getilgten Verurteilung verlangen, wenn diese für ihre Entscheidung von Bedeutung ist. Solche Auskünfte dürfen nur auf besonderes Begehren erteilt werden. Die Rehabilitation ist dabei ausdrücklich bekannt zu geben. Die anfragende Behörde ist verpflichtet, die Auskunft geheim zu halten.

Rehabilitation kraft Gesetzes.

§ 77. Die Rehabilitation eines Jugendlichen, der vor der Verurteilung unbescholten war, tritt kraft Gesetzes ein, wenn er während der Bewährungsfrist nicht verurteilt wurde. Sie ist bei der Verurteilung zu einer drei Jahre übersteigenden Gefängnisstrafe ausgeschlossen.

Der Zeitraum, während dessen der Jugendliche in einer der Fürsorgeerziehung dienenden Anstalt angehalten wird, ist in die Bewährungsfrist nicht einzurechnen.

Der Rehabilitierte kann begehren, daß die Rehabilität im Strafakt, in der Strafkarte des Strafregisteramtes und in den Vormerken der Verwaltungsbehörden angemerkt werde.

V. Hauptstück.
Ermächtigung und Privatanklage.

1. Abschnitt.
Ermächtigung.

§ 78. Die Fälle, in welchen der Täter nur dann verfolgt werden darf, wenn eine öffentliche Behörde des Inlandes oder Auslandes oder der Verletzte den öffentlichen Ankläger dazu ermächtigen, bestimmt das Gesetz. Steht das Recht der Ermächtigung mehreren zu, so darf der Täter nur dann verfolgt werden, wenn alle die Ermächtigung erteilen.

Die Ermächtigung kann auf die Verfolgung einzelner Beteiligter nicht beschränkt und in der Regel nicht zurückgenommen werden. Läßt das Gesetz die Zurücknahme zu, so muß sie vor dem Beginne des Beweisverfahrens der Hauptverhandlung erfolgen.

Nach dem Tode des Verletzten steht das Recht der Ermächtigung dem Ehegatten und den Verwandten ersten Grades zu, es sei denn, daß feststeht, der Verletzte habe sein Recht nicht ausüben wollen.

Die Erklärung, daß die Ermächtigung erteilt werde, kann nur innerhalb zwei Wochen nach der Anfrage des Staatsanwaltes erfolgen. Ist das Recht auf den Ehegatten und die Verwandten übergegangen, so läuft die Frist für sie vom Tode des Verletzten an.

2. Abschnitt.
Privatanklage.

§ 79. Das Recht, in den im Gesetze bezeichneten Fällen Privatanklage zu erheben, steht dem durch die strafbare Handlung Verletzten zu. Nach seinem Tode geht das Recht nach Maßgabe des dritten Absatzes des § 78 auf den Ehegatten und die Verwandten ersten Grades über.

Die Privatanklage erstreckt sich nur auf die Personen, gegen die sie ausdrücklich erhoben wird.

Unter mehreren Berechtigten steht das Klagerecht jedem selbstständig zu. Ist jedoch über die Privatanklage eines Berechtigten durch Urteil rechtskräftig entschieden, so ist das Klagerecht der übrigen erloschen, es sei denn, daß das Urteil wegen Rücktrittes des Anklägers ergangen wäre.

§ 80. Das Recht zur Privatanklage erlischt, wenn es binnen sechs Wochen nicht ausgeübt wird. Die Frist beginnt mit dem Ablaufe des Tages, an dem der Berechtigte von der strafbaren Handlung und der Person des Täters Kenntnis erlangt.

Wenn im Falle wechselseitiger strafbarer Handlungen die Anklage nur von einem der beiden Berechtigten erhoben wird, erstreckt sich die Frist für den andern bis zum Schlusse des Beweisverfahrens der Hauptverhandlung und endet in diesem Zeitpunkte, wenngleich sechs Wochen noch nicht verstrichen sind.

Wenn das vom öffentlichen Ankläger eingeleitete Verfahren eingestellt oder durch Freispruch beendet wird, endet die Frist zur Privatanklage nicht vor Ablauf von sechs Wochen seit der Einstellung oder dem Freispruche.

VI. Hauptstück.

Das Geltungsgebiet des Strafgesetzes.

1. Abschnitt.

Zeitliches Geltungsgebiet.

§ 81. Strafbar ist nur, wer eine Handlung begeht, die schon im Zeitpunkt ihrer Begehung mit Strafe bedroht war.

Ist über eine Tat, die vor Inkrafttreten eines neuen Strafgesetzes begangen wurde, nach Beginn der Wirksamkeit dieses Gesetzes zu entscheiden, so wird das neue Gesetz angewendet, es sei denn, daß das Gesetz, das zur Zeit der Tat in Kraft stand, für den Täter günstiger ist.

Ist der Täter nach beiden Gesetzen strafbar, so ist als das günstigere Gesetz dasjenige anzuwenden, das die mildere Strafart androht. Sind die angedrohten Strafen der Art nach gleich, so wird das neue Gesetz angewendet, sofern nicht die Obergrenze der angedrohten Strafe höher ist.

§ 82. Straffolgen, die nur eines der beiden Gesetze androht oder vorsieht, sind ausgeschlossen.

Die Anwendung von Sicherungsmitteln richtet sich stets und ausschließlich nach dem neuen Gesetze.

Der Täter wird nur auf Privatanklage oder auf Grund einer Ermächtigung verfolgt, wenn auch nur eines der beiden Gesetze dieses Erfordernis aufstellt.

2. Abschnitt.

Örtliches Geltungsgebiet.

Im Inlande begangene strafbare Handlungen.

§ 83. Den Bestimmungen des Gesetzes unterliegt, wer im Inland eine strafbare Handlung begeht.

Eine strafbare Handlung ist im Inlande begangen, wenn der Täter im Inlande gehandelt hat oder der Erfolg im Inland eingetreten ist oder nach dem Vorsatze des Täters im Inland eintreten sollte.

Strafbare Handlungen, die auf hoher See an Bord eines inländischen Schiffes begangen werden, sind im Inlande begangen.

Eine strafbare Handlung, die an Bord eines ausländischen Handelsschiffes oder andern privaten Schiffes in einem österreichischen Hafen begangen wurde, wird nur dann im Inlande verfolgt, wenn sie die Ordnung oder Sicherheit im Hafen gefährdete oder gegen einen Inländer begangen wurde oder wenn die Behörde des ausländischen Staates darum ansucht.

Strafbare Handlungen an Bord inländischer Handelsschiffe in ausländischen Häfen.

§ 84. Eine strafbare Handlung, die an Bord eines inländischen Handelsschiffes oder anderen privaten Schiffes in einem ausländischen Hafen begangen wurde, wird im Inlande verfolgt, wenn sie im Staate des Begehungsortes nicht verfolgt wurde.

Strafbare Handlungen der Inländer im Auslande.

§ 85. Den Bestimmungen des Gesetzes unterliegt der Inländer, der sich im Ausland eines der im achten bis elften Hauptstück angeführten Verbrechen oder Vergehen, der versuchten Anstiftung, öffentlichen Aufforderung oder Anbietung zum Hochverrat, eines anarchistischen Verbrechens oder Vergehens, eines Verbrechens oder Vergehens gegen die ihm obliegenden Pflichten eines öffentlichen Amtes oder gegen die Sicherheit des Urkundenverkehres oder Geldverkehres, des Frauenhandels, der Sklaverei, eines der im 36. Hauptstück angeführten Verbrechen oder einer strafbaren Handlung gegen einen Inländer schuldig macht.

Der Inländer, der sich im Ausland einer andern strafbaren Handlung schuldig macht, unterliegt den Bestimmungen des Gesetzes, wenn er auch nach dem Rechte des Tatortes strafbar ist. Hat der Täter die Tat auf staatenlosem Gebiet begangen, so wird er verfolgt, wenn der Justizminister es anordnet.

Die Vorschriften gelten auch für den Ausländer, der zur Zeit der Tat Inländer war.

Strafbare Handlungen der Ausländer im Auslande.

§ 86. Den Bestimmungen des Gesetzes unterliegt der Ausländer, der sich im Auslande schuldig macht

des Hochverrates, der versuchten Anstiftung, öffentlichen Aufforderung oder Anbietung zum Hochverrate, des Verrates im Kriege, der Begünstigung eines feindlichen Spions oder Kundschafters, der Verletzung militärischer Geheimnisse oder der Ausspähung in Kriegszeiten, eines Verbrechens oder Vergehens gegen die Sicherheit des inländischen Urkundenverkehres oder Geldverkehres;

des Verbrechens des Staatsverrates, der Gefährdung des Friedens, ferner der Verletzung militärischer Geheimnisse oder der Ausspähung im Frieden, es sei denn, daß der Täter Angehöriger eines fremden Staates ist und die Tat auf dem Gebiet eines fremden Staates zugunsten seines Heimatstaates begangen hat;

eines anarchistischen Verbrechens oder Vergehens, eines Verbrechens oder Vergehens gegen die Sicherheit des ausländischen Urkundenverkehres oder Geldverkehres, des Frauenhandels, der Sklaverei oder eines der im 36. Hauptstück angeführten Verbrechen, wenn der Täter nicht ausgeliefert wird;

einer andern strafbaren Handlung, deren Verfolgung im Inlande durch Gesetz oder Vertrag besonders angeordnet ist.

Die Vorschriften gelten auch für den Inländer, der zur Zeit der Tat Ausländer war.

§ 87. Begeht ein Ausländer im Ausland ein im § 86 nicht angeführtes Verbrechen, wegen dessen die Auslieferung zulässig wäre, so kann der Justizminister die Verfolgung anordnen, wenn die Auslieferung unausführbar und die Strafbarkeit oder die Verfolgung des Täters nach dem Rechte des Tatortes nicht ausgeschlossen ist.

Der Täter wird sodann nach den Bestimmungen des inländischen Strafgesetzes beurteilt. Ist das Recht des Tatortes dem Täter günstiger, so sind die Bestimmungen und Einrichtungen des inländischen Rechtes anzuwenden, die nicht ungünstiger sind als die des ausländischen Rechtes und diesen am nächsten kommen.

Die Vorschriften gelten auch für den Inländer, der zur Zeit der Tat Ausländer war.

Anrechnung einer im Auslande verbüßten Strafe.

§ 88. Wird jemand im Inland einer strafbaren Handlung schuldig erkannt, wegen der er im Ausland eine Strafe erlitten hat, so ist diese Strafe auf die neu zu verhängende angemessen anzurechnen. Besteht keine ähnliche Strafe im Inlande, so hat das Gericht zu bestimmen, in welcher Art und Dauer sie auf die inländische Strafe anzurechnen sei.

Würde das Gericht voraussichtlich keine strengere Strafe verhängen, als die im Auslande bereits vollzogene, und kommt auch die Verhängung von Straffolgen und Sicherungsmitteln nicht in Betracht, so kann der öffentliche Ankläger die Verfolgung unterlassen.

Eine Strafe, die ein ausländisches Gericht verhängt hat, darf im Inlande nicht vollzogen werden.

3. Abschnitt.
Auslieferung.

§ 89. Inländer werden nicht ausgeliefert. Ungarische Staatsbürger und Angehörige der Länder Bosnien und Herzegowina werden nur an ihr Heimatland ausgeliefert.

Die Verpflichtung, Angehörige fremder Staaten auszuliefern, wird durch Staatsverträge festgestellt.

Wird die Auslieferung von einem ausländischen Staate nur wegen bestimmter Handlungen gewährt, so darf nur wegen dieser Handlungen verfolgt werden.

VII. Hauptstück.

Erklärung einiger im Gesetze vorkommender Ausdrücke.

§ 90. Was das Gesetz im allgemeinen für Handlungen des Täters bestimmt, gilt auch für Unterlassungen.

Wenn das Gesetz im allgemeinen von dem Täter spricht, ist darunter auch der Anstifter und der Gehilfe zu verstehen.

§ 91. Unter Inland wird das Gebiet der im Reichsrate vertretenen Königreiche und Länder verstanden.

Der Ausdruck fremder Staat oder fremde Regierung bezieht sich nicht auf die Länder der heiligen ungarischen Krone und auf Bosnien und die Herzegowina.

Unter Angehörigen der Monarchie sind die Inländer, die ungarischen Staatsbürger und die Angehörigen der Länder Bosnien und Herzegowina zu verstehen.

§ 92. Jahre und Monate sind nach dem Kalender zu berechnen. Die Fristen werden so berechnet, daß der Tag nicht mitgezählt wird, an dem der Umstand eintritt, der den Fristenlauf begründet.

§ 93. Der Ausdruck Sicherungsmittel bezieht sich auch auf die Fürsorgeerziehung und die Anhaltung in einer Zwangsarbeitsanstalt.

§ 94. Eine Handlung ist öffentlich begangen,

wenn sie an einem allgemein zugänglichen Ort in einer für mehr als zwei Personen wahrnehmbaren Weise oder wenn sie vor mehr als zwei Personen verübt wird, sofern es sich nicht um eine Mitteilung handelt, die im Familienkreise des Täters gemacht wurde oder sonst nach den Umständen des Falles als eine vertrauliche anzusehen ist;

wenn sie dadurch verübt wird, daß eine Druckschrift, eine andere Schrift oder eine bildliche Darstellung verbreitet oder an einem allgemein zugänglichen Ort angeschlagen oder ausgestellt wird.

§ 95. Unter Druckschrift wird jedes Erzeugnis der Buchdruckerpresse sowie jede zur Verbreitung bestimmte, durch andere mechanische oder chemische Mittel erzeugte Vervielfältigung einer Schrift, bildlichen Darstellung oder eines Tonwerkes mit Text oder Erläuterungen verstanden.

§ 96. Unter Anwendung von Gewalt ist auch die Versetzung in einen Zustand der Wehrlosigkeit oder Bewußtlosigkeit zu verstehen.

§ 97. Unter verfassungsmäßigen Vertretungskörpern werden die beiden Häuser des Reichsrates, die Delegation des Reichsrates, die Landtage, die Abteilungen und Ausschüsse dieser Vertretungskörper, die Kommission zur Kontrolle der Staatsschuld, der Staatsgerichtshof und im Falle verbürgter Gegenseitigkeit die Delegatien des ungarischen Reichstages und ihre Abteilungen und Ausschüsse verstanden.

§ 98. Öffentliche Körperschaften sind die Gemeindevertretungen und Bezirksvertretungen und ihre Ausschüsse, die Kommissionen, die zur Bemessung der direkten Steuern berufen sind, und alle andern auf Grund eines Gesetzes zur Besorgung öffentlicher Angelegenheiten berufenen Körperschaften.

§ 99. Als öffentliche Behörden sind die zur Besorgung der gemeinsamen Angelegenheiten der Monarchie berufenen Behörden, alle im Dienste des Staates, eines Landes, Bezirkes oder einer Gemeinde stehenden Behörden, die Kommissionen, die zur Bemessung der direkten Steuern berufen sind, und alle Militärbehörden einschließlich der untergeordneten Amtsstellen anzusehen.

Den staatlichen Behörden sind die Hofbehörden gleichgestellt, soweit sie mit staatlichen Aufgaben betraut sind.

§ 100. Als öffentliche Beamte sind anzusehen

Beamte, angestellte Hilfsorgane und Diener der öffentlichen Behörden, verfassungsmäßigen Vertretungskörper und öffentlichen Körperschaften;

Leiter und Lehrer öffentlicher Schulen;

durch Wahl, Bestellung oder Gesetz zu einer dem bezeichneten Dienste gleichzustellenden öffentlichen Tätigkeit berufene Personen, insbesondere Schiedsrichter, Laienrichter, Notare, Mitglieder der Kommissionen, die zur Bemessung der direkten Steuern berufen sind, Mitglieder der Ausschüsse eines Landes, Bezirkes oder einer Gemeinde, Gemeindevorsteher oder ihre Stellvertreter;

Seelsorger gesetzlich anerkannter Kirchen oder Religionsgesellschaften, sowie Leiter und Lehrer der mit Öffentlichkeitsrecht ausgestatteten Privatschulen in ihrer Eigenschaft als zur Ausstellung öffentlicher Urkunden befugte Personen;

öffentliche Zivilwachen.

§ 101. Als Personen des öffentlichen Dienstes sind anzusehen

die im § 100 genannten Personen und die Militärpersonen;

Personen, die zur Aufsicht oder zum Betriebe von Eisenbahnen und Schiffen bestellt sind, die mit Anwendung einer elementaren oder mechanischen Kraft betrieben werden und dem allgemeinen Verkehre dienen oder doch einer besonderen staatlichen Aufsicht unterstehen;

zum Schutze von Menschen oder Eigentum bestellte und öffentlich beglaubigte Personen, wenn sie das vorgeschriebene Dienstkleid oder Dienstesabzeichen tragen.

Den Personen des öffentlichen Dienstes sind die ausländischen Organe gleichgestellt, die zur Ausübung der Befugnisse ihres Amtes oder Dienstes im Inlande berechtigt sind.

§ 102. Unter der bewaffneten Macht wird auch das Gendarmeriekorps und seine Abteilungen verstanden.

Unter Kriegszeit wird die Zeit verstanden, während der ein Krieg gegen die Monarchie geführt wird und die Zeit, in der wegen des unmittelbar zu erwartenden Ausbruches eines Krieges militärische Vorkehrungen getroffen werden.

§ 103. Eine strafbare Handlung ist im Familienverhältnisse begangen, wenn sie verübt wird

an einem Verwandten in aufsteigender oder absteigender Reihe;

an dem Ehegatten während des ehelichen Beisammenlebens;

an Verschwägerten in aufsteigender oder absteigender Reihe, an Geschwistern oder deren Ehegatten, an Geschwistern des Ehegatten, der Eltern oder Großeltern, an Neffen, Nichten oder Geschwisterkindern, an Wahleltern oder Pflegeeltern, oder am Vormunde, solange zwischen dem Täter und dem Verletzten häusliche Gemeinschaft besteht.

§ 104. Unter nahen Angehörigen werden die Verwandten und Verschwägerten des Täters in aufsteigender und absteigender Reihe, sein Ehegatte und dessen Geschwister, seine Geschwister und deren Ehegatten, die Geschwister seiner Eltern und Großeltern, seine Neffen, Nichten, Geschwisterkinder, Wahleltern und Pflegeeltern, Wahlkinder und Pflegekinder, sein Vormund und sein Mündel verstanden.

§ 105. Unter dem Ausdrucke Sache werden auch Elektrizität und andere Energien verstanden.

Die Ausdrücke Lebensmittel und Gebrauchsgegenstand werden in dem Gesetze, betreffend den Verkehr mit Lebensmitteln, erklärt.

§ 106. Wenn der Wert einer Sache oder eines Gutes oder der Betrag eines Vermögensnachteiles für die Strafbarkeit oder die Strafe von Einfluß sind, so werden sie zwar mit Rücksicht auf die Person des Verletzten, aber ohne Rücksicht auf entgangenen Gewinn, Tilgung einer verursachten Beleidigung und Wert der besonderen Vorliebe bestimmt.

§ 107. Ein Verbrechen oder Vergehen ist als ein anarchistisches zu betrachten, wenn der Täter durch dessen Verübung unmittelbar oder mittelbar die Beseitigung jeder staatlichen oder gesellschaftlichen Ordnung herbeizuführen oder zu fördern bezweckt.

§ 108. Die Bestimmungen dieses Hauptstückes gelten für den Bereich der Strafgesetze.

II. Teil.

Die strafbaren Handlungen und ihre Strafen.

VIII. Hauptstück.

Strafbare Handlungen gegen den Bestand und die Sicherheit des Staates.

Hochverrat gegen die Person des Kaisers.

§ 109. 1. Wer versucht, den Kaiser zu töten, wird mit dem Tode bestraft.

2. Wer versucht, den Kaiser am Körper zu verletzen, an der Gesundheit zu schädigen oder am Gebrauche seiner persönlichen Freiheit oder an der Ausübung seiner Regierungsrechte zu hindern, wird mit Kerker oder Gefängnis von fünf bis zu zwanzig Jahren bestraft.

Hochverrat in bezug auf die Verfassung und das Gebiet der Monarchie.

§ 110. Wer versucht,

1. gewaltsam die gesetzliche Thronfolgeordnung, die Verfassung der im Reichsrate vertretenen Königreiche und Länder, ihren Verband mit den Ländern der ungarischen Krone, den Verband dieser beiden Ländergebiete mit Bosnien und der Herzegowina oder die Verfassung

eines einzelnen der im Reichsrate vertretenen Königreiche und Länder zu ändern,

2. gewaltsam das Gebiet der Monarchie oder einen Teil einem fremden Staat einzuverleiben oder einen Teil loszutrennen,

3. gewaltsam einen Teil des Gebietes der im Reichsrate vertretenen Königreiche und Länder von seinem verfassungsmäßigen Verbande loszutrennen,

wird mit Kerker oder Gefängnis von fünf bis zu zwanzig Jahren bestraft.

Erlöschen der Strafbarkeit.

§ 111. Wenn die Voraussetzungen des § 16 eintreten und wenn aus der Tätigkeit der Beteiligten kein Nachteil entstanden ist oder der Täter bewirkt, daß ein entstandener Nachteil beseitigt wird, erlischt die Strafbarkeit des Täters wegen Hochverrates.

Vorbereitung zum Hochverrate.

§ 112. 1. Wer einen Hochverrat vorbereitet, wird mit Kerker von einem bis zu drei Jahren oder mit Gefängnis oder Haft von drei Monaten bis zu drei Jahren bestraft.

2. Wer einen Hochverrat gegen die Person des Kaisers vorbereitet;

3. wer sich mit einer fremden Regierung ins Einvernehmen setzt, um einen Hochverrat auszuführen,

wird mit Kerker oder Gefängnis von einem bis zu zehn Jahren bestraft.

Förderung anarchistischer Unternehmungen.

§ 113. 1. Wer eine Verbindung gründet, die mittelbar oder unmittelbar die Beseitigung jeder staatlichen oder gesellschaftlichen Ordnung herbeizuführen oder zu fördern bezweckt, wer einer solchen Verbindung beitritt oder sie fördert;

2. wer eine Zusammenkunft, die diesem Zwecke dienen soll, veranstaltet oder fördert,

wird mit Gefängnis von vier Wochen bis zu drei Jahren bestraft.

Gefährdung des Friedens.

§ 114. 1. Wer die Gefahr eines bewaffneten Angriffes auf die Monarchie herbeiführt;

2. wer im Einvernehmen mit einer fremden Macht einen Aufstand in der Monarchie erregt oder fördert,

wird mit Kerker oder Gefängnis von zwei bis zu fünfzehn Jahren bestraft.

§ 115. Wer durch eine Druckschrift eine unwahre oder entstellte Nachricht verbreitet, durch welche die Beziehungen der Monarchie zu einem fremden Staate gefährdet werden, wird mit Gefängnis oder Haft von einer Woche bis zu einem Jahre oder mit Geldstrafe von fünfzig bis zu viertausend Kronen bestraft.

Staatsverrat.

§ 116. 1. Wer ein Staatsgeheimnis oder eine Tatsache, Schrift oder einen Gegenstand, die im Staatsinteresse einem ausländischen Staate gegenüber geheimgehalten werden, veröffentlicht oder einer ausländischen Regierung mitteilt oder zugänglich macht;

2. wer ein Beweismittel über ein Rechtsverhältnis zwischen dem Staat und einem ausländischen Staate zum Nachteile des Staates vernichtet, unterdrückt oder verfälscht;

3. wer ein von der Regierung ihm übertragenes Staatsgeschäft zum Nachteile des Staates führt, um einen ausländischen Staat zu begünstigen,

wird mit Kerker von zwei bis zu fünfzehn Jahren bestraft.

Verrat im Kriege.

§ 117. 1. Wer in Kriegszeiten dem Feind einen Vorteil verschafft oder der Kriegsmacht der Monarchie oder eines Bundesgenossen einen Nachteil zufügt, wird mit Kerker von zwei bis zu fünfzehn Jahren bestraft.

2. Der Täter, der eine Festung oder Streitkräfte der Monarchie oder eines Bundesgenossen in die Gewalt des Feindes bringt, einen Operationsplan dem Feinde verrät oder sonst der Kriegsmacht der Monarchie oder eines Bundesgenossen einen sehr schweren Nachteil zufügt, wird mit Kerker von fünf bis zu zwanzig Jahren oder mit lebenslangem Kerker bestraft.

Der Angehörige eines fremden Staates, der dem Feinde Kriegserfordernisse liefert oder Darlehen gibt, ist wegen Verrates im Kriege nicht strafbar, es wäre denn, daß er im Gebiete der Monarchie oder in einem von ihren Streitkräften besetzten Gebiete wohnt oder daß die Kriegserfordernisse aus diesen Gebieten stammen.

Kriegsdienst beim Feinde.

§ 118. 1. Der Angehörige der Monarchie, der in Kriegszeiten in den Kriegsdienst des Feindes tritt, wird mit Kerker oder Gefängnis von einem bis zu zehn Jahren bestraft.

2. Der Angehörige der Monarchie, der trotz des Ausbruches eines gegen die Monarchie geführten Krieges freiwillig im Kriegsdienste des Feindes bleibt, wird mit Gefängnis oder Haft von sechs Monaten bis zu fünf Jahren bestraft.

Begünstigung eines Kriegsgefangenen.

§ 119. Wer die Flucht eines Kriegsgefangenen der Monarchie oder ihres Bundesgenossen lediglich in der Absicht fördert, dem Gefangenen zur Freiheit zu verhelfen, wird mit Gefängnis oder Haft von einer Woche bis zu einem Jahre bestraft.

Wer nur in dieser Absicht die Flucht eines nahen Angehörigen fördert, ist nicht strafbar.

Begünstigung eines feindlichen Spions oder Kundschafters.

§ 120. 1. Wer in Kriegszeiten einen feindlichen Spion oder Kundschafter aufnimmt, verbirgt oder ihm sonst Beistand leistet, wird mit Kerker oder Gefängnis von einem bis zu zehn Jahren bestraft.

2. Wer die Tat lediglich in der Absicht begeht, den Spion der Bestrafung zu entziehen, wird mit Gefängnis von vier Wochen bis zu drei Jahren bestraft. Wer nur in dieser Absicht einen nahen Angehörigen begünstigt, ist nicht strafbar.

Beteiligung an einem Anlehen eines feindlichen Staates.

§ 121. Wer in Kriegszeiten entgegen einem Regierungsverbote sich an einem Anlehen eines feindlichen Staates beteiligt oder die Ausgabe eines solchen Anlehens fördert, wird mit Gefängnis oder Haft von drei Monaten bis zu drei Jahren bestraft. Neben der Freiheitsstrafe kann Geldstrafe bis zu zehntausend Kronen verhängt werden.

Verletzung einer Lieferungsfrist.

§ 122. 1. Wer in Kriegszeiten seine durch Vertrag oder Vorschrift begründete Pflicht verletzt,' für die bewaffnete Macht der Monarchie oder eines Bundesgenossen Gegenstände des Kriegsbedarfes zu liefern, solche Gegenstände oder Truppen zu befördern oder Arbeiten auszuführen;

2. der Unterlieferant, Vermittler oder Bedienstete bei einer solchen Lieferung, Beförderung oder Arbeit, der in Kriegszeiten durch Verletzen seiner Pflichten die Leistung gefährdet oder vereitelt,

wird mit Gefängnis oder Haft von einer Woche bis zu einem Jahre bestraft.

3. Wenn durch die Tat die militärischen Interessen der Monarchie gefährdet wurden, ist auf Gefängnis von drei Monaten bis zu drei Jahren zu erkennen.

Neben der Freiheitsstrafe kann in allen Fällen Geldstrafe bis zu zwanzigtausend Kronen verhängt werden.

Verletzung militärischer Geheimnisse.

§ 123. Wer eine Tatsache, Vorkehrung oder einen Gegenstand, die sich auf die Kriegsmacht oder die militärische Verteidigung der Monarchie beziehen und nicht öffentlich getroffen oder behandelt werden, einem Unbefugten mitteilt oder zugänglich macht, wird mit Gefängnis oder Haft von vier Wochen bis zu drei Jahren bestraft, wenn durch die Tat die militärischen Interessen der Monarchie gefährdet werden.

2. Wer eine Tatsache, Vorkehrnng oder einen Gegenstand, die sich auf die Kriegsmacht oder die militärische Verteidigung der Monarchie beziehen und nicht öffentlich getroffen oder behandelt werden, einem andern mitteilt oder zugänglich macht, um sie einem fremden Staate zukommen zu lassen, wird mit Kerker oder Gefängnis von einem bis zu zehn Jahren bestraft.

§ 124. 1. Wer in Kriegszeiten eine Tatsache, Vorkehrung oder einen Gegenstand, die sich auf die Kriegsmacht oder die militärische Verteidigung der Monarchie oder eines Bundesgenossen beziehen und nicht öffentlich getroffen oder behandelt werden, einem Unbefugten mitteilt oder zugänglich macht, wird mit Kerker oder Gefängnis von einem bis zu zehn Jahren bestraft, wenn durch die Tat die militärischen Interessen der Monarchie gefährdet werden.

2. Wer in Kriegszeiten eine Tatsache, Vorkehrung oder einen Gegenstand, die sich auf die Kriegsmacht oder die militärische Verteidigung der Monarchie oder eines Bundesgenossen beziehen und nicht öffentlich getroffen oder behandelt werden, einem andern mitteilt oder zugänglich macht, um sie dem Feinde zukommen zu lassen, wird mit Kerker oder Gefängnis von zwei bis zu fünfzehn Jahren bestraft.

§ 125. Wer fahrlässig bewirkt, daß eine Tatsache, Vorkehrung oder ein Gegenstand der im § 123 bezeichneten Art, die ihm in der Eigenschaft eines öffentlichen Beamten oder infolge einer für die Kriegsverwaltung übernommenen Lieferung oder Arbeit bekannt geworden oder anvertraut sind, zur Kenntnis oder in den Besitz eines Unbefugten gelangt, wird mit Gefängnis oder Haft von einer Woche bis zu einem Jahre bestraft, wenn durch die Tat die militärischen Interessen der Monarchie gefährdet werden.

Ausspähung.

§ 126. 1. Wer eine Tatsache, Vorkehrung oder einen Gegenstand ausspäht, die sich auf die Kriegsmacht oder die militärische Verteidigung der Monarchie beziehen und nicht öffentlich getroffen oder behandelt werden, wird mit Gefängnis oder Haft von vier Wochen bis zu drei Jahren bestraft.

2. Wer die Tat in der Absicht begeht, einem fremden Staat eine Mitteilung zukommen zu lassen, wird mit Kerker oder Gefängnis von einem bis zu zehn Jahren bestraft.

§ 127. 1. Wer in Kriegszeiten eine Tatsache, Vorkehrung oder einen Gegenstand ausspäht, die sich auf die Kriegsmacht oder die militärische Verteidigung der Monarchie beziehen und nicht öffentlich getroffen oder behandelt werden, wird mit Kerker oder Gefängnis von einem bis zu zehn Jahren bestraft.

2. Wer die Tat in der Absicht begeht, dem Feind eine Mitteilung zukommen zu lassen, wird mit Kerker oder Gefängnis von zwei bis zu fünfzehn Jahren bestraft.

Der Täter, der vor seiner Betretung zu der feindlichen Armee zurückgekehrt ist, der er angehört, wird straflos.

Einrichtung eines verräterischen Nachrichtendienstes.

§ 128. 1. Wer Brieftauben hält oder sonst eine Vorkehrung trifft, die dazu dienen soll, Nachrichten über die Kriegsmacht oder die militärische Verteidigung der Monarchie einem fremden Staate zukommen zu lassen, wird mit Gefängnis oder Haft von einer Woche bis zu einem Jahre bestraft.

2. Wer die Tat in Kriegszeiten begeht, wird mit Gefängnis oder Haft von drei Monaten bis zu drei Jahren bestraft.

Der Täter, der freiwillig und nicht, weil er weiß, daß seine Tat entdeckt ist, den Gegenstand vernichtet, wird straflos.

Veröffentlichung militärischer Vorkehrungen.

§ 129. 1. Wer in einer Druckschrift über die Streitkräfte der Monarchie, über ihre Befestigungen, Kriegserfordernisse oder öffentlichen Verkehrsanstalten eine Mitteilung veröffentlicht, wird wegen Vergehens mit Gefängnis oder Haft von drei Tagen bis zu sechs Monaten oder mit Geldstrafe von zwanzig bis zu zweitausend Kronen bestraft, wenn die Veröffentlichung einem gehörig kundgemachten Verbote der Regierung widerstreitet oder die militärischen Interessen der Monarchie offenbar gefährdet.

2. Wer in Kriegszeiten in einer Druckschrift eine Mitteilung dieser Art veröffentlicht, die sich auf die Monarchie oder einen Bundesgenossen bezieht, wird mit Gefängnis oder Haft von einer Woche bis zu einem Jahr oder mit Geldstrafe von fünfzig bis zu viertausend Kronen bestraft, wenn eine der bezeichneten Bedingungen zutrifft.

Aufnahme militärischer Befestigungen.

§ 130. Wer ohne Bewilligung einer öffentlichen Behörde ein Bild, einen Riß oder Plan einer Befestigung, eines zu Verteidigungszwecken hergerichteten Geländes oder Ortes der Monarchie aufnimmt oder veröffentlicht, wird mit Haft bis zu sechs Wochen oder mit Geldstrafe bis zu fünfhundert Kronen bestraft.

Schmälerung der bürgerlichen Ehrenrechte.

§ 131. Auf Schmälerung der bürgerlichen Ehrenrechte für die Dauer der zu verbüßenden Strafe und einen weiteren Zeitraum von zwei bis zu fünf Jahren kann erkannt werden, wenn der Täter zu einer Gefängnisstrafe von mindestens sechs Monaten verurteilt wird.

IX. Hauptstück.

Beteiligung an militärischen Verbrechen und unbefugte Werbung.

Anstiftung und Beihilfe zu militärischen Verbrechen.

§ 132. 1. Wer eine Militärperson der Monarchie zur Desertion oder zu einer andern vom Militärstrafgesetz als Verbrechen behandelten Verletzung der Dienstpflicht bestimmt, zu bestimmen versucht oder ihr dazu Hilfe leistet, wird mit Gefängnis oder Haft von zwei Wochen bis zu zwei Jahren bestraft.

2. Wer die Tat in Kriegszeiten begeht, wird mit Gefängnis von drei Monaten bis zu fünf Jahren bestraft.

Begünstigung eines Deserteurs.

§ 133. 1. Wer ohne vorausgegangenes Einverständnis die Flucht eines Deserteurs fördert oder ihn verbirgt, wird mit Gefängnis oder Haft von einer Woche bis zu einem Jahre bestraft.

2. Wer die Tat in Kriegszeiten begeht, wird mit Gefängnis von zwei Wochen bis zu zwei Jahren bestraft.

Wer die Desertion eines nahen Angehörigen begünstigt, ist nicht strafbar.

Unbefugte Werbung.

§ 134. Wer ohne Bewilligung der Regierung einen Angehörigen der Monarchie für fremden Kriegsdienst anwirbt oder einen für fremden Kriegsdienst Angeworbenen diesem zuführt, wird mit Gefängnis oder Haft von zwei Wochen bis zu zwei Jahren bestraft. Neben der Freiheitsstrafe kann Geldstrafe bis zu zweitausend Kronen verhängt werden.

X. Hauptstück.

Majestätsbeleidigung und Beleidigung von Mitgliedern des kaiserlichen Hauses.

Majestätsbeleidigung.

§ 135. 1. Wer den Kaiser öffentlich oder in der Absicht, zur Mißachtung gegen ihn aufzureizen, beleidigt oder beschimpft, wird mit Gefängnis oder Haft von vier Wochen bis zu drei Jahren bestraft.

2. Wer den Kaiser angesichts seiner Person beleidigt oder beschimpft, wird mit Gefängnis oder Haft von drei Monaten bis zu fünf Jahren bestraft.

3. Wer gegen den Kaiser eine Tätlichkeit verübt oder ihn mit einer Tätlichkeit bedroht, wird mit Kerker oder Gefängnis von zwei bis zu fünfzehn Jahren bestraft.

Beleidigung eines Mitgliedes des kaiserlichen Hauses.

§ 136. 1. Wer ein Mitglied des kaiserlichen Hauses öffentlich oder in der Absicht, zur Mißachtung gegen dieses aufzureizen, beleidigt oder beschimpft, wird mit Gefängnis oder Haft von zwei Wochen bis zu zwei Jahren bestraft.

2. Wer ein Mitglied des kaiserlichen Hauses angesichts seiner Person beleidigt oder beschimpft, wird mit Gefängnis oder Haft von vier Wochen bis zu drei Jahren bestraft.

3. Wer gegen ein Mitglied des kaiserlichen Hauses eine Tätlichkeit verübt oder es mit einer Tätlichkeit bedroht, wird mit Kerker von einem bis zu fünf Jahren oder mit Gefängnis von sechs Monaten bis zu fünf Jahren bestraft.

§ 137. Wer ein verstorbenes Mitglied des kaiserlichen Hauses öffentlich beleidigt oder beschimpft, wird mit Gefängnis oder Haft von einer Woche bis zu einem Jahre bestraft.

Die Verfolgung wegen Beleidigung ist ausgeschlossen, wenn seit dem Tode des Mitgliedes des kaiserlichen Hauses dreißig Jahre verstrichen sind.

XI. Hauptstück.

Strafbare Handlungen gegen die Länder der ungarischen Krone und gegen Bosnien und die Herzegowina.

Gewalttätiger Angriff gegen die Länder der ungarischen Krone.

§ 138. Wer versucht, gewaltsam die Verfassung der Länder der ungarischen Krone zu ändern oder einen Teil dieser Länder von ihrem verfassungsmäßigen Verbande loszutrennen, wird mit Gefängnis oder Haft von drei Monaten bis zu drei Jahren bestraft, sofern die Gegenseitigkeit gesetzlich verbürgt ist.

Der Täter wird nur mit Ermächtigung der ungarischen Regierung verfolgt.

Die Bestimmung des § 111 ist anzuwenden.

Verletzung eines ungarischen Hoheitszeichens.

§ 139. Wer ein öffentlich und befugterweise im Inland angebrachtes Hoheitszeichen der Länder der ungarischen Krone beschädigt oder beseitigt, um seine feindselige Gesinnung kundzugeben, wird wegen Vergehens mit Gefängnis oder Haft von drei Tagen bis zu sechs Monaten bestraft.

Gewalttätiger Angriff gegen Bosnien und die Herzegowina.

§ 140. Wer versucht, gewaltsam die Verfassung der Länder Bosnien und Herzegowina zu ändern oder einen Teil dieser Länder von ihrem verfassungsmäßigen Verbande loszutrennen, wird mit Gefängnis oder Haft von drei Monaten bis zu drei Jahren bestraft.

Der Täter wird nur mit Ermächtigung der Regierung dieser Länder verfolgt.

Die Bestimmung des § 111 ist anzuwenden.

XII. Hauptstück.

Strafbare Handlungen gegen fremde Staaten und Souveräne.

Gewalttätiger Angriff gegen einen fremden Staat.

§ 141. Wer versucht, gewaltsam die Verfassung eines fremden Staates zu ändern, sein Gebiet oder einen Teil einem andern Staat einzuverleiben oder einen Teil des Gebietes von seinem verfassungsmäßigen Verbande loszutrennen, wird mit Gefängnis oder Haft von drei Monaten bis zu drei Jahren bestraft, sofern die Gegenseitigkeit gesetzlich verbürgt ist und die Monarchie mit dem fremden Staate sich im Frieden befindet.

Der Täter wird nur mit Ermächtigung der Regierung des fremden Staates verfolgt.

Die Bestimmung des § 111 ist anzuwenden.

Tätlichkeit und öffentliche Beschimpfung gegen das Oberhaupt eines fremden Staates oder einen fremden Souverän.

§ 142. 1. Wer das Oberhaupt eines fremden Staates oder einen fremden Souverän öffentlich beschimpft, wird wegen Vergehens mit Gefängnis oder Haft von einer Woche bis zu sechs Monaten bestraft.

2. Wer gegen das Oberhaupt eines fremden Staates oder einen fremden Souverän eine Tätlichkeit verübt oder sie mit einer Tätlichkeit bedroht, wird mit Gefängnis oder Haft von vier Wochen bis zu drei Jahren bestraft.

Die Tat, die sich gegen das Oberhaupt eines fremden Staates richtet, ist nur dann strafbar, wenn die Monarchie mit diesem Staate sich im Frieden befindet.

Der Täter wird nur mit Ermächtigung der diplomatischen Vertretung des fremden Staates oder Souveräns verfolgt; wenn eine solche Vertretung nicht besteht, jedoch die Monarchie bei diesem Staate diplomatisch vertreten ist, mit Ermächtigung der Regierung des Staates.

Tätlichkeit und öffentliche Beschimpfung gegen einen Gesandten.

§ 143. Wer einen bei der Monarchie beglaubigten Gesandten (Geschäftsträger) öffentlich beschimpft, wird wegen Vergehens mit Gefängnis oder Haft von drei Tagen bis zu sechs Monaten bestraft.

2. Wer gegen einen bei der Monarchie beglaubigten Gesandten eine Tätlichkeit verübt oder ihn mit einer Tätlichkeit bedroht, wird mit Gefängnis oder Haft von einer Woche bis zu einem Jahre bestraft.

Der Täter wird nur mit Ermächtigung der diplomatischen Vertretung verfolgt.

Verletzung eines fremden Hoheitszeichens.

§ 144. Wer ein öffentlich und befugterweise im Inland angebrachtes Hoheitszeichen, Emblem oder Wappen eines fremden Staates oder Souveräns beschädigt oder beseitigt, um seine feindselige Gesinnung kundzugeben, wird wegen Vergehens mit Gefängnis oder Haft von drei Tagen bis zu sechs Monaten oder mit Geldstrafe von zwanzig bis zu zweitausend Kronen bestraft.

Neutralitätsbruch.

§ 145. Wer einem Verbote zuwiderhandelt, das die Regierung zur Wahrung der Neutralität erlassen und im Reichsgesetzblatte kundgemacht hat, wird mit Gefängnis von einer Woche bis zu einem

Jahre bestraft. Neben der Freiheitsstrafe kann Geldstrafe bis zu fünfzigtausend Kronen verhängt werden.

XIII. Hauptstück.

Strafbare Handlungen gegen verfassungsmäßige Vertretungskörper und öffentliche Körperschaften.

Störung der Tätigkeit eines verfassungsmäßigen Vertretungskörpers oder einer öffentlichen Körperschaft.

§ 146. 1. Wer gegen einen verfassungsmäßigen Vertretungskörper oder eines seiner Mitglieder Gewalt anwendet oder damit droht, um die gesetzmäßige Tätigkeit des Vertretungskörpers zu hindern oder zu stören, wird mit Gefängnis oder Haft von sechs Monaten bis zu fünf Jahren bestraft.

2. Wer die Tat in bezug auf eine öffentliche Körperschaft begeht, wird mit Gefängnis oder Haft von vier Wochen bis zu drei Jahren bestraft.

Nötigung eines Mitgliedes eines verfassungsmäßigen Vertretungskörpers oder einer öffentlichen Körperschaft.

§ 147. 1. Wer gegen ein Mitglied eines verfassungsmäßigen Vertretungskörpers oder eine dem Mitgliede nahestehende Person Gewalt anwendet oder sie mit einem rechtswidrigen Nachteil an Körper, Freiheit, Ehre oder Vermögen bedroht, um das Mitglied an der Ausübung eines seiner Mitgliederrechte zu hindern oder zur Ausübung in einem bestimmten Sinne zu bewegen, wird mit Gefängnis oder Haft von drei Monaten bis zu fünf Jahren bestraft.

2. Wer die Tat in bezug auf ein Mitglied einer öffentlichen Körperschaft begeht, wird mit Gefängnis oder Haft von zwei Wochen bis zu zwei Jahren bestraft.

§ 148. 1. Wer ein Mitglied eines verfassungsmäßigen Vertretungskörpers oder eine dem Mitgliede nahestehende Person mit einem Nachteil an Freiheit, Ehre oder Vermögen, zu dessen Zufügung er berechtigt ist, bedroht, um das Mitglied an der Ausübung eines seiner Mitgliederrechte zu hindern oder zur Ausübung in einem bestimmten Sinne zu bewegen, wird mit Gefängnis oder Haft von einer Woche bis zu einem Jahre bestraft.

2. Wer die Tat in bezug auf ein Mitglied einer öffentlichen Körperschaft begeht, wird wegen Vergehens mit Gefängnis oder Haft von drei Tagen bis zu sechs Monaten oder mit Geldstrafe von zwanzig bis zu zweitausend Kronen bestraft.

Bestechung.

§ 149. 1. Wer jemanden einen Vermögensvorteil gewährt, verspricht oder anbietet, um mittelbar oder unmittelbar ein Mitglied eines verfassungsmäßigen Vertretungskörpers von der Ausübung eines seiner Mitgliederrechte abzuhalten oder zur Ausübung in einem bestimmten Sinne zu bewegen, wird mit Gefängnis oder Haft von zwei Wochen bis zu zwei Jahren bestraft.

2. Wer die Tat in bezug auf ein Mitglied einer öffentlichen Körperschaft begeht, wird mit Gefängnis oder Haft von einer Woche bis zu einem Jahre bestraft.

§ 150. 1. Das Mitglied eines verfassungsmäßigen Vertretungskörpers, das für die Ausübung eines seiner Mitgliederrechte in einem bestimmten Sinne oder für das Unterlassen der Ausübung für sich oder einen Dritten einen Vermögensvorteil annimmt, sich versprechen läßt oder begehrt, wird mit Gefängnis von zwei Wochen bis zu zwei Jahren bestraft.

2. Das Mitglied einer öffentlichen Körperschaft, das die Tat begeht, wird mit Gefängnis von einer Woche bis zu einem Jahre bestraft.

Der dem Täter zugewendete Vermögensvorteil ist einzuziehen.

Fälschung der Abstimmung.

§ 151. 1. Wer die Abstimmung eines verfassungsmäßigen Vertretungskörpers oder das Ergebnis der Abstimmung fälscht, wird mit Gefängnis oder Haft von zwei Wochen bis zu zwei Jahren bestraft.

2. Wer die Tat in bezug auf eine öffentliche Körperschaft begeht, wird mit Gefängnis oder Haft von einer Woche bis zu einem Jahre bestraft.

Herabwürdigung eines verfassungsmäſsigen Vertretungskörpers.

§ 152. 1. Wer in einer Druckschrift oder öffentlichen Versammlung oder vor einer Menschenmenge einen verfassungsmäßigen Vertretungskörper beschimpft oder, um ihn verächtlich zu machen, wider besseres Wissen eine unwahre oder entstellte Tatsache gegen ihn vorbringt, wird mit Gefängnis oder Haft von einer Woche bis zu einem Jahr oder mit Geldstrafe von fünfzig bis zu viertausend Kronen bestraft.

2. Wer in einer Druckschrift oder öffentlichen Versammlung oder vor einer Menschenmenge gegen einen verfassungsmäßigen Vertretungskörper eine unwahre oder entstellte Tatsache ohne zureichenden Grund, sie für wahr zu halten, vorbringt, um ihn verächtlich zu machen, wird wegen Vergehens mit Gefängnis oder Haft von drei Tagen bis zu sechs Monaten oder mit Geldstrafe von zwanzig bis zu zweitausend Kronen bestraft.

Verlust des Wahlrechtes und der Wählbarkeit.

§ 153. Mit der Verurteilung wegen Vergehens nach den §§ 146 bis 151 ist der Verlust des Wahlrechtes, der Mitgliedschaft und der Wählbarkeit in bezug auf verfassungsmäßige und andere öffentliche Vertretungskörper verbunden. Die Unfähigkeit, das Wahlrecht und die Wählbarkeit zu erlangen, besteht für die Dauer der zu verbüßenden Freiheitsstrafe und einen weiteren Zeitraum von sechs Jahren. Im Falle der Verurteilung zu einer Geldstrafe dauert sie bis zum Ablaufe von sechs Jahren seit dem Vollzuge der Strafe.

XIV. Hauptstück.

Strafbare Handlungen gegen die Staatsgewalt.

Nötigung einer Person des öffentlichen Dienstes.

§ 154. 1. Wer gegen eine Person des öffentlichen Dienstes Gewalt anwendet oder sie mit einem rechtswidrigen Nachteil an Körper, Freiheit, Ehre oder Vermögen bedroht, um die Vornahme einer Amtshandlung oder Dienstverrichtung zu hindern, wird mit Gefängnis oder Haft von zwei Wochen bis zu zwei Jahren bestraft.

2. Der rückfällige Täter wird mit Gefängnis von vier Wochen bis zu zwei Jahren, der wiederholt rückfällige mit Gefängnis von sechs Monaten bis zu fünf Jahren bestraft.

Die Bestimmungen sind nicht anzuwenden, wenn die Handlung, gegen die sich der Widerstand richtet, einen Mißbrauch der Amtsgewalt begründet oder wenn die Person des öffentlichen Dienstes zur Vornahme der Handlung nach ihrem Pflichtenkreise nicht berufen war.

§ 155. Wer eine Person des öffentlichen Dienstes mit einem Nachteil an Freiheit, Ehre oder Vermögen, zu dessen Zufügung er berechtigt ist, bedroht, um die rechtmäßige Vornahme einer Amtshandlung oder Dienstverrichtung zu hindern, wird wegen Vergehens mit Gefängnis oder Haft von drei Tagen bis zu sechs Monaten bestraft.

§ 156. 1. Wer gegen eine Person des öffentlichen Dienstes Gewalt anwendet oder sie mit einem rechtswidrigen Nachteil an Körper, Freiheit, Ehre oder Vermögen bedroht, um zur rechtswidrigen Vornahme einer Amtshandlung oder Dienstverrichtung zu nötigen, wird mit Gefängnis oder Haft von zwei Wochen bis zu zwei Jahren bestraft.

2. Der rückfällige Täter wird mit Gefängnis von vier Wochen bis zu zwei Jahren, der wiederholt rückfällige mit Gefängnis von sechs Monaten bis zu fünf Jahren bestraft.

§ 157. Wer eine Person des öffentlichen Dienstes mit einem Nachteil an Freiheit, Ehre oder Vermögen, zu dessen Zufügung er berechtigt ist, bedroht, um zur rechtswidrigen Vornahme einer Amtshandlung oder Dienstverrichtung zu nötigen, wird wegen Vergehens mit Gefängnis oder Haft von drei Tagen bis zu sechs Monaten bestraft.

Nötigung einer Person des öffentlichen Dienstes des Auslandes.

§ 158. Des Vergehens nach § 154 oder 156 macht sich auch der Inländer schuldig, der die Tat im Auslande gegen eine Person des öffentlichen Dienstes des Auslandes begeht, sofern die Gegenseitigkeit gesetzlich verbürgt ist. War die Tat gegen eine Person des öffentlichen Dienstes eines fremden Staates gerichtet, so wird der Täter nur verfolgt, wenn der Justizminister es anordnet.

Beschimpfung und Misshandlung einer Person des öffentlichen Dienstes.

§ 159. 1. Wer eine Person des öffentlichen Dienstes beschimpft, während sie ihr Amt oder ihren Dienst ausübt, wird mit Gefängnis oder Haft bis zu drei Monaten oder mit Geldstrafe bis zu tausend Kronen bestraft.

2. Wer eine Person des öffentlichen Dienstes tätlich mißhandelt oder mit einer Mißhandlung bedroht, während sie ihr Amt oder ihren Dienst ausübt, wird mit Gefängnis oder Haft bis zu sechs Monaten oder mit Geldstrafe bis zu zweitausend Kronen bestraft.

Einmengung in eine Amtshandlung oder Dienstverrichtung.

§ 160. Wer sich in die gegen einen Dritten gerichtete Amtshandlung oder Dienstverrichtung einer Person des öffentlichen Dienstes einmengt, um sie zu hindern, wird mit Gefängnis oder Haft bis zu vier Wochen oder mit Geldstrafe bis zu dreihundert Kronen bestraft.

Aufruhr.

§ 161. 1. Wer an einer öffentlichen Zusammenrottung teilnimmt, durch die mit gemeinsamer Anwendung oder Androhung von Gewalt die Vornahme einer Amtshandlung oder Dienstverrichtung einer öffentlichen Behörde oder einer Person des öffentlichen Dienstes erzwungen oder gehindert werden soll, wird mit Gefängnis oder Haft von vier Wochen bis zu drei Jahren bestraft.

2. Wer bei der Zusammenrottung verharrt oder sich ihr anschließt, obwohl die bewaffnete Macht erschien und die Menge zweimal aufgefordert wurde, auseinanderzugehen, wird mit Gefängnis oder Haft von drei Monaten bis zu fünf Jahren bestraft.

3. War die Menge, die sich zusammenrottete, zum Angriff oder zum Widerstand organisiert und bewaffnet, so ist auf Kerker oder Gefängnis von einem bis zu zehn Jahren zu erkennen.

§ 162. Die Strafbarkeit wegen Aufruhrs erlischt für denjenigen, der sich von der Zusammenrottung zurückzieht, ehe sie einen Erfolg erzielt und ein Teilnehmer Gewalt angewendet hat. Der Anstifter und der Anführer wird straflos, wenn er überdies mit Erfolg dafür tätig war, daß sich alle Teilnehmer rechtzeitig zurückziehen.

Aufwiegelung.

§ 163. 1. Wer in einer Druckschrift oder öffentlichen Versammlung oder vor einer Menschenmenge dazu auffordert oder es anpreist, Pflichten nicht nachzukommen, die sich aus einem Gesetz, einer Verordnung, einer Anordnung oder Dienstvorschrift einer öffentlichen Behörde ergeben;

2. wer eine Verbindung zu dem Zwecke gründet, solche Pflichten nicht zu erfüllen, oder wer für sie Mitglieder wirbt,

wird wegen Vergehens mit Gefängnis oder Haft von drei Tagen bis zu sechs Monaten oder mit Geldstrafe von zwanzig bis zu zweitausend Kronen bestraft.

Herabwürdigung der Staatsgewalt.

§ 164. 1. Wer in einer Druckschrift oder öffentlichen Versammlung oder vor einer Menschenmenge die Regierung, eine andere öffentliche Behörde, die bewaffnete Macht oder eine ihrer Abteilungen beschimpft oder, um sie verächtlich zu machen, wider besseres Wissen eine unwahre oder entstellte Tatsache gegen sie vorbringt, wird mit Gefängnis oder Haft von einer Woche bis zu einem Jahr oder mit Geldstrafe von fünfzig bis zu viertausend Kronen bestraft.

2. Wer in einer Druckschrift oder öffentlichen Versammlung oder vor einer Menschenmenge gegen die Regierung, eine andere öffentliche Behörde, die bewaffnete Macht oder eine ihrer Abteilungen, um sie verächtlich zu machen, eine unwahre oder entstellte Tatsache ohne zureichenden Grund, sie für wahr zu halten, vorbringt, wird wegen Vergehens mit Gefängnis oder Haft von drei Tagen bis zu sechs Monaten oder mit Geldstrafe von zwanzig bis zu zweitausend Kronen bestraft.

Richtet sich die Tat gegen die bewaffnete Macht oder eine ihrer Abteilungen, so wird der Täter nur mit Ermächtigung des vorgesetzten Ministers verfolgt. Die Ermächtigung kann zurückgenommen werden.

§ 165. Wer in einer Druckschrift oder öffentlichen Versammlung oder vor einer Menschenmenge wider besseres Wissen eine unwahre oder entstellte Tatsache vorbringt, um die Verfassung, ein Gesetz oder eine Entscheidung, Verordnung oder Anordnung einer öffentlichen Behörde verächtlich zu machen, wird mit Gefängnis oder Haft von einer Woche bis zu einem Jahr oder mit Geldstrafe von fünfzig bis zu viertausend Kronen bestraft.

Verletzung eines Abzeichens der Staatsgewalt.

§ 166. Wer ein öffentlich angebrachtes Abzeichen der Staatsgewalt beschädigt oder beseitigt, um seine feindselige Gesinnung kundzugeben, wird mit Gefängnis oder Haft von drei Tagen bis zu sechs Monaten bestraft.

XV. Hauptstück.

Verletzung der Amtspflichten.

Mifsbrauch der Amtsgewalt.

§ 167. 1. Der öffentliche Beamte, der sein Amt oder seinen Dienst mißbraucht oder dessen Ausübung unterläßt, um dadurch sich oder einem andern einen Vorteil zuzuwenden oder dem Gemeinwesen, dem er verpflichtet ist, oder sonst jemandem einen Nachteil zuzufügen, wird mit Kerker von einem bis zu fünf Jahren oder mit Gefängnis von drei Monaten bis zu fünf Jahren bestraft.

2. Der öffentliche Beamte, der die Tat begeht, um jemandem einen sehr schweren Nachteil zuzufügen, wird mit Kerker oder Gefängnis von einem bis zu zehn Jahren bestraft.

3. Der öffentliche Beamte, der die Tat begeht, um bei Ausübung der Rechtspflege jemandem einen sehr schweren Nachteil zuzufügen, wird mit Kerker oder Gefängnis von zwei bis zu fünfzehn Jahren bestraft.

Wegen Anstiftung oder Beihilfe ist auch der Inländer zu bestrafen, der einen ausländischen Richter zum Mißbrauche der Amtsgewalt anstiftet oder ihm dazu Hilfe leistet.

Verletzung der Amtspflicht im Kriege.

§ 168. 1. Der öffentliche Beamte, der in Kriegszeiten eine Amtspflicht oder Dienstpflicht verletzt, die ihm in bezug auf die Kriegsmacht oder die militärische Verteidigung der Monarchie obliegt, wird mit Gefängnis oder Haft von einer Woche bis zu einem Jahre bestraft,

2. Wenn durch die Tat die militärischen Interessen der Monarchie gefährdet wurden, ist auf Gefängnis von drei Monaten bis zu drei Jahren zu erkennen.

Urkundenvergehen im Amte.

§ 169. Der öffentliche Beamte, der

1. bei Ausübung seines Amtes oder Dienstes eine falsche Urkunde anfertigt oder eine echte Urkunde verfälscht;

2. ein öffentliches Buch, amtliches Register oder eine Urkunde, die ihm vermöge seines Amtes oder Dienstes anvertraut oder zugänglich sind, vernichtet, beseitigt oder derart beschädigt, daß dadurch ihr Beweiswert verringert wird;

3. bei Ausübung seines Amtes oder Dienstes in einem öffentlichen Buch, amtlichen Register oder in einer Urkunde eine unwahre Tatsache von rechtlicher Bedeutung beurkundet,

wird mit Gefängnis von vier Wochen bis zu drei Jahren bestraft.

Widerrechtliche Beschlagnahme von Schriftstücken.

§ 170. Die Person des öffentlichen Dienstes, die in Ausübung ihres Amtes oder Dienstes einen verschlossenen Brief oder ein anderes unter Verschluß gehaltenes Schriftstück in Beschlag nimmt oder öffnet, obwohl die gesetzlichen Bedingungen für diese Amtshandlung fehlen, wird mit Gefängnis oder Haft bis zu drei Monaten oder mit Geldstrafe bis zu tausend Kronen bestraft.

Verletzung des Amtsgeheimnisses.

§ 171. 1. Wer ein öffentliches Interesse oder ein berechtigtes Privatinteresse dadurch gefährdet, daß er über eine Tatsache, Schrift oder einen Gegenstand, die ihm in der Eigenschaft eines öffentlichen Beamten bekannt geworden sind und über die er das Amtsgeheimnis zu wahren hat, eine Mitteilung macht oder veröffentlicht;

2. wer ein Geschäftsgeheimnis oder Betriebsgeheimnis, das ihm in der Eigenschaft eines öffentlichen Beamten oder eines von der

öffentlichen Behörde zugezogenen Sachverständigen bekannt geworden ist, veröffentlicht oder einem Unbefugten mitteilt;

3. wer über Erwerb, Vermögen oder Einkommen eines Steuerpflichtigen, über den Inhalt einer Steuererklärung, eines Bekenntnisses oder der darüber gepflogenen Verhandlungen, die ihm in der Eigenschaft eines öffentlichen Beamten oder Sachverständigen bei der Bemessung öffentlicher Abgaben bekannt geworden sind, einem Unbefugten eine Mitteilung macht oder veröffentlicht,

wird mit Gefängnis oder Haft bis zu sechs Monaten oder mit Geldstrafe bis zu zweitausend Kronen bestraft.

4. Wer die Tat begeht, um sich oder einem Dritten einen Vermögensvorteil zuzuwenden oder jemandem einen Vermögensnachteil zuzufügen, wird mit Gefängnis von vier Wochen bis zu drei Jahren bestraft. Neben der Freiheitsstrafe kann Geldstrafe bis zu fünftausend Kronen verhängt werden.

Wegen einer Mitteilung oder Veröffentlichung der unter 3 bezeichneten Art wird der Täter nur mit Ermächtigung des Finanzministers oder des Steuerpflichtigen verfolgt.

Verwertung des Amtsgeheimnisses.

§ 172. Wer ein Geschäftsgeheimnis oder Betriebsgeheimnis, das ihm bei Ausübung eines öffentlichen Amtes oder Dienstes oder in der Eigenschaft eines von der öffentlichen Behörde zugezogenen Sachverständigen bekannt geworden ist, in seinem oder einem fremden Betrieb oder Geschäfte verwertet, um sich oder einem Dritten einen Vermögensvorteil zuzuwenden, wird mit Gefängnis von vier Wochen bis zu drei Jahren bestraft. Neben der Freiheitsstrafe kann Geldstrafe bis zu fünftausend Kronen verhängt wnrden.

Bestechung.

§ 173. 1. Wer jemandem einen Vermögensvorteil gewährt, verspricht oder anbietet, um mittelbar oder unmittelbar einen öffentlichen Beamten oder eine Militärperson zur Verletzung einer Amtspflicht oder Dienstpflicht zu bestimmen oder diese Verletzung zu belohnen, wird mit Gefängnis oder Haft von drei Tagen bis zu sechs Monaten bestraft.

2. Wer jemandem einen Vermögensvorteil gewährt, verspricht oder anbietet, um mittelbar oder unmittelbar einen öffentlichen Beamten oder eine Militärperson zu einem Mißbrauche der Amtsgewalt zu bestimmen oder einen solchen Mißbrauch zu belohnen, wird mit Gefängnis oder Haft von vier Wochen bis zu drei Jahren bestraft.

Die Bestimmungen sind auf den Inländer anzuwenden, der einen ausländischen Richter bestlcht.

§ 174. 1. Der öffentliche Beamte, der für eine Verletzung der Amtspflicht oder Dienstpflicht für sich oder einen Dritten einen Vermögensvorteil annimmt, sich versprechen läßt oder begehrt, wird mit Gefängnis von einer Woche bis zu einem Jahre bestraft.

2. Der öffentliche Beamte, der für einen Mißbrauch der Amtsgewalt für sich oder einen Dritten einen Vermögensvorteil annimmt, sich versprechen läßt oder begehrt, wird mit Kerker von einem bis zu fünf Jahren oder mit Gefängnis von drei Monaten bis zu fünf Jahren bestraft.

Der dem Täter zugewendete Vermögensvorteil ist einzuziehen.

Annahme von Geschenken.

§ 175. Der öffentliche Beamte, der für sich oder einen Dritten einen unberechtigten Vermögensvorteil annimmt, sich versprechen läßt oder begehrt, um die Rechtspflege auszuüben oder eine öffentliche Angelegenheit zu entscheiden, oder der für eine bereits vorgenommene Amtshandlung dieser Art einen solchen Vorteil begehrt, wird wegen Vergehens mit Gefängnis oder Haft von drei Tagen bis zu sechs Monaten bestraft.

Der dem Täter zugewendete Vermögensvorteil ist einzuziehen.

XVI. Hauptstück.

Strafbare Handlungen gegen Rechtspflege und Verwaltung.

Falsche Aussage vor Gericht.

§ 176. Wer vor Gericht bei seiner eidlichen Vernehmung als Partei falsch aussagt oder wer vor Gericht einen falschen Eid ablegt, wird mit Kerker von einem bis zu fünf Jahren oder mit Gefängnis von sechs Monaten bis zu fünf Jahren bestraft.

§ 177. 1. Wer vor Gericht als Zeuge, Sachverständiger oder Dolmetsch falsch aussagt, wird mit Gefängnis von vier Wochen bis zu drei Jahren bestraft.

2. Wer die Aussage unter Eid ablegt, wird mit Kerker von einem bis zu fünf Jahren oder mit Gefängnis von sechs Monaten bis zu fünf Jahren bestraft.

§ 178. 1. Der Täter, der zum Nachteil eines Beschuldigten aussagt und ihn der Gefahr aussetzt, ungerechtfertigt wegen einer mit langer Freiheitsstrafe bedrohten Tat angeklagt oder verurteilt zu werden, wird mit Kerker oder Gefängnis von einem bis zu zehn Jahren bestraft.

2. Der Täter, der zum Nachteil eines Beschuldigten aussagt und ihn der Gefahr aussetzt, ungerechtfertigt wegen einer Tat angeklagt oder verurteilt zu werden, die mit lebenslangem Kerker oder mit dem Tode bedroht ist, wird mit Kerker von zwei bis zu fünfzehn Jahren bestraft.

§ 179. Der Zeuge ist wegen falscher Angaben, die sich auf sein Alter, seinen Geburtsort, seine Religion, seinen Stand oder Wohnort beziehen, nur strafbar, wenn der Richter außer der allgemeinen Frage nach diesen Verhältnissen eine besondere Frage über die

Wahrheit der mitgeteilten Umstände an den Zeugen gerichtet hat und dies im Protokolle festgestellt worden ist.

Falsche Aussage vor einem Schiedsgericht oder vor einem ausländischen Gerichte.

§ 180. Die Bestimmungen sind anzuwenden, wenn die Aussage vor einem durch Gesetz angeordneten Schiedsgericht, einem Börsenschiedsgericht, einem ausländischen Gericht, einem internationalen Gericht oder Schiedsgericht oder vor einer internationalen Untersuchungskommission abgelegt wird.

Falsche Aussage vor einer Verwaltungsbehörde.

§ 181. 1. Wer vor einer Verwaltungsbehörde oder vor einem auf Grund eines Gesetzes bestehenden Disziplinarrat einer Standesvertretung als Zeuge, Sachverständiger oder Dolmetsch falsch aussagt. wird mit Gefängnis von einer Woche bis zu einem Jahre bestraft.

2. Wer die Aussage unter Eid ablegt, wird mit Gefängnis von vier Wochen bis zu drei Jahren bestraft.

Die Bestimmng des § 179 ist anzuwenden.

Der beschworenen Aussage gleichgestellte Beteuerungen.

§ 182. Die Bestimmungen über beschworene Aussagen sind auch anzuwenden, wenn jemand, der mit Rücksicht auf sein Glaubensbekenntnis von der Eidesleistung befreit ist, die Aussage unter Versicherung an Eidesstatt ablegt und wenn ein von der öffentlichen Behörde bestellter Sachverständiger oder Dolmetsch oder eine Person des öffentlichen Dienstes unter Berufung auf den Diensteid aussagt.

Widerruf der falschen Aussage.

§ 183. Die Strafbarkeit wegen falscher Aussage erlischt für denjenigen, der die Aussage bei einer öffentlichen Behörde, vor dem Schiedsgericht oder dem Disziplinarrate freiwillig und nicht weil er weiß, daß seine Tat entdeckt ist, widerruft, bevor auf Grund der Aussage eine Entscheidung oder Verfügung getroffen ist.

Versuchte Anstiftung und Anbietung zur falschen Aussage.

§ 184. 1. Wer einen andern anzustiften versucht, eine falsche Aussage vor Gericht abzulegen, wird mit Gefängnis von zwei Wochen bis zu zwei Jahren bestraft.

2. Wer sich einem andern anbietet, eine falsche Aussage vor Gericht abzulegen, wird mit Gefängnis von einer Woche bis zu einem Jahre bestraft.

Straflosigkeit der falschen Aussage.

§ 185. Wer in einem Verfahren wegen einer strafbaren Handlung, die er selbst begangen hat, als Zeuge vernommen wird und sich sowohl durch die Angabe der Wahrheit als auch durch die Verweigerung der Aussage der Gefahr strafgerichtlicher Verfolgung wegen dieser Tat aussetzen würde, ist wegen falscher Aussage nicht strafbar.

Milderung der Strafe.

§ 186. 1. Wer freiwillig und nicht weil er weiß, daß seine Tat entdeckt ist, die Aussage widerruft und dadurch die Fortdauer eines aus ihr entstandenen Nachteiles abwendet;

2. wer sowohl durch die Angabe der Wahrheit als auch durch die Verweigerung der Aussage sich oder einen nahen Angehörigen der Gefahr strafgerichtlicher Verfolgung oder Verurteilung aussetzen würde, es sei denn, daß er sich freiwillig zur Aussage gemeldet hat;

3. wer nur über einen unwesentlichen Umstand falsch aussagt,

kann statt mit der ausschließlich angedrohten zeitlichen Kerkerstrafe mit Gefängnis bestraft werden; zeitliche Freiheitsstrafen können bis auf die Hälfte der Untergrenze herabgesetzt werden.

Falsche Anschuldigung.

§ 187. 1. Wer wider besseres Wissen einen andern bei einer öffentlichen Behörde einer strafbaren Handlung fälschlich beschuldigt oder wer sonst wider besseres Wissen eine Beschuldigung dieser Art gegen einen andern vorbringt, um ihm eine Verfolgung wegen einer strafbaren Handlung zuzuziehen;

2. wer wider besseres Wissen einen andern durch Unterschieben, Verändern oder Beseitigen eines Beweismittels einer strafbaren Handlung fälschlich verdächtig macht,

wird mit Gefängnis von zwei Wochen bis zu zwei Jahren bestraft, wenn die strafbare Handlung von Amts wegen zu verfolgen ist.

3. Der Täter, der den Beschuldigten der Gefahr aussetzt, wegen einer mit langer Freiheitsstrafe bedrohten Tat angeklagt oder verurteilt zu werden, wird mit Kerker von einem bis zu fünf Jahren oder mit Gefängnis von drei Monaten bis zu fünf Jahren bestraft.

4. Der Täter, der den Beschuldigten der Gefahr aussetzt, wegen einer Tat angeklagt oder verurteilt zu werden, die mit lebenslangem Kerker oder mit dem Tode bedroht ist, wird mit Kerker oder Gefängnis von einem bis zu zehn Jahren bestraft.

§ 188. Wenn die Beschuldigung eine Übertretung zum Gegenstand hat und für den Beschuldigten kein Nachteil an der Freiheit entstanden ist, ist auf Gefängnis von einer Woche bis zu einem Jahre zu erkennen.

Der Täter wird nur auf Privatanklage verfolgt.

§ 189. Die Strafbarkeit wegen falscher Anschuldigung erlischt für denjenigen, der freiwillig und nicht weil er weiß, daß seine Tat entdeckt ist, die Beschuldigung widerruft oder die Verdächtigung behebt, bevor sie dazu geführt hat, ein Strafverfahren einzuleiten.

Veröffentlichung des Urteiles.

§ 190. Auf Antrag des Verletzten kann auf Veröffentlichung des verurteilenden Erkenntnisses wegen falscher Aussage oder falscher Anschuldigung erkannt werden.

Irreführung der öffentlichen Behörde.

§ 191. Wer in der Absicht, die öffentliche Behörde irrezuführen, den Schein der Begehung einer strafbaren Handlung erweckt, ohne eine bestimmte Person zu beschuldigen oder verdächtig zu machen, wird mit Gefängnis oder Haft bis zu sechs Monaten oder mit Geldstrafe bis zu zweitausend Kronen bestraft.

Verschweigung entlastender Umstände.

§ 192. Wer es unterläßt, eine Tatsache oder ein Beweismittel, die geeignet sind, die Schuldlosigkeit eines Angeklagten oder Verurteilten darzutun, zur Kenntnis des Gerichtes oder des Beschuldigten zu bringen, wird mit Gefängnis oder Haft bis zu drei Monaten oder mit Geldstrafe bis zu tausend Kronen bestraft, wenn die Tat mit einer sechs Monate übersteigenden Freiheitsstrafe, mit lebenslangem Kerker oder mit dem Tode bedroht ist.

Der Täter, der wegen berufsmäßiger Pflicht zur Verschwiegenheit zu einer Zeugenaussage nicht verhalten werden kann oder durch die Mitteilung sich selbst oder einen nahen Angehörigen der Gefahr strafgerichtlicher Verfolgung oder sonst eines erheblichen Nachteiles aussetzen würde, ist nicht strafbar.

Vereitlung des Strafverfahrens oder Strafvollzuges.

§ 193. 1. Wer den Täter einer strafbaren Handlung vor der nachforschenden öffentlichen Behörde verbirgt;

2. wer einen Gefangenen zur Flucht bestimmt, oder ihm dazu Hilfe leistet;

3. wer einen solchen Flüchtling vor der nachforschenden öffentlichen Behörde verbirgt oder sonst seine Ergreifung vereitelt,

wird mit Gefängnis oder Haft von vier Wochen bis zu drei Jahren bestraft.

4. Wenn die strafbare Handlung, die dem Begünstigten zur Last liegt, mit einer sechs Monate nicht übersteigenden Freiheitsstrafe oder nur mit Geldstrafe bedroht ist oder wenn der Begünstigte eine einen Monat nicht übersteigende Freiheitsstrafe zu verbüßen hat, ist auf Gefängnis oder Haft bis zu sechs Monaten zu erkennen.

Wer die unter 1 oder die unter 3 bezeichnete Tat zugunsten eines nahen Angehörigen begeht, ist nicht strafbar.

§ 194. 1. Wer ein Beweismittel oder Spuren einer von einem andern begangenen strafbaren Handlung verändert oder beseitigt, um die Ermittlung des Sachverhaltes zu vereiteln, wird mit Gefängnis oder Haft von vier Wochen bis zu drei Jahren bestraft.

2. Wenn die strafbare Handlung, deren Beweis vereitelt werden soll, mit einer sechs Monate nicht übersteigenden Freiheitsstrafe oder nur mit Geldstrafe bedroht ist, ist auf Gefängnis oder Haft bis zu sechs Monaten zu erkennen.

Wer die Tat zugunsten eines nahen Angehörigen begeht, ist nicht strafbar.

Übernahme der Strafe eines andern.

§ 195. 1. Wer die Freiheitsstrafe, zu der ein anderer von einem Strafgerichte verurteilt wurde, an dessen Stelle verbüßt, wird mit Gefängnis oder Haft bis zu sechs Monaten bestraft.

2. Wer eine öffentliche Sammlung veranstaltet oder fördert, durch die eine von einem Strafgerichte verhängte Geldstrafe aufgebracht oder ersetzt werden soll, wird mit Haft bis zu drei Monaten oder mit Geldstrafe bis zu tausend Kronen bestraft.

Das gesammelte Geld ist für verfallen zu erklären.

Unbefugte Veröffentlichung.

§ 196. Wer eine Tatsache, Schrift oder einen Gegenstand, die dem Amtsgeheimnis unterliegen und in deren Kenntnis er durch den Bruch dieses Geheimnisses, durch Ausspähung oder auf Grund seiner Zusage, das Geheimnis zu bewahren, gelangt ist, in einer Druckschrift oder öffentlichen Versammlung oder vor einer Menschenmenge bekannt macht oder bekannt machen läßt, wird mit Haft bis zu drei Monaten oder mit Geldstrafe bis zu tausend Kronen bestraft.

§ 197. 1. Wer in einer Druckschrift über den Inhalt der Anklageschrift, des Anklageerkenntnisses oder über das Ergebnis einer Beweisaufnahme in einem Strafverfahren eine Mitteilung veröffentlicht, bevor die Bekanntgabe in der Hauptverhandlung erfolgt ist;

2. wer in einer Druckschrift den vermutlichen Ausgang eines Strafverfahrens oder den Wert eines Beweismittels vor dem Urteile der ersten Instanz erörtert;

3. wer in einer Druckschrift über den Inhalt einer Verhandlung des Zivilverfahrens oder Strafverfahrens eine Mitteilung veröffentlicht, die infolge des Ausschlusses der Öffentlichkeit untersagt ist, oder wer die ihm aus diesem Anlasse vom Gericht auferlegte Pflicht der Geheimhaltung verletzt;

4. wer in einer Druckschrift über die Abstimmung eines Richters oder Geschworenen oder über das Stimmenverhältnis bei der Abstimmung von Richtern eine Mitteilung veröffentlicht,

wird mit Haft bis zu drei Monaten oder mit Geldstrafe bis zu tausend Kronen bestraft. Neben der Freiheitsstrafe kann Geldstrafe bis zu tausend Kronen verhängt werden.

Abbildung eines Verbrechers.

§ 198. Wer das Bild jemandes, der wegen eines Verbrechens verfolgt wird oder während des vorausgegangenen Jahres wegen eines Verbrechens verurteilt wurde, in einer Druckschrift veröffentlicht, verbreitet oder öffentlich zur Schau stellt, wird mit Haft bis zu sechs Wochen oder mit Geldstrafe bis zu fünfhundert Kronen bestraft. Neben der Haft kann Geldstrafe bis zu tausend Kronen verhängt werden.

Auf Veröffentlichungen zu wissenschaftlichen oder amtlichen Zwecken ist die Bestimmung nicht anzuwenden.

Das Bild ist für verfallen zu erklären.

Befreiung eines Verwahrten.

§ 199. 1. Wer jemanden, der auf Grund der Verfügung einer öffentlichen Behörde verwahrt wird oder verhaftet ist, zur Flucht bestimmt, ihm dazu Hilfe leistet oder ihn der Obhut der Anstaltsbeamten entzieht;

2. wer einen solchen Flüchtling vor der nachforschenden öffentlichen Behörde verbirgt oder sonst seine Ergreifung vereitelt,

wird mit Gefängnis oder Haft bis zu sechs Monaten bestraft.

3. Wer die Tat in bezug auf eine Person begeht, die in einer der Fürsorgeerziehung dienenden Anstalt, in einer Anstalt für verbrecherische Irre, für geistig minderwertige oder gemeingefährliche Verbrecher oder in einer Zwangsarbeitsanstalt verwahrt wird oder aus einer dieser Anstalten entwichen ist, wird mit Gefängnis oder Haft von vier Wochen bis zu drei Jahren bestraft.

Wer die unter 2 bezeichnete Tat in bezug auf einen nahen Angehörigen begeht, ist nicht strafbar, es sei denn, daß der Flüchtling in einer der Fürsorgeerziehung dienenden Anstalt verwahrt wurde.

Meuterei.

§ 200. Ein Gefangener oder in einer Zwangsarbeitsanstalt oder Anstalt für gemeingefährliche Verbrecher Verwahrter, der sich mit andern zusammenrottet, um mit vereinten Kräften gewaltsam auszubrechen, gegen einen Anstaltsbeamten eine Gewalttätigkeit zu verüben oder ihn durch Gewalt oder Drohung mit Gewalt zu einer Handlung oder Unterlassung zu nötigen, wird mit Kerker von einem bis zu fünf Jahren oder mit Gefängnis von drei Monaten bis zu fünf Jahren bestraft.

Bruch einer amtlichen Beschlagnahme.

§ 201. 1. Wer eine von einer öffentlichen Behörde verfügte Pfändung, Beschlagnahme oder Zwangsverwaltung dadurch vereitelt, daß er die ihr unterliegende Sache beschädigt, zerstört oder beiseite schafft;

2. wer ein amtliches Siegel oder ein anderes Zeichen einer Pfändung, Beschlagnahme oder eines amtlichen Verschlusses beschädigt oder beseitigt oder wer einen amtlichen Verschluß aufhebt,

wird mit Gefängnis oder Haft bis zu drei Monaten oder mit Geldstrafe bis zu tausend Kronen bestraft.

Verweisungsbruch.

§ 202. 1. Wer ohne Erlaubnis der öffentlichen Behörde in ein Gebiet, aus dem er verwiesen ist, zurückkehrt oder daselbst verweilt, wird mit Gefängnis oder Haft bis zu drei Monaten oder mit Geldstrafe bis zu tausend Kronen bestraft.

2. Der wiederholt rückfällige Täter wird mit Gefängnis von einer Woche bis zu sechs Monaten bestraft.

Bruch der Polizeiaufsicht.

§ 203. 1. Wer einer Verpflichtung zuwiderhandelt, die ihm gemäß der Vorschriften über die Polizeiaufsicht auferlegt ist, wird mit Gefängnis oder Haft bis zu drei Monaten oder mit Geldstrafe bis zu tausend Kronen bestraft.

2. Der wiederholt rückfällige Täter wird mit Gefängnis von einer Woche bis zu sechs Monaten bestraft.

Amtsanmassung.

§ 204. Wer sich die Ausübung eines öffentlichen Amtes oder Dienstes anmaßt, wird mit Gefängnis oder Haft bis zu sechs Monaten oder mit Geldstrafe bis zu zweitausend Kronen bestraft.

Winkelschreiberei.

§ 205. Wer unbefugt gewerbemäßig Eingaben oder Urkunden für das Verfahren vor Gericht oder vor Verwaltungsbehörden verfaßt oder unbefugt gewerbemäßig vor diesen Behörden Parteien vertritt, wird mit Gefängnis oder Haft bis zu drei Monaten oder mit Geldstrafe bis zu tausend Kronen bestraft. Neben der Freiheitsstrafe kann Geldstrafe bis zu tausend Kronen verhängt werden.

XVII. Hauptstück.

Strafbare Handlungen gegen die Sicherheit des Urkundenverkehrs.

Urkunde.

§ 206. Urkunden sind

1. Schriften, die ein Recht oder Rechtsverhältnis begründen oder die bestimmt oder geeignet sind, eine Tatsache von rechtlicher Bedeutung zu beweisen;

2. andere Gegenstände, die nach der Verkehrssitte oder durch Vereinbarung dazu bestimmt sind, eine Tatsache von rechtlicher Bedeutung zu beweisen.

Öffentliche Urkunde.

§ 207. Als öffentliche Urkunden sind solche Urkunden anzusehen,

1. die im Inlande von einer öffentlichen Behörde innerhalb der Grenzen ihrer Amtsbefugnisse oder von einer mit öffentlichem Glauben versehenen Person innerhalb des ihr zugewiesenen Geschäftskreises in der vorgeschriebenen Form errichtet werden:

2. die im Ausland innerhalb der Grenzen ihrer Amtsbefugnisse von öffentlichen Organen errichtet werden, die einer Behörde unterstehen, welche im Inland ihren Sitz hat;

3. die durch besondere gesetzliche Vorschrift als öffentliche Urkunden erklärt oder ihnen gleichgestellt sind;

4. die von ausländischen Organen errichtet werden, soferne sie nach dem ausländischen Gesetz als öffentliche Urkunden gelten.

Den öffentlichen Urkunden sind gleichgestellt die von einer öffentlichen Behörde innerhalb ihres Wirkungskreises ausgehenden amtlichen Bezeichnungen eines Gegenstandes, durch die dessen Verkehrswert, Feingehalt, Maß oder Gewicht oder eine andere für den Verkehr erhebliche Tatsache beglaubigt wird.

Urkundenfälschung.

§ 208. 1. Wer eine falsche öffentliche Urkunde, eine falsche letztwillige Verfügung oder ein falsches Orderpapier oder Inhaberpapier anfertigt oder eine echte Urkunde dieser Art verfälscht, um einen Rechtsanspruch oder ein Beweismittel für eine Tatsache von rechtlicher Bedeutung zu schaffen;

2. wer eine falsche oder verfälschte Urkunde dieser Art zur Geltendmachung eines Rechtsanspruches oder zum Beweise für eine Tatsache von rechtlicher Bedeutung gebraucht,

wird mit Gefängnis von zwei Wochen bis zu zwei Jahren bestraft.

Den Inhaberpapieren sind die Einlagebücher der Banken, Sparkassen und Vorschußkassen gleichgestellt.

§ 209. 1. Wer eine falsche oder verfälschte Privaturkunde zur Geltendmachung eines Rechtsanspruches oder zum Beweise für eine Tatsache von rechtlicher Bedeutung gebraucht, wird mit Gefängnis oder Haft von einer Woche bis zu einem Jahr oder mit Geldstrafe von fünfzig bis zu viertausend Kronen bestraft.

2. Wer die Tat lediglich in der Absicht begeht, einen unbegründeten Anspruch abzuwehren oder einen begründeten Anspruch durchzusetzen, ist mit Haft bis zu drei Monaten oder mit Geldstrafe bis zu tausend Kronen zu bestrafen.

Ausweisfälschung und Gebrauch fremder Ausweise.

§ 210. 1. Wer eine falsche behördliche Legitimationsurkunde anfertigt oder eine echte verfälscht, um sich oder einem andern den Eintritt in einen Dienst oder eine Arbeit zu erleichtern;

2. wer von einer falschen oder verfälschten behördlichen Legitimationsurkunde Gebrauch macht, um sich oder einem andern den Eintritt in einen Dienst oder eine Arbeit zu erleichtern,

wird mit Gefängnis oder Haft bis zu sechs Monaten bestraft.

3. Wer von einem falschen oder verfälschten Zeugnis einer Privatperson oder von einer echten, aber nicht für ihn bestimmten behördlichen Legitimationsurkunde Gebrauch macht, um sich den Eintritt in einen Dienst oder eine Arbeit zu erleichtern, wird mit Gefängnis oder Haft bis zu drei Monaten oder mit Geldstrafe bis zu tausend Kronen bestraft.

4. Wer die unter 1 bezeichnete Tat gewerbemäßig begeht, wird mit Gefängnis von einer Woche bis zu einem Jahre bestraft.

Wertzeichenfälschung.

§ 211. 1. Wer ein falsches öffentliches Wertzeichen, insbesondere eine Postmarke, Stempelmarke oder sonst ein öffentliches Stempelzeichen anfertigt, um es als echt zu verwenden oder in Verkehr zu setzen;

2. wer einem echten öffentlichen Wertzeichen den Schein eines höheren Wertes verleiht, um es in dieser Gestalt zu verwenden oder in Verkehr zu setzen;

3. wer ein falsches oder verfälschtes öffentliches Wertzeichen an sich bringt oder einem andern verschafft, damit es als echt oder unverfälscht verwendet oder in Verkehr gesetzt werde,

wird mit Gefängnis oder Haft von einer Woche bis zu einem Jahre bestraft.

4. Wer die Tat gewerbemäßig begeht, wird mit Gefängnis von vier Wochen bis zu drei Jahren bestraft.

Neben der Freiheitsstrafe kann in allen Fällen Geldstrafe bis zum Zehnfachen des Betrages der Fälschung verhängt werden.

Urkundenerschleichung.

§ 212. 1. Wer, um einen Rechtsanspruch oder ein Beweismittel für eine Tatsache von rechtlicher Bedeutung zu schaffen, durch Erregnng oder listige Benützung eines Irrtums bewirkt, daß in einer öffentlichen Urkunde eine unwahre Tatsache von rechtlicher Bedeutung beurkundet wird;

2. wer eine unwahre Urkunde dieser Art zur Geltendmachung eines Rechtsanspruches oder zum Beweis einer Tatsache von rechtlicher Bedeutung gebraucht,

wird mit Gefängnis von zwei Wochen bis zu zwei Jahren bestraft.

Unwahre Beurkundung.

§ 213. 1. Der Arzt, Tierarzt oder ein von der öffentlichen Behörde bestellter Sachverständiger, Schätzmann oder Dolmetsch, der bei Ausübung seines Berufes eine unwahre Tatsache beurkundet;

2. der Gewerbeinhaber, der in einem Arbeitszeugnis eine unwahre Tatsache beurkundet, um die öffentliche Behörde über die Befähigung eines andern für eine Gewerbebefugnis irrezuführen;

3. wer eine unwahre Urkunde dieser Art zum Beweis einer Tatsache von rechtlicher Bedeutung gebraucht,

wird mit Haft bis zu sechs Monaten oder mit Geldstrafe bis zu zweitausend Kronen bestraft.

§ 214. Wer bei Errichtung einer öffentlichen Urkunde oder bei der öffentlichen Beglaubigung einer Urkunde die Identität eines andern als Zeuge bestätigt, obwohl er ihn nicht kennt, wird mit Haft bis zu drei Monaten oder mit Geldstrafe bis zu tausend Kronen bestraft.

Vereitelung des Urkundenbeweises.

§ 215. 1. Wer eine öffentliche Urkunde oder eine letztwillige Verfügung vernichtet, beseitigt oder beschädigt, um zu hindern, daß sie zur Geltendmachung eines Rechtsanspruches oder zum Beweise für eine Tatsache von rechtlicher Bedeutung diene oder um ihren

Beweiswert zu verringern, wird mit Gefängnis von zwei Wochen bis zu zwei Jahren bestraft.

2. Wer die Tat an einer Privaturkunde begeht, wird mit Gefängnis oder Haft von einer Woche bis zu einem Jahr oder mit Geldstrafe von fünfzig bis viertausend Kronen bestraft.

Der Täter ist wegen Vereitlung des Urkundenbeweises nicht strafbar, wenn sich der Benachteiligte eine andere Ausfertigung der Urkunde verschaffen kann.

Vorbereitung der Fälschung öffentlicher Urkunden oder Wertzeichen.

§ 216. Wer ein Mittel oder Werkzeug anfertigt oder erwirbt, das zur Fälschung oder Verfälschung einer öffentlichen Urkunde oder eines öffentlichen Wertzeichens dienen soll, wird mit Gefängnis oder Haft bis zu sechs Monaten bestraft.

Wertzeichen des Auslandes.

§ 217. Die Bestimmungen der §§ 211 und 216 sind auf öffentliche Wertzeichen des Auslandes anzuwenden.

Fälschung und Beseitigung von Grenzzeichen.

§ 218. Wer ein zur Bezeichnung einer Grenze oder eines Wasserstandes dienendes Zeichen falsch setzt, verrückt, beseitigt oder unkenntlich macht, um ein Beweismittel für eine Tatsache von rechtlicher Bedeutung zu schaffen oder zu unterdrücken, wird mit Gefängnis oder Haft von einer Woche bis zu einem Jahre bestraft.

§ 219. Wer ein Zeichen verrückt, beseitigt oder unkenntlich macht, das zur Landesvermessung oder zur militärischen Aufnahme einer Gegend dient oder von der öffentlichen Behörde zur Vermarkung eines Bergbaues oder zur Bezeichnung des Wasserstandes angebracht ist, wird mit Haft bis zu drei Monaten oder mit Geldstrafe bis zu tausend Kronen bestraft.

XVIII. Hauptstück.

Strafbare Handlungen gegen die Sicherheit des Geldverkehres.

Geldfälschung.

§ 220. 1. Wer falsches Metallgeld oder Papiergeld anfertigt, um es als echt in Verkehr zu setzen;

2. wer echtem Metallgeld oder Papiergeld den Schein eines höheren Wertes oder außer Verkehr gesetztem Gelde den Schein gangbaren Geldes verleiht, um es in dieser Gestalt in Verkehr zu setzen;

3. wer falsches oder verfälschtes Geld an sich bringt oder einem andern verschafft, damit es als echt oder unverfälscht in Verkehr gesetzt werde;

4. wer falsches oder verfälschtes Geld als echt oder unverfälscht in Verkehr setzt,

wird mit Kerker oder Gefängnis von einem bis zu zehn Jahren bestraft.

5. Wer die Tat in großem Umfange begeht oder wer Geld auf solche Art fälscht oder verfälscht, die zur Täuschung besonders geeignet ist;

6. der Täter, der wiederholt rückfällig ist oder die Tat gewerbemäßig begeht,

wird mit Kerker von zwei bis zu fünfzehn Jahren bestraft.

Neben der Freiheitsstrafe kann in allen Fällen Geldstrafe bis zum Zehnfachen des Betrages der Fälschung verhängt werden.

§ 221. Wer Geld in einem fünfundzwanzig Kronen nicht übersteigenden Betrage fälscht oder verfälscht, ohne Mittel anzuwenden, welche die Vervielfältigung erleichtern, oder wer falsches oder verfälschtes Geld in einem fünfundzwanzig Kronen nicht übersteigenden Betrag an sich bringt, einem andern verschafft oder als echt oder unverfälscht in Verkehr setzt, wird mit Kerker von einem bis zu drei Jahren oder mit Gefängnis von drei Monaten bis zu drei Jahren bestraft. Neben der Freiheitsstrafe kann Geldstrafe bis zum Zehnfachen des Betrages der Fälschung verhängt werden.

Abschiebung falschen Geldes.

§ 222. 1. Wer falsches oder verfälschtes Geld, das er ohne Kenntnis dieser Eigenschaft erhalten hat, als echt oder unverfälscht in Verkehr setzt, wird mit Gefängnis oder Haft von einer Woche bis zu einem Jahre bestraft.

2. Wer Geld abschiebt, bei dem der Betrag der Fälschung hundert Kronen übersteigt, wird mit Gefängnis oder Haft von vier Wochen bis zu drei Jahren bestraft.

3. Wer Geld abschiebt, das er oder sein Auftraggeber in Zahlung erhalten hat, wird mit Gefängnis oder Haft bis zu sechs Monaten oder mit Geldstrafe bis zu zweitausend Kronen bestraft.

Geldverringerung.

§ 223. 1. Wer den Metallgehalt eines Geldstückes verringert, um es als vollwertig in Verkehr zu setzen;

2. wer verringertes Geld an sich bringt oder einem andern verschafft, damit es als vollwertig in Verkehr gesetzt werde;

3. wer ein in seinem Metallgehalte verringertes Geldstück als vollwertig in Verkehr setzt,

wird mit Gefängnis von zwei Wochen bis zu zwei Jahren bestraft.

4. Wer die Tat gewerbemäßig begeht, wird mit Kerker von einem bis zu fünf Jahren oder mit Gefängnis von sechs Monaten bis zu fünf Jahren bestraft.

Neben der Freiheitsstrafe kann in allen Fällen Geldstrafe bis zum Zehnfachen der Verringerung des Wertes verhängt werden.

Abschiebung verringerten Geldes.

§ 224. Wer verringertes Geld, das er ohne Kenntnis dieser Eigenschaft erhalten hat, als vollwertig in Verkehr setzt, wird mit Gefängnis oder Haft bis zu sechs Monaten oder Geldstrafe bis zu zweitausend Kronen bestraft.

Wer Geld abschiebt, das er oder sein Auftraggeber in Zahlung erhalten hat, ist nicht strafbar.

Verwertung des Abfalles.

§ 225. 1. Wer die aus einer Geldverringerung gewonnenen Metallteile erwirbt oder veräußert, wird mit Gefängnis von einer Woche bis zu einem Jahre bestraft.

2. Wer die Tat an Metallteilen begeht, deren Metallwert fünfundzwanzig Kronen übersteigt, wird mit Gefängnis von vier Wochen bis zu drei Jahren bestraft.

Neben der Freiheitsstrafe kann in beiden Fällen Geldstrafe bis zum Zehnfachen des Betrages verhängt werden.

Öffentliche Wertpapiere.

§ 226. Öffentliche Wertpapiere sind Banknoten, soferne sie nicht gesetzliche Zahlungsmittel sind, und auf den Inhaber lautende oder durch Indossament übertragbare Aktien und ebensolche Schuldverschreibungen, die vom Staate, von einem Lande, Bezirke, einer Gemeinde, einer Gesellschaft oder Person auf gesetzlicher Grundlage ausgegeben sind, sowie ihre Koupons und Talons.

Wertpapierfälschung.

§ 227. 1. Wer ein falsches öffentliches Wertpapier anfertigt, um es als echt in Verkehr zu setzen;

2. wer einem echten öffentlichen Wertpapier den Schein eines höheren Wertes oder einem außer Verkehr gesetzten öffentlichen Wertpapiere den Schein eines noch gangbaren Wertpapieres verleiht, um es in dieser Gestalt in Verkehr zu setzen;

3. wer ein falsches oder verfälschtes öffentliches Wertpapier an sich bringt oder einem andern verschafft, damit es als echt oder unverfälscht in Verkehr gesetzt werde;

4. wer ein falsches oder verfälschtes öffentliches Wertpapier als echt oder unverfälscht in Verkehr setzt,

wird mit Kerker oder Gefängnis von einem bis zu zehn Jahren bestraft.

5. Wer die Tat in großem Umfange begeht oder wer ein Wertpapier auf solche Art fälscht oder verfälscht, die zur Täuschung besonders geeignet ist;

6. der Täter, der wiederholt rückfällig ist oder die Tat gewerbemäßig begeht,

wird mit Kerker von zwei bis zu fünfzehn Jahren bestraft.

Neben der Freiheitsstrafe kann in allen Fällen Geldstrafe bis zum Zehnfachen des Betrages der Fälschung verhängt werden.

§ 228. Wer ein öffentliches Wertpapier in einem fünfundzwanzig Kronen nicht übersteigenden Betrage fälscht oder verfälscht, ohne Mittel anzuwenden, welche die Vervielfältigung erleichtern, oder wer ein falsches oder verfälschtes öffentliches Wertpapier in einem fünfundzwanzig Kronen nicht übersteigenden Betrag an sich bringt, einem andern verschafft oder als echt oder unverfälscht in Verkehr setzt, wird mit Kerker von einem bis zu drei Jahren oder mit Gefängnis von drei Monaten bis zu drei Jahren bestraft. Neben der Freiheitsstrafe kann Geldstrafe bis zum Zehnfachen des Betrages der Fälschung verhängt werden.

Vorbereitung der Fälschung von Geld oder Wertpapieren.

§ 229. Wer ein Mittel oder Werkzeug anfertigt oder erwirbt, das zur Fälschung oder Verfälschung von Geld oder öffentlichen Wertpapieren dienen soll, wird mit Gefängnis von zwei Wochen bis zu zwei Jahren bestraft.

Gefährdung der Sicherheit des Geldverkehres.

§ 230. 1. Wer falsches Metallgeld oder Papiergeld oder ein falsches öffentliches Wertpapier anfertigt, ohne die Absicht, es als echt in Verkehr zu setzen;

2. wer Metallgeld oder Papiergeld oder ein öffentliches Wertpapier verfälscht, ohne die Absicht, es als unverfälscht in Verkehr zu setzen;

3. wer Metallzeichen, Druchsachen oder andere Gegenstände, welche Geld oder öffentlichen Wertpapieren täuschungsfähig ähnlich sehen, verfertigt, feilhält, in Verkehr setzt oder in das Inland einführt, wird

mit Haft bis zu sechs Wochen oder mit Geldstrafe bis zu fünfhundert Kronen bestraft.

Der Täter, der freiwillig und nicht weil er weiß, daß seine Tat entdeckt ist, den Gegenstand vernichtet oder zur Gefährdung des Verkehr unbrauchbar macht, wird straflos.

Geld und Wertpapiere des Auslandes.

§ 231. Die Bestimmungen sind auf Geld und öffentliche Wertpapiere des Auslandes anzuwenden.

Unbefugte Ausgabe von Geldzeichen.

§ 232. 1. Wer, ohne hiezu gesetzlich berechtigt zu sein, die Ausgabe von Banknoten oder andern auf den Inhaber lautenden unverzinslichen Schuldverschreibungen veranstaltet, die im inländischen Verkehr als Geldzeichen verwendet werden können, wird mit Geldstrafe in Höhe des Zehnfachen der ausgegebenen Wertzeichen, jedoch nicht unter zehntausend Kronen bestraft. Der Täter wird nur mit Ermächtigung der Anstalt verfolgt, deren Privileg verletzt wurde.

2. Wer die Ausgabe von Geldzeichen aus Metall veranstaltet, die im inländischen Verkehr als Geld verwendet werden können,

oder wer solche Geldzeichen in das Inland einführt, wird wegen Vergehens mit Geldstrafe in der Höhe des fünffachen Wertes der ausgegebenen Geldzeichen bestraft. Der Täter wird nur mit Ermächtigung des Finanzministers verfolgt.

Die Geldstrafe kann den Betrag von fünfzigtausend Kronen übersteigen. Die Ersatzstrafe darf nicht höher als mit Haft in der Dauer eines Jahres bemessen werden.

§ 233. Wer entgegen einem kundgemachten Verbote der Regierung gewerbemäßig oder gewohnheitsmäßig ausländisches Geld in Zahlung oder an Zahlungsstatt gibt oder nimmt, wird mit Haft bis zu vier Wochen oder mit Geldstrafe bis zu dreihundert Kronen bestraft.

XIX. Hauptstück.

Strafbare Handlungen gegen den öffentlichen Frieden.

Landfriedensbruch.

§ 234. 1. Wer an einer öffentlichen Zusammenrottung teilnimmt, um mit vereinten Kräften gegen Personen oder Sachen Gewalttätigkeiten zu verüben, wird mit Gefängnis oder Haft von zwei Wochen bis zu zwei Jahren bestraft.

2. Der Anstifter und der Anführer sowie ein Teilnehmer an der Zusammenrottung, der Gewalt anwendet, wlrd mit Gefängnis oder Haft von vier Wochen bis zu drei Jahren bestraft.

Die Strafbarkeit wegen Landfriedensbruches erlischt für denjenigen, der sich von der Zusammenrottung zurückzieht, bevor eine Gewalttätigkeit verübt wurde. Der Anstifter und der Anführer wird straflos, wenn er überdies mit Erfolg dafür tätig war, daß sich alle Teilnehmer rechtzeitig zurückziehen.

Auflauf.

§ 235. Wer bei einer den öffentlichen Frieden gefährdenden Ansammlung einer Menschenmenge verharrt, obwohl die Menge zweimal vorschriftsmäßig aufgefordert wurde, auseinanderzugehen, wird mit Gefängnis oder Haft bis zu vier Wochen oder mit Geldstrafe bis zu dreihundert Kronen bestraft.

Beunruhigung der Bevölkerung.

§ 236. 1. Wer die Bevölkerung oder einen Teil der Einwohnerschaft eines Ortes oder einer Gegend durch Drohung mit Mord, Raub, Brandlegung oder durch eine andere gefährliche Drohung in Furcht oder Unruhe versetzt, wird mit Kerker von einem bis zu drei Jahren oder mit Gefängnis von drei Monaten bis zu drei Jahren bestraft.

2. Wer wider besseres Wissen ein Gerücht verbreitet, das geeignet ist, die Bevölkerung oder einen Teil der Einwohnerschaft eines Ortes oder einer Gegend in Furcht oder Unruhe zu versetzen, wird mit Gefängnis oder Haft bis zu drei Monaten oder mit Geldstrafe bis zu tausend Kronen bestraft.

Aufreizung der Bevölkerung.

§ 237. Wer in einer Druckschrift oder öffentlichen Versammlung oder vor einer Menschenmenge einen Teil der Bevölkerung zu feindseligen Handlungen gegen einen anderen Teil unter solchen Umständen oder auf eine solche Art aufreizt, daß dadurch der öffentliche Friede gefährdet werden kann, wird mit Gefängnis oder Haft von einer Woche bis zu einem Jahr oder mit Geldstrafe von fünfzig bis zu viertausend Kronen bestraft.

Bandenbildung.

§ 238. 1. Wer sich mit zwei oder mehreren andern verbindet, um gemeinsam Diebstähle, Betrügereien, Raubanfälle, Erpressungen, Sachbeschädigungen oder gemeingefährliche Verbrechen zu begehen, wird mit Gefängnis von vier Wochen bis zu drei Jahren bestraft.

2. Wer sich mit zwei oder mehreren andern nur in der Absicht verbindet, gemeinsam geringfügige Diebstähle, Betrügereien oder Sachbeschädigungen zu begehen, wird mit Gefängnis bis zu sechs Monaten bestraft.

Öffentliche Aufforderung zu strafbaren Handlungen.

§ 239. 1. Wer öffentlich zu einer mit Strafe bedrohten Tat auffordert oder eine solche Tat anpreist, wird mit Gefängnis oder Haft von zwei Wochen bis zu zwei Jahren bestraft, wenn dic Tat ein Verbrechen bildet.

2. Auf Kerker von einem bis zu fünf Jahren oder auf Gefängnis oder Haft von sechs Monaten bis zu fünf Jahren ist zu erkennen, wenn die Tat ein gemeingefährliches Verbrechen bildet oder mit Freiheitsstrafe von fünfzehn oder zwanzig Jahren bedroht ist, auf Kerker oder Gefängnis von einem bis zu zehn Jahren, wenn die Tat mit dem Tod oder mit lebenslangem Kerker bedroht ist.

3. Wer in einer Druckschrift oder öffentlichen Versammlung oder vor einer Menschenmenge zu einer mit Strafe bedrohten Tat auffordert oder eine solche Tat anpreist, wird wegen Vergehens mit Gefängnis oder Haft von drei Tagen bis zu sechs Monaten oder mit Geldstrafe von zwanzig bis zu zweitausend Kronen bestraft, wenn die Tat ein Vergehen oder eine Übertretung bildet, die von Amts wegen zu verfolgen sind.

Anbietung zu strafbaren Handlungen.

§ 240. 1. Wer sich zu einer mit Strafe bedrohten Tat anbietet, wird mit Gefängnis oder Haft von zwei Wochen bis zu zwei Jahren bestraft, wenn die Tat mit einer Freiheitsstrafe von zehn Jahren bedroht ist.

2. Auf Kerker von einem bis zu fünf Jahren oder auf Gefängnis oder Haft von sechs Monaten bis zu fünf Jahren ist zu erkennen, wenn die Tat strenger bedroht ist oder ein gemeingefährliches Verbrechen bildet.

Wer freiwillig und nicht weil er weiß, daß seine Tat entdeckt ist, die Anbietung zurücknimmt, wird straflos.

Unterlassen der Hinderung eines Verbrechens.

§ 241. Wer es unterläßt, die Begehung eines Hochverrates gegen die Person des Kaisers, einer tätlichen Majestätsbeleidigung, eines Verrates im Kriege, eines Mordes, Raubes, einer Fälschung von Geld oder öffentlichen Wertpapieren oder eines gemeingefährlichen Verbrechens zu hindern oder von der drohenden Ausführung rechtzeitig der bedrohten Person oder einer öffentlichen Behörde Mitteilung zu machen, wird mit Gefängnis oder Haft von zwei Wochen bis zu zwei Jahren bestraft, wenn das Verbrechen ausgeführt oder versucht worden ist.

Wer es wegen ernstlicher Gefahr für sich oder eine ihm nahestehende Person unterläßt, das Verbrechen zu hindern, oder davon Mitteilung zu machen, ist nicht strafbar.

Begehung einer strafbaren Handlung im Zustande der Trunkenheit.

§ 242. Wer sich vorsätzlich oder fahrlässig in den Zustand einer die Zurechnung ausschließenden Trunkenheit versetzt, wird mit Gefängnis oder Haft bis zu sechs Monaten bestraft, wenn er in diesem Zustand eine Tat verübt, die ihm sonst als strafbar zuzurechnen wäre und die strenger als mit sechs Monaten Freiheitsstrafe bedroht ist.

Der Täter wird nur mit Ermächtigung verfolgt, wenn die in der Trunkenheit verübte Tat nur mit Ermächtigung oder auf Privatanklage zu verfolgen ist.

§ 243. Der verurteilte Täter kann nach Vollzug der Strafe in der für Trunksüchtige bestimmten Abteilung der im § 36 bezeichneten Anstalten verwahrt werden, wenn er wegen seines Hanges zur Trunksucht und mit Rücksicht auf seinen Lebenswandel und die Eigenart seiner Tat als gemeingefährlich anzusehen ist.

Die Bestimmungen des zweiten und dritten Absatzes des § 36 sind anzuwenden.

XX. Hauptstück.

Strafbare Handlungen in bezug auf die Religion und die Ruhe der Toten.

Religionsstörung.

§ 244. 1. Wer öffentlich Gott durch Beschimpfung oder Verspottung lästert;

2. wer öffentlich den Gottesglauben durch Beschimpfung oder Verspottung verächtlich zu machen oder zu zerstören sucht,

wird mit Gefängnis von zwei Wochen bis zu zwei Jahren bestraft.

Beschimpfung religiöser Lehren.

§ 245. Wer öffentlich eine Lehre, einen Gebrauch oder eine Einrichtung einer gesetzlich anerkannten Kirche oder Religionsgesellschaft beschimpft oder verspottet, wird wegen Vergehens mit Gefängnis oder Haft von drei Tagen bis zu sechs Monaten oder mit Geldstrafe von zwanzig bis zu zweitausend Kronen bestraft.

Störung einer Religionsübung.

§ 246. Wer Gewalt anwendet oder damit droht, um den Gottesdienst oder eine Religionsübung eines im Staate bestehenden Religionsbekenntnisses zu hindern oder zu stören, wird mit Gefängnis oder Haft von vier Wochen bis zu drei Jahren bestraft.

Verletzung des religiösen Gefühles.

§ 247. Wer an einem Orte, welcher der Religionsübung eines im Staate bestehenden Religionsbekenntnisses gewidmet ist, oder während der öffentlichen Religionsübung einer gesetzlich anerkannten Kirche oder Religionsgesellschaft oder an einem ihrem Gottesdienst unmittelbar gewidmeten Gegenstand einen Unfug verübt, der Ärgernis zu erregen geeignet ist, wird wegen Vergehens mit Gefängnis oder Haft von drei Tagen bis zu sechs Monaten oder mit Geldstrafe von zwanzig bis zu zweitausend Kronen bestraft.

Veranstalten einer verbotenen Religionsübung.

§ 248. Wer eine Religionsübung veranstaltet, die als rechtswidrig oder sittenverletzend verboten ist, wird mit Gefängnis oder Haft bis zu drei Monaten oder mit Geldstrafe bis zu tausend Kronen bestraft.

Störung der Ruhe der Toten.

§ 249. Wer an einem Leichnam einen Unfug verübt, der geeignet ist, Ärgernis zu erregen, wird mit Gefängnis von einer Woche bis zu einem Jahre bestraft.

2. Wer an der Asche eines Toten oder an einer Begräbnisstätte einen Unfug verübt, der geeignet ist, Ärgernis zu erregen, oder wer einen Leichnam oder die Asche eines Toten aus einer Begräbnisstätte oder aus der Verwahrung eines Berechtigten wegschafft, wird wegen Vergehens mit Gefängnis oder Haft von drei Tagen bis zu sechs Monaten oder mit Geldstrafe von zwanzig bis zu zweitausend Kronen bestraft.

Neben der Freiheitsstrafe kann in beiden Fällen Geldstrafe bis zu zweitausend Kronen verhängt werden.

Störung einer Leichenfeier.

§ 250. Wer ein Leichenbegängnis durch einen Unfug stört, der Ärgernis zu erregen geeignet ist, wird mit Gefängnis oder Haft bis zu drei Monaten oder mit Geldstrafe bis zu tausend Kronen bestraft.

XXI. Hauptstück.

Strafbare Handlungen gegen Ehe, Familie und Personenstand.

Doppelehe.

§ 251. 1. Wer eine Ehe eingeht, obgleich seine früher geschlossene Ehe nicht gelöst, getrennt oder ungültig erklärt ist;

2. wer mit einer verheirateten Person eine Ehe eingeht,

wird mit Gefängnis von zwei Wochen bis zu zwei Jahren bestraft.

3. Wer die Tat in der Annahme begeht, daß die früher geschlossene Ehe ungültig sei, wird wegen Vergehens mit Gefängnis oder Haft von drei Tagen bis zu sechs Monaten bestraft.

4. Wer, obgleich seine früher geschlossene Ehe nicht gelöst, getrennt oder ungültig erklärt ist, einen andern durch Erregung oder Benützung eines Irrtums über den Bestand der früher geschlossenen Ehe zum Ehebunde bestimmt oder dem andern den Bestand der ersten Ehe verschweigt, wird mit Kerker von einem bis zu fünf Jahren oder mit Gefängnis von drei Monaten bis zu fünf Jahren bestraft.

Erschleichung einer ungültigen Ehe.

§ 252. Wer einen andern zum Eingehen der Ehe durch Erregung oder Benützung eines Irrtums veranlaßt, der die Gültigkeit der Ehe berührt;

2. wer beim Eingehen der Ehe dem andern ein Ehehindernis verschweigt,

wird mit Gefängnis von zwei Wochen bis zu zwei Jahren bestraft, wenn die Ehe der Irreführung oder des Ehehindernisses wegen ungültig erklärt wird.

Der Täter wird nur mit Ermächtigung des Verletzten verfolgt. Das Recht der Ermächtigung steht dem Verletzten zu, wenngleich er das achtzehnte Lebensjahr nicht vollendet hat.

Ungesetzliche Trauung.

§ 253. 1. Wer den Abschluß einer Ehe vornimmt, ohne hiezu kraft seines Amtes berechtigt zu sein;

2. der mit der Vornahme von Eheschließungen betraute Religionsdiener oder öffentliche Beamte, der beim Abschluß einer ungültigen Ehe mitwirkt,

wird mit Gefängnis oder Haft von drei Tagen bis zu sechs Monaten oder mit Geldstrafe von zwanzig bis zu zweitausend Kronen bestraft.

Ehebruch.

§ 254. Der Ehegatte, der einen Ehebruch begangen, und derjenige, der mit einer verheirateten Person die Ehe gebrochen hat wird mit Gefängnis oder Haft bis zu sechs Monaten bestraft.

Der Täter wird nur auf Privatanklage verfolgt. Die Privatanklage steht dem Verletzten zu, wenngleich er das achtzehnte Lebensjahr nicht vollendet hat. Das Klagerecht geht auf andere nicht über. Wenn vor dem Ehebruche die eheliche Gemeinschaft dauernd aufgegeben wurde oder wenn der Ehegatte dem Ehebruche zugestimmt hat, besteht kein Klagerecht.

Auf Antrag des Verletzten fällt die gegen seinen Ehegatten verhängte Strafe weg.

Entführung eines Pflegebefohlenen.

§ 255. 1. Wer einen Minderjährigen, der das einundzwanzigste Lebensjahr nicht vollendet hat, oder einen Geisteskranken dem rechtmäßigen Inhaber der Obhut entführt oder vor diesem verborgen hält oder wer einen solchen Minderjährigen oder einen Geisteskranken bestimmt, sich dieser Obhut zu entziehen, oder ihm dazu Hilfe leistet, wird mit Gefängnis oder Haft von zwei Wochen bis zu zwei Jahren bestraft.

Wenn die Tat zum Zwecke der Eheschließung mit der entführten Person begangen wurde, wird der Täter nur mit Ermächtigung des Verletzten verfolgt und, wenn der Täter oder sein Auftraggeber die entführte Person geheiratet hat, überdies nur dann, wenn die Ehe ungültig erklärt worden ist. Nach dem Tode des Verletzten steht das Recht der Ermächtigung dem Nachfolger in der Obhut zu.

2. Wer eine Person entführt, die dem außerehelichen Geschlechtsverkehr oder dem Bettel zugeführt oder sonst in Verhältnisse gebracht werden soll, die für sie verderblich sind, wird mit Kerker von einem bis zu fünf Jahren oder mit Gefängnis von drei Monaten bis zu fünf Jahren bestraft.

Verletzung der Pflicht zum Unterhalt und zur Erziehung.

§ 256. 1. Wer seine Pflicht zum Unterhalt oder zur Erziehung eines Minderjährigen, der das einundzwanzigste Lebensjahr nicht vollendet hat, grob verletzt, wird mit Gefängnis oder Haft von drei Tagen bis zu sechs Monaten bestraft, wenn der Minderjährige der Gefahr der Verwahrlosung ausgesetzt wird oder für seinen Unterhalt oder seine Erziehung öffentliche Mittel oder Mittel einer Wohltätigkeitsanstalt in Anspruch genommen werden müssen.

2. Wer ein Kind weglegt oder verläßt, um sich des Kindes zu entledigen, wird mit Gefängnis oder Haft von einer Woche bis zu einem Jahre bestraft.

Pflichtverletzung gegen Schwangere.

§ 257. Wer eine von ihm geschwängerte Person, die infolge der Schwangerschaft oder des Wochenbettes für sich nicht zu sorgen vermag, der Not oder Hilflosigkeit preisgibt, wird mit Gefängnis oder Haft von drei Tagen bis zu sechs Monaten bestraft.

Fälschung des Personenstandes.

§ 258. Wer die Fälschung des Personenstandes eines andern bewirkt, insbesondere ein Kind unterschiebt, wird mit Gefängnis oder Haft von zwei Wochen bis zu zwei Jahren bestraft.

XXII. Hauptstück.

Strafbare Handlungen gegen die Sittlichkeit.

Notzucht.

§ 259. Wer eine Person weiblichen Geschlechtes durch Gewalt oder durch eine gegen sie oder eine ihr nahestehende Person gerichtete Drohung mit Gewalt zwingt, den außerehelichen Beischlaf zu dulden, wird mit Kerker oder Gefängnis von einem bis zu zehn Jahren bestraft.

Nötigung zum Beischlafe.

§ 260. Wer eine Person weiblichen Geschlechts dadurch zum außerehelichen Beischlafe nötigt, daß er sie oder eine ihr nahestehende Person mit einem rechtswidrigen Nachteil an der Freiheit, einem Angriff auf die Ehre, einer strafgerichtlichen Anzeige oder mit der Offenbarung eines Geheimnisses bedroht, dessen Bekanntwerden geeignet ist, die bürgerliche Stellung der Bedrohten zu untergraben, wird mit Kerker von einem bis zu fünf Jahren oder mit Gefängnis von drei Monaten bis zu fünf Jahren bestraft.

Zwang zur Unzucht.

§ 261. Wer eine Person weiblichen Geschlechtes durch Gewalt oder durch eine gegen sie oder eine ihr nahestehende Person gerichtete Drohung mit Gewalt zwingt, sich zur Unzucht mißbrauchen zu lassen, wird mit Kerker von einem bis zu fünf Jahren oder mit Gefängnis von drei Monaten bis zu fünf Jahren bestraft.

Nötigung zur Unzucht.

§ 262. Wer eine Person weiblichen Geschlechtes dadurch nötigt, sich zur Unzucht mißbrauchen zu lassen, daß er sie oder eine ihr nahestehende Person mit einem rechtswidrigen Nachteil an der Freiheit, einem Angriff auf die Ehre, einer strafgerichtlichen Anzeige oder mit der Offenbarung eines Geheimnisses bedroht, dessen Bekanntwerden geeignet ist, die bürgerliche Stellung der Bedrohten zu untergraben, wird mit Gefängnis von vier Wochen bis zu drei Jahren bestraft.

Schändung.

§ 263. 1. Wer eine Person weiblichen Geschlechtes die wehrlos oder bewußtlos ist oder wegen Geistesstörung oder Geistesschwäche die Bedeutung des Vorganges nicht zu verstehen vermag, zum außerehelichen Beischlafe mißbraucht, wird mit Kerker von einem bis zu fünf Jahren oder mit Gefängnis von drei Monaten bis zu fünf Jahren bestraft.

2. Wer eine Person weiblichen Geschlechtes, die wehrlos oder bewußtlos ist oder wegen Geistesstörung oder Geistesschwäche die Bedeutung des Vorganges nicht zu verstehen vermag, zur Unzucht mißbraucht, wird mit Gefängnis von vier Wochen bis zu drei Jahren bestraft.

Missbrauch Unmündiger.

§ 264. 1. Wer mit einer unmündigen Person den außerehelichen Beischlaf unternimmt, wird mit Kerker oder Gefängnis von einem bis zu zehn Jahren bestraft.

2. Wer den außerehelichen Beischlaf mit einer Person unternimmt, deren Unmündigkeit er hätte erkennen können, wird mit Gefängnis von vier Wochen bis zu drei Jahren bestraft.

§ 265. 1. Wer eine unmündige Person zur Unzucht mißbraucht, wird mit Kerker von einem bis zu fünf Jahren oder mit Gefängnis von drei Monaten bis zu fünf Jahren bestraft.

2. Wer eine Person zur Unzucht mißbraucht, deren Unmündigkeit er hätte erkennen können, wird mit Gefängnis von einer Woche bis zu einem Jahre bestraft.

§ 266. Wer eine unzüchtige Handlung vor einer unmündigen Person vornimmt, um seinen Geschlechtstrieb zu erregen oder zu befriedigen, wird mit Gefängnis von zwei Wochen bis zu zwei Jahren bestraft.

Erschleichung des Beischlafes.

§ 267. Wer den Beischlaf mit einer Person weiblichen Geschlechts dadurch erschleicht, daß ihr eine Trauung vorgetäuscht oder sonst ein Irrtum in ihr erregt oder benützt wird, indem sie den Beischlaf für einen ehelichen hält oder die Bedeutung des Vorganges nicht zu verstehen vermag, wird mit Kerker von einem bis zu fünf Jahren oder mit Gefängnis von drei Monaten bis zu fünf Jahren bestraft.

Der Täter wird nur mit Ermächtigung der Verletzten verfolgt. Das Recht der Ermächtigung steht der Verletzten zu, wenngleich sie das achtzehnte Lebensjahr nicht vollendet hat.

Gemeinsame Bestimmung über erhöhte Strafen.

§ 268. Wenn eine der in den §§ 259 bis 267 bedrohten Taten eine schwere Verletzung am Körper, schweren Schaden an der Gesundheit, insbesondere die Ansteckung mit einer Geschlechtskrankheit, oder den Tod der mißbrauchten Person zur Folge hatte, oder wenn der Täter wiederholt rückfällig ist, so ist

statt auf Kerker oder Gefängnis von einem bis zu zehn Jahren, auf Kerker von zwei bis zu fünfzehn Jahren,

statt auf Kerker von einem bis zu fünf Jahren oder Gefängnis von drei Monaten bis zu fünf Jahren auf Kerker oder Gefängnis von einem bis zu zehn Jahren, statt auf Gefängnis von vier Wochen bis zu drei Jahren, auf Kerker von einem bis zu fünf Jahren oder auf Gefängnis von sechs Monaten bis zu fünf Jahren und

statt auf Gefängnis von zwei Wochen bis zu zwei Jahren oder von einer Woche bis zu einem Jahr, auf Kerker von einem bis zu drei Jahren oder auf Gefängnis von vier Wochen bis zu drei Jahren zu erkennen.

Unzucht wider die Natur.

§ 269. 1. Wer mit einer Person desselben Geschlechtes Unzucht treibt, wird mit Gefängnis von einer Woche bis zu einem Jahre bestraft.

2. Wer die Tat mit einer Person im Alter vom vollendeten vierzehnten bis zum vollendeten achtzehnten Lebensjahre begeht, wird mit Gefängnis von drei Monaten bis zu drei Jahren bestraft.

3. Wer zur Zeit der Tat das sechzehnte Lebensjahr nicht vollendet hat, ist nicht strafbar, wenn er zur Tat verführt wurde.

Wer die Tat gewerbemäßig begeht oder wer gewerbemäßig der Unzucht zwischen Personen desselben Geschlechtes Vorschub leistet, wird mit Kerker von einem bis zu fünf Jahren oder Gefängnis von sechs Monaten bis zu fünf Jahren bestraft.

§ 270. 1. Wer einen andern dadurch zwingt, sich zur Unzucht mit einer Person desselben Geschlechtes mißbrauchen zu lassen, daß er gegen ihn Gewalt anwendet oder ihn oder eine ihm nahestehende Person mit Gewaltanwendung bedroht, wird mit Kerker von einem bis zu fünf Jahren bestraft.

2. Wer eine Person desselben Geschlechtes, die wehrlos oder bewußtlos ist oder wegen Geistesstörung oder Geistesschwäche die Bedeutung des Vorganges nicht zu verstehen vermag, zur Unzucht mißbraucht, wird mit Kerker von einem bis zu drei Jahren oder mit Gefängnis von vier Wochen bis zu drei Jahren bestraft.

Blutschande.

§ 271. 1. Wer mit einem Blutsverwandten absteigender Reihe den Beischlaf ausübt, wird mit Gefangnis von vier Wochen bis zu drei Jahren bestraft.

2. Wer mit einem Blutsverwandten aufsteigender Reihe den Beischlaf ausübt, wird mit Gefängnis von einer Woche bis zu einem Jahre bestraft.

3. Wer den Beischlaf mit einer Person ausübt, die mit ihm im Verhältnisse von vollbürtigen oder halbbürtigen Geschwistern steht, wird mit Gefängnis bis zu sechs Monaten bestraft.

Wer zur Zeit der Tat das sechzehnte Lebensjahr nicht vollendet hat, ist wegen der in 2 und 3 bezeichneten Handlungen nicht strafbar, wenn er zur Tat verführt wurde.

Unzucht mit Verwandten absteigender Reihe.

§ 272. Wer mit einem Blutsverwandten absteigender Reihe Unzucht treibt, wird mit Gefängnis von zwei Wochen bis zu zwei Jahren bestraft.

Ausnützung einer Vertrauensstellung oder öffentlichen Stellung zum Beischlaf oder zur Unzucht.

§ 273. 1. Wer mit seinem minderjährigen Adoptivkinde, Pflegekinde, Stiefkinde, Mündel, Kuranden, Schüler oder Zöglinge den außerehelichen Beischlaf ausübt oder Unzucht treibt;

2. der öffentliche Beamte, der mit einer Person weiblichen Geschlechtes, die seiner amtlichen Obhut anvertraut ist, oder mit der er eine Amtshandlung vornimmt, den außerehelichen Beischlaf ausübt oder Unzucht treibt;

3. wer anläßlich der Ausübung der Seelsorge mit einer Person weiblichen Geschlechtes den außerehelichen Beischlaf ausübt oder Unzucht treibt;

4. der Arzt, Angestellte oder Diener einer öffentlichen oder privaten Heilanstalt oder Pflegeanstalt, der mit einer Kranken der Anstalt, und der Arzt, Angestellte oder Diener einer Erziehungsanstalt, der mit einem Zöglinge der Anstalt den außerehelichen Beischlaf ausübt oder Unzucht treibt,

wird mit Gefängnis von zwei Wochen bis zu zwei Jahren bestraft.

5. Wer seine Stellung mißbraucht, um die Person sich gefügig zu machen, mit der er die Tat begeht, wird mit Gefängnis von vier Wochen bis zu drei Jahren bestraft.

Verführung.

§ 274. 1. Wer ein geschlechtlich unbescholtenes Mädchen, welches das sechzehnte Lebensjahr nicht vollendet hat, zum außerehelichen Beischlafe bestimmt;

2. wer eine geschlechtlich unbescholtene Person weiblichen Geschlechtes durch die Vorspiegelung, er werde sie heiraten, zum Beischlafe bestimmt;

3. wer eine Person weiblichen Geschlechtes durch Ausnützung ihrer wirtschaftlichen Abhängigkeit von ihm zum außerehelichen Beischlafe bestimmt,

wird mit Gefängnis bis zu sechs Monaten bestraft, wenn der Beischlaf ausgeübt wurde.

Der Täter wird nur mit Ermächtigung der Verletzten verfolgt. Das Recht der Ermächtigung steht der Verletzten zu, wenngleich sie das achtzehnte Lebensjahr nicht vollendet hat.

Kuppelei.

§ 275. 1. Wer eine Person weiblichen Geschlechtes, die das zwanzigste Lebensjahr nicht vollendet hat, oder wer seine minderjährige leibliche oder Adoptivtochter, Enkelin, Pflegetochter, Stieftochter oder eine minderjährige Person weiblichen Geschlechtes, die ihm als Mündel, Kurandin, Schülerin oder Zögling anvertraut ist, zum außerehelichen Geschlechtsverkehre mit einem andern bestimmt oder diesem Verkehre zuführt;

2. wer eine Person weiblichen Geschlechtes durch Ausnützung ihrer wirtschaftlichen Abhängigkeit von ihm zum außerehelichen Geschlechtsverkehre mit einem andern bestimmt,

wird mit Gefängnis von vier Wochen bis zu drei Jahren bestraft;

3. Wer die Tat begeht, um sich oder einem Dritten einen Vermögensvorteil zuzuwenden, wird mit Kerker von einem bis zu fünf Jahren oder mit Gefängnis von drei Monaten bis zu fünf Jahren bestraft. Neben der Freiheitsstrafe kann Geldstrafe bis zu zwanzigtausend Kronen verhängt werden.

§ 276. Wer eine Person weiblichen Geschlechtes dadurch zum außerehelichen Geschlechtsverkehre mit einem andern bestimmt, daß er sie oder eine ihr nahestehende Person mit einem rechtswidrigen Nachteil an der Freiheit, einem Angriff auf die Ehre, einer strafgerichtlichen Anzeige oder mit der Offenbarung eines Geheimnisses bedroht, dessen Bekanntwerden geeignet ist, die bürgerliche Stellung der Bedrohten zu untergraben, wird mit Kerker von einem bis zu fünf Jahren oder mit Gefängnis von drei Monaten bis zu fünf Jahren bestraft.

Verletzung polizeilicher Vorschriften über gewerbemässige Unzucht.

§ 277. Die Ausübung gewerbemäßiger Unzucht, das Halten von öffentlichen Dirnen und das Gewähren von Unterstand zur Ausübung gewerbemäßiger Unzucht wird durch polizeiliche Vorschriften geregelt.

Wer eine Vorschrift dieser Art verletzt, wer insbesondere öffentliche Dirnen hält oder Unterstand zur Ausübung gewerbemäßiger Unzucht gewährt, ohne diesen Vorschriften zu genügen, wird von der Verwaltungsbehörde bestraft.

Gewerbemässige Förderung der Unzucht.

§ 278. Wer den außerehelichen Geschlechtsverkehr in anderer Weise als durch Halten von öffentlichen Dirnen oder Gewähren von Unterstand (§ 277) gewerbemäßig vermittelt, wird mit Gefängnis von einer Woche bis zu einem Jahre bestraft. Neben der Freiheitsstrafe kann Geldstrafe bis zu fünftausend Kronen verhängt werden.

Förderung gewerbemässiger Unzucht.

§ 279. 1. Wer eine Person weiblichen Geschlechtes der gewerbemäßigen Unzucht zuführt;

2. wer eine Person weiblichen Geschlechtes durch Ausnützung ihrer wirtschaftlichen Abhängigkeit von ihm davon abhält, die Ausübung gewerbemäßiger Unzucht aufzugeben,

wird mit Gefängnis von vier Wochen bis zu drei Jahren bestraft Neben der Freiheitsstrafe kann Geldstrafe bis zu fünftausend Kronen verhängt werden.

Frauenhandel.

§ 280. 1. Wer eine Person weiblichen Geschlechtes, die in einem andern Staat als dem ihrer Heimat der gewerbemäßigen Unzucht zugeführt werden soll, anwirbt oder in einen andern Staat befördert, wird mit Gefängnis von vier Wochen bis zu drei Jahren bestraft.

2. Wer eine Person weiblichen Geschlechtes, die in einem andern Staat als dem ihrer Heimat der gewerbemäßigen Unzucht zugeführt werden soll, durch Erregung oder Benützung eines Irrtums über dieses Vorhaben bestimmt, sich in einen andern Staat zu begeben, oder sie mit Benützung eines solchen Irrtums in einen andern Staat befördert, wird mit Kerker von einem bis zu fünf Jahren bestraft.

3. Wer die unter 2 bezeichnete Tat an einer geschlechtlich unbescholtenen Person begeht, wird mit Kerker von einem bis zu zehn Jahren bestraft.

Neben der Freiheitsstrafe kann in allen Fällen Geldstrafe bis zu zweitausend Kronen verhängt werden.

§ 281. Wer sich mit einem andern verbindet, um Frauenhandel zu treiben, wird mit Gefängnis von vier Wochen bis zu drei Jahren bestraft. Neben der Freiheitsstrafe kann Geldstrafe bis zu zwanzigtausend Kronen verhängt werden.

Zuhälterei.

§ 282. 1. Der Zuhälter einer Person weiblichen Geschlechtes, der sich aus dem Erträgnis ihrer gewerbemäßigen Unzucht Mittel zu seinem Unterhalte zuwenden läßt, wird mit Gefängnis bis zu sechs Monaten bestraft.

2. Der wiederholt rückfällige Täter wird mit Gefängnis von drei Monaten bis zu einem Jahre bestraft.

Die Bestimmung ist auf den Ehegatten der Dirne anzuwenden.

Verletzung der Sittlichkeit.

§ 283. 1. Wer öffentlich und unter Umständen, unter welchen sein Verhalten zur Verletzung des Schamgefühles geeignet ist, eine unzüchtige Handlung vornimmt, oder wer unter solchen Umständen in einer öffentlichen Versammlung oder vor einer Menschenmenge unzüchtige Reden führt;

2. wer eine unzüchtige Schrift, bildliche oder plastische Darstellung zum Zweck ihrer öffentlichen Verbreitung herstellen läßt, bezieht oder vorrätig hält, sie feilhält, ankündigt, öffentlich ausstellt oder verbreitet,

wird mit Gefängnis oder Haft von drei Tagen bis zu sechs Monaten oder mit Geldstrafe von zwanzig bis zu zweitausend Kronen bestraft.

3. Wer eine unzüchtige Schrift, bildliche oder plastische Darstellung einem Minderjährigen, der das sechzehnte Lebensjahr nicht vollendet hat, gegen Entgelt überläßt oder anbietet, wird mit Gefängnis oder Haft von einer Woche bis zu einem Jahre bestraft.

Neben der Freiheitsstrafe kann im zweiten und dritten Falle Geldstrafe bis zu fünftausend Kronen verhängt werden.

Schmälerung der bürgerlichen Ehrenrechte.

§ 284. Auf Schmälerung der bürgerlichen Ehrenrechte für die Dauer der zu verbüßenden Strafe und einen weiteren Zeitraum von zwei bis zu fünf Jahren kann erkannt werden, wenn der Täter einer der in den §§ 275, 276, 278 bis 282 bezeichneten strafbaren Handlungen zu einer Gefängnisstrafe verurteilt wird.

XXIII. Hauptstück.

Strafbare Handlungen gegen Leib und Leben.

Mord.

§ 285. Wer einen andern tötet, wird mit Kerker von fünf bis zu zwanzig Jahren oder mit lebenslangem Kerker bestraft.

§ 286. 1. Wer mit besonderer Grausamkeit, um eines Vermögensvorteiles willen oder bei Ausführung eines Diebstahls, Raubes oder eines Verbrechens gegen die Sittlichkeit mordet;

2. wer durch die Tat das Leben vieler Menschen gefährdet;

3. wer mehr als einen Menschen mordet;

4. wer wegen Mordes schon einmal bestraft ist,

wird mit lebenslangem Kerker oder mit dem Tode bestraft.

§ 287. Der Sträfling, der während des Vollzuges einer lebenslangen Kerkerstrafe einen Mord begeht, ist mit dem Tode zu bestrafen.

Totschlag.

§ 288. 1. Wer einen andern in einer durch die Umstände gerechtfertigten heftigen Gemütsbewegung tötet, wird mit Kerker oder Gefängnis von einem bis zu zehn Jahren bestraft.

2. Wer einen andern in einer heftigen Gemütsbewegung tötet, die durch eine unmittelbar vorausgegangene, ihm oder einer ihm nahestehenden Person zugefügte schwere und unbegründete Kränkung hervorgerufen wurde, wird mit Gefängnis von sechs Monaten bis zu fünf Jahren bestraft.

Tötung auf Verlangen.

§ 289. Wer einen andern auf dessen ernstliches Verlangen in der dadurch hervorgerufenen heftigen Gemütsbewegung tötet, wird mit Gefängnis von drei Monaten bis zu fünf Jahren bestraft.

Teilnahme am Selbstmorde.

§ 290. 1. Wer einen andern zum Selbstmorde bestimmt oder ihm dazu Hilfe leistet, wird mit Gefängnis oder Haft von vier Wochen bis zu drei Jahren bestraft, wenn dieser den Selbstmord auszuführen unternommen hat.

2. Wer einen andern durch Erregung oder Benützung eines Irrtums zum Selbstmorde bestimmt, wird mit Kerker oder Gefängnis von einem bis zu zehn Jahren bestraft.

Kindesmord.

§ 291. 1. Die Mutter, die während der Geburt oder unter Einwirkung der durch den Geburtsvorgang hervorgerufenen Störungen ihr Kind tötet, wird mit Kerker oder Gefängnis von einem bis zu zehn Jahren bestraft.

2. Die Mutter, die infolge schwerer Notlage oder, um ihre Entehrung zu verheimlichen, die Tat verübt, wird mit Gefängnis von sechs Monaten bis zu fünf Jahren bestraft.

Abtreibung der Leibesfrucht.

§ 292. 1. Wer eine fremde Leibesfrucht abtreibt oder im Mutterleibe tötet, wird mit Kerker von einem bis zu fünf Jahren oder mit Gefängnis von drei Monaten bis zu fünf Jahren bestraft.

2. Der Täter, dem mehr als eine Abtreibung zur Last fällt, der wiederholt rückfällig ist oder die Tat ohne Einwilligung der Schwangeren begeht, wird mit Kerker von einem bis zu zehn Jahren bestraft.

3. Auf dieselbe Strafe ist zu erkennen, wenn die Tat mit Gefahr für das Leben oder schwerer Gefahr für die Gesundheit der Schwangeren verbunden war.

Neben der Freiheitsstrafe kann in allen Fällen Geldstrafe bis zu zehntausend Kronen verhängt werden.

§ 293. 1. Die Schwangere, die ihre Leibesfrucht abtreibt oder im Mutterleibe tötet, wird mit Gefängnis von drei Monaten bis zu drei Jahren bestraft.

2. Die Schwangere, die infolge schwerer Notlage oder, um ihre Entehrung zu verheimlichen, die Tat verübt, wird mit Gefängnis von zwei Wochen bis zu zwei Jahren bestraft.

§ 294. Wer in einer Druckschrift eine Ankündigung veranlaßt oder veröffentlicht, die in offener oder verhüllter Form eine Anbietung zur Abtreibung enthält, wird mit Gefängnis bis zu sechs Monaten bestraft. Neben der Freiheitsstrafe kann Geldstrafe bis zu zweitausend Kronen verhängt werden.

§ 295. Der Arzt, der eine Leibesfrucht abtreibt oder im Mutterleibe tötet, um eine anders nicht abwendbare Lebensgefahr oder Gefahr dauernden schweren Schadens an der Gesundheit von der Schwangeren abzuwenden, ist wegen Abtreibung nicht strafbar.

Körperbeschädigung.

§ 296. 1. Wer einen andern am Körper verletzt oder an der Gesundheit schädigt, wird mit Gefängnis oder Haft von drei Tagen bis zu sechs Monaten oder mit Geldstrafe von zwanzig bis zu zweitausend Kronen bestraft.

2. Wer die Tat an einem Blutsverwandten aufsteigender Reihe begeht oder an einer Person des öffentlichen Dienstes, einem Zeugen, Sachverständigen oder Religionsdiener wegen der Ausübung ihres Berufes oder während sie ihren Beruf ausüben, wird mit Gefängnis oder Haft von einer Woche bis zu einem Jahre bestraft.

§ 297. 1. Wer die Tat durch fortgesetzte rohe Behandlung eines Unmündigen begeht, der unter seiner Obhut steht und das zwölfte Lebensjahr noch nicht vollendet hat;

2. wer die Tat bei einem verabredeten oder tückischen Überfalle begeht;

3. der wiederholt rückfällige Täter

wird mit Gefängnis oder Haft von vier Wochen bis zu drei Jahren bestraft.

4. Auf dieselbe Strafe ist zu erkennen, wenn die Tat eine schwere Verletzung oder schweren Schaden an der Gesundheit zur Folge hatte.

5. Auf Gefängnis von drei Monaten bis zu fünf Jahren ist zu erkennen, wenn die Tat eine Körperbeschädigung der im § 299 unter 2 bis 4 bezeichneten Art oder den Tod zur Folge hatte.

§ 298. 1. Wer die Tat auf eine den Körper oder die Gesundheit des andern besonders gefährdende Weise verübt;

2. wer einem andern eine schwere Verletzung am Körper oder schweren Schaden an der Gesundheit zufügt,

wird mit Kerker von einem bis zu fünf Jahren oder mit Gefängnis von drei Monaten bis zu fünf Jahren bestraft.

3. Auf Kerker von einem bis zu fünf Jahren oder auf Gefängnis von sechs Monaten bis zu fünf Jahren ist in diesen Fällen zu erkennen, wenn die Tat eine Körperbeschädigung der im § 299 unter 2 bis 4 bezeichneten Art oder den Tod zur Folge hatte.

§ 299. 1. Wer eine Körperbeschädigung auf eine das Leben eines andern besonders gefährdende Weise oder derart verübt, daß sie mit besonderen Qualen für den Verletzten verbunden ist, wird mit Kerker oder Gefängnis von einem bis zu zehn Jahren bestraft.

2. Wer das Sprachvermögen, Sehvermögen, Gehör oder die Fortpflanzungsfähigkeit eines andern bleibend aufhebt oder wesentlich und bleibend schwächt;

3. wer einen andern verstümmelt oder schwer entstellt oder verunstaltet;

4. wer einen andern in unheilbare oder langwierige Krankheit des Körpers oder Geistes stürzt oder ihn bleibend berufsunfähig oder arbeitsunfähig macht,

wird mit Kerker von zwei bis zu fünfzehn Jahren bestraft.

Gemeinsame Bestimmung über mildere Strafen.

§ 300. Wer eine der in den §§ 296 bis 299 bedrohten Taten in einer durch die Umstände gerechtfertigten heftigen Gemütsbewegung begeht, wird statt mit Kerker von zwei bis zu fünfzehn Jahren oder Kerker oder Gefängnis von einem bis zu zehn Jahren, mit Gefängnis von drei Monaten bis zu fünf Jahren,

statt mit Kerker von einem bis zu fünf Jahren oder Gefängnis von sechs oder drei Monaten bis zu fünf Jahren, mit Gefängnis von vier Wochen bis zu drei Jahren,

statt mit Gefängnis oder Haft von vier Wochen bis zu drei Jahren, mit Gefängnis oder Haft von einer Woche bis zu einem Jahre,

statt mit Gefängnis oder Haft von einer Woche bis zu einem Jahre, mit Gefängnis oder Haft bis zu sechs Monaten,

statt mit Gefängnis oder Haft von drei Tagen bis zu sechs Monaten oder mit Geldstrafe von zwanzig bis zu zweitausend Kronen, mit Haft bis zu drei Monaten oder mit Geldstrafe bis zu tausend Kronen betraft.

Körperbeschädigung mit Einwilligung des Verletzten.

§ 301. Wer einem andern mit dessen Einwilligung eine schwere Verletzung am Körper oder schweren Schaden an der Gesundheit zufügt, wird mit Gefängnis oder Haft von zwei Wochen bis zu zwei Jahren bestraft.

Raufhandel.

§ 302. Wer sich an einem Raufhandel oder gemeinsamen Angriffe beteiligt, wird mit Gefängnis oder Haft von zwei Wochen bis zu zwei Jahren bestraft, wenn jemand dabei eine schwere Verletzung am Körper, schweren Schaden an der Gesundheit oder den Tod erlitten hat, deren Urheber sich nicht feststellen läßt, die aber durch den Täter verursacht sein konnten.

Aussetzung.

§ 303. 1. Wer ein Kind oder sonst jemanden, der infolge seines geistigen oder körperlichen Zustandes sich nicht zu retten vermag, in eine Lage bringt, in der sein Leben gefährdet ist, wird mit Kerker von einem bis zu fünf Jahren oder mit Gefängnis von sechs Monaten bis zu fünf Jahren bestraft.

2. Wer die Tat unter besonders gefährlichen Umständen begeht, ist mit Kerker oder Gefängnis von einem bis zu zehn Jahren zu bestrafen.

3. Die Mutter, welche die Tat an ihrem neugeborenen Kind unter Einwirkung der durch den Geburtsvorgang hervorgerufenen Störungen infolge schwerer Notlage oder, um ihre Entehrung zu verheimlichen, verübt, wird mit Gefängnis von vier Wochen bis zu drei Jahren bestraft.

Gefährdung durch eine Geschlechtskrankheit.

§ 304. 1. Der Geschlechtskranke, der einen mit der Gefahr der Ansteckung verbundenen Geschlechtsverkehr ausübt;

2. wer zu einem mit der Gefahr der Ansteckung verbundenen Geschlechtsverkehre mit einem Geschlechtskranken Vorschub leistet;

3. die syphiliskranke Amme, die ihren Dienst bei einem gesunden Kind antritt, und wer zu einem syphiliskranken Kind eine gesunde Amme nimmt,

wird mit Gefängnis von vier Wochen bis zu drei Jahren bestraft. Wer seinen Ehegatten gefährdet, wird nur auf Privatanklage verfolgt.

Herausforderung zum Zweikampfe.

§ 305. 1. Wer einen andern zum Zweikampf herausfordert;

2. wer eine Herausforderung zum Zweikampf annimmt,

wird mit Gefängnis oder Haft von einer Woche bis zu einem Jahre bestraft. Neben der Freiheitsstrafe kann Geldstrafe bis zu zehntausend Kronen verhängt werden.

Zweikampf.

§ 306. 1. Wer in einem Zweikampfe von der Waffe Gebrauch macht, wird mit Gefängnis oder Haft von vier Wochen bis zu drei Jahren bestraft.

2. Wer in einem Zweikampfe von der Waffe Gebraucht macht, der bis zur Kampfunfähigkeit fortgesetzt werden soll, wird mit Gefängnis oder Haft von drei Monaten bis zu fünf Jahren bestraft.

3. Wer in einem Zweikampfe von der Waffe Gebrauch macht, aus dessen Bedingungen sich ergibt, daß einer der Zweikämpfer das Leben lassen solle, wird mit Gefängnis von einem bis zu zehn Jahren bestraft.

Neben der Freiheitsstrafe kann in allen Fällen Geldstrafe bis zu zwanzigtausend Kronen verhängt werden.

Wer eine der hergebrachten oder vereinbarten Regeln des Zweikampfes verletzt, um seinen Gegner zu töten oder ihm eine schwere Verletzung beizubringen, ist nach den Vorschriften über Tötung und Körperbeschädigung zu bestrafen.

Aufreizung zum Zweikampfe.

§ 307. Wer jemandem mit Verachtung droht, um ihn zum Zweikampfe mit einem andern aufzureizen, oder wer jemandem Verachtung bezeigt, weil er einen andern nicht zum Zweikampf herausgefordert oder sich in einen Zweikampf nicht eingelassen hat, wird mit Gefängnis oder Haft von einer Woche bis zu einem Jahre bestraft. Neben der Freiheitsstrafe kann Geldstrafe bis zu zehntausend Kronen verhängt werden.

Erlöschen der Strafbarkeit.

§ 308. Die Strafbarkeit wegen Herausforderung zum Zweikampf erlischt für denjenigen, der vom Zweikampf vor dessen Beginne freiwillig absteht.

Der Kartellträger, der freiwillig von seiner Tätigkeit absteht, bevor der Zweikampf vereinbart ist, wird straflos.

Jeder Gehilfe wird straflos, wenn er sich für das Unterbleiben des Zweikampfes bemüht und entweder am Zweikampfe nicht teilnimmt oder der Zweikampf infolge freiwilligen Rücktrittes nicht stattfindet.

Der dem Zweikampfe beigezogene Arzt ist nicht strafbar.

Mensur.

§ 309. Die Beteiligung an einer Mensur, bei der vereinbarungsgemäß durch entsprechende Schutzmaßregeln der Eintritt erheblicher Verletzungen verhütet werden soll, unterliegt nicht den Bestimmungen über Zweikampf und Körperbeschädigung.

Böswillige Gefährdung der körperlichen Sicherheit.

§ 310. 1. Wer eine Gefahr für das Leben, den Körper oder die Gesundheit eines andern böswillig herbeiführt, wird mit Gefängnis von vier Wochen bis zu drei Jahren bestraft.

2. Wer die Tat unter besonders gefährlichen Umständen begeht, wird mit Kerker von einem bis zu fünf Jahren oder mit Gefängnis von drei Monaten bis zu fünf Jahren bestraft.

Fahrlässige Körperbeschädigung und Tötung.

§ 311. 1. Wer fahrlässig eine schwere Verletzung am Körper oder schweren Schaden an der Gesundheit eines andern herbeiführt, wird mit Gefängnis oder Haft von drei Tagen bis zu sechs Monaten oder mit Geldstrafe von zwanzig bis zu zweitausend Kronen bestraft.

2. Wer fahrlässig eine Körperbeschädigung der im § 299 unter 2 bis 4 bezeichneten Art oder den Tod eines andern herbeiführt, wird mit Gefängnis oder Haft von zwei Wochen bis zu zwei Jahren bestraft.

Neben der Freiheitsstrafe kann in beiden Fällen Geldstrafe bis zu fünftausend Kronen verhängt werden.

Fahrlässige Gefährdung der körperlichen Sicherheit.

§ 312. 1. Wer fahrlässig eine Gefahr für das Leben, den Körper oder die Gesundheit eines andern herbeiführt, wird mit Gefängnis oder Haft bis zu drei Monaten oder mit Geldstrafe bis zu tausend Kronen bestraft.

3. Wer die Tat fahrlässig unter besonders gefährlichen Umständen begeht, wird mit Gefängnis oder Haft von drei Tagen bis zu sechs Monaten oder mit Geldstrafe von zwanzig bis zu zweitausend Kronen bestraft. Neben der Freiheitsstrafe kann Geldstrafe bis zu fünftausend Kronen verhängt werden.

Überschreitung des Züchtigungsrechtes.

§ 313. Wer bei Ausübung des Züchtigungsrechtes den Gezüchtigten fahrlässig am Körper verletzt oder an der Gesundheit schädigt, wird mit Haft bis zu drei Monaten oder mit Geldstrafe bis zu tausend Kronen bestraft.

Wenn weitere Gefahr für den Gezüchteten nicht zu besorgen und die Beschädigung eine ge ingfügige ist, kann das Gericht davon absehen, eine Strafe zu verhängen. Das Absehen von Strafe ist nur zulässig, wenn der Täter das erste Mal wegen Überschreitung des Züchtigungsrechtes verurteilt wird.

Im Falle schwerer Schädigungen sind die Bestimmungen des § 311 anzuwenden.

Unterlassen der Hilfeleistung.

§ 314. 1. Wer es unterläßt, einen andern aus einer offenbaren Lebensgefahr zu retten oder fremden Beistand zur Rettung herbeizurufen, obgleich er dies leicht und ohne Gefahr tun kann, wird mit Gefängnis oder Haft bis zu vier Wochen oder mit Geldstrafe bis zu dreihundert Kronen bestraft, wenn der andere in der Gefahr umgekommen ist.

2. Der Täter, der vermöge seines Berufes, seiner Zugehörigkeit zur Familie des Verunglückten oder sonst eines besonderen Verhältnisses zur Obsorge für den Verunglückten verpflichtet ist, wird mit Gefängnis oder Haft bis zu sechs Monaten bestraft.

XXIV. Hauptstück.

Strafbare Handlungen gegen die persönliche Freiheit.

Freiheitsentziehung.

§ 315. 1. Wer einen andern festnimmt, einschließt oder auf andere Weise an dem Gebrauche seiner persönlichen Freiheit hindert, wird mit Gefängnis oder Haft von zwei Wochen bis zu zwei Jahren bestraft.

2. Wer die Freiheitsentziehung länger als eine Woche fortsetzt, oder wer die Tat verübt, um die Verletzte zur Ausübung gewerbemäßiger Unzucht zu nötigen, ist mit Kerker von einem bis zu fünf Jahren oder mit Gefängnis von drei Monaten bis zu fünf Jahren zu bestrafen.

3. Wer die Freiheitsentziehung länger als drei Monate fortsetzt oder wer die Tat derart verübt, daß sie mit besonderen Qualen für den Verletzten verbunden ist, wird mit Kerker oder Gefängnis von einem bis zu zehn Jahren bestraft.

Unterlassung der Anzeige einer berechtigten Festnahme.

§ 316. Wer es unterläßt, die von ihm zur Verhinderung einer mit Strafe bedrohten Handlung oder zum Schutze der Person oder des Vermögens vorgenommene Anhaltung eines andern ohne Verzug der öffentlichen Behörde anzuzeigen, wird mit Haft bis zu sechs Wochen oder mit Geldstrafe bis zu fünfhundert Kronen bestraft.

Entführung einer Person weiblichen Geschlechtes wider ihren Willen.

§ 317. 1. Wer eine Person weiblichen Geschlechtes durch Gewalt, Drohung mit Gewalt oder durch List zum Zwecke der Eheschließung entführt, wird mit Gefängnis von drei Monaten bis zu fünf Jahren bestraft.

Der Täter wird nur mit Ermächtigung der Entführten verfolgt und, wenn der Täter oder sein Auftraggeber die Entführte geheiratet hat, überdies nur dann, wenn die Ehe ungültig erklärt worden ist. Das Recht der Ermächtigung steht der Entführten zu, wenngleich sie das achtzehnte Lebensjahr nicht vollendet hat.

2. Wer eine Person weiblichen Geschlechtes durch Gewalt, Drohung mit Gewalt oder durch List zum Zwecke des außerehelichen Geschlechtsverkehres entführt, wird mit Kerker von einem bis zu fünf Jahren oder mit Gefängnis von sechs Monaten bis zu fünf Jahren bestraft.

Neben der Freiheitsstrafe kann in beiden Fällen Geldstrafe bis zu zwanzigtausend Kronen verhängt werden.

Menschenraub.

§ 318. Wer einen andern durch Gewalt, Drohung mit Gewalt oder durch List einer auswärtigen Macht überliefert oder in fremden Kriegsdienst oder Schiffsdienst bringt, wird mit Kerker von zwei bis zu fünfzehn Jahren bestraft.

Betrügerische Werbung.

§ 319. Wer einen andern durch Erregung oder Benützung eines Irrtums für fremden Kriegsdienst anwirbt, wird mit Kerker von einem bis zu fünf Jahren oder mit Gefängnis von sechs Monaten bis zu fünf Jahren bestraft. Neben der Freiheitsstrafe kann Geldstrafe bis zu fünftausend Kronen verhängt werden.

Sklaverei.

§ 320. Wer einen andern in Sklaverei oder in einen der Sklaverei gleichkommenden Zustand versetzt, sich an einem diesem Zwecke dienenden Unternehmen oder am Sklavenhandel beteiligt oder einen andern als Sklaven behandelt, wird mit Kerker von zwei bis zu fünfzehn Jahren bestraft.

Nötigung.

§ 321. 1. Wer jemanden zu einer Handlung, Duldung oder Unterlassung, zu der dieser nicht verpflichtet ist, dadurch nötigt, daß er gegen ihn Gewalt anwendet oder ihn oder eine ihm nahestehende Person bedroht, wird mit Gefängnis oder Haft von zwei Wochen bis zu zwei Jahren bestraft.

2. Wer jemanden zu einer Handlung, Duldung oder Unterlassung, zu der dieser nicht verpflichtet ist, dadurch nötigt, daß er ihn oder eine ihm nahestehende Person mit einem rechtswidrigen Nachteil an Freiheit, Ehre oder Vermögen bedroht, wird mit Gefängnis oder Haft von einer Woche bis zu einem Jahr oder mit Geldstrafe von fünfzig bis zu viertausend Kronen bestraft.

Drohung.

§ 322. 1. Wer jemanden mit Gewalt oder mit einem rechtswidrigen Nachteil an Freiheit, Ehre oder Vermögen unter solchen Umständen bedroht, daß die Drohung geeignet ist, ernstliche Furcht hervorzurufen, wird mit Gefängnis oder Haft bis zu sechs Monaten oder mit Geldstrafe bis zu zweitausend Kronen bestraft.

2. Wenn der Bedrohte in Bestürzung oder einen qualvollen Zustand versetzt wurde, so ist auf Gefängnis von zwei Wochen bis zu zwei Jahren zu erkennen.

Der Täter wird nur mit Ermächtigung des Verletzten verfolgt, wenn die Tat im Familienverhältnisse verübt wird. Die Ermächtigung kann zurückgenommen werden.

Verletzung des Hausrechtes.

§ 323. 1. Wer in ein Haus oder sonst einen abgeschlossenen Raum, der zum öffentlichen Dienste bestimmt ist oder einem andern zur Wohnung, zur Ausübung seines Berufes oder Gewerbes dient, gegen den erklärten Willen des Berechtigten eindringt oder wer die den Zutritt zu einem solchen Raume verwehrenden Hindernisse überwindet;

2. wer sich aus einem solchen Raume trotz wiederholter Aufforderung des Berechtigten nicht entfernt, wenn sein Verbleiben nicht durch rücksichtswerte Umstände gerechtfertigt ist;

3. wer gegen den erklärten Willen des Berechtigten den Eintritt in einen solchen Raum hindert,

wird mit Haft bis zu drei Monaten oder mit Geldstrafe bis zu tausend Kronen bestraft.

4. Wer die Tat bewaffnet oder in Gesellschaft mehrerer anderer begeht, wird mit Gefängnis oder Haft von drei Tagen bis zu sechs Monaten oder mit Geldstrafe von zwanzig bis zu zweitausend Kronen bestraft.

Hausfriedensbruch.

§ 324. 1. Wer in ein Haus oder sonst einen abgeschlossenen Raum, der zum öffentlichen Dienste bestimmt ist oder einem andern zur Wohnung, zur Ausübung seines Berufes oder Gewerbes dient, durch Gewalt oder Drohung mit Gewalt eindringt, um an einer darin befindlichen Person oder Sache eine Gewalttätigkeit zu verüben, wird mit Gefängnis oder Haft von einer Woche bis zu einem Jahre bestraft.

2. Wer bewaffnet oder in Gesellschaft mit mehreren andern eindringt oder eine Gewalttätigkeit verübt, wird mit Gefängnis von vier Wochen bis zu drei Jahren bestraft.

Eigenmächtige ärztliche Behandlung.

§ 325. 1. Wer einen andern wider dessen erklärten oder aus den Umständen zu erschließenden Willen ärztlich behandelt;

2. wer einen andern, der das sechzehnte Lebensjahr nicht vollendet hat oder mangels geistiger Reife oder Gesundheit oder

wegen Störung des Bewußtseins die Notwendigkeit der Behandlung nicht zu beurteilen vermag, wider den erklärten oder aus den Umständen zu erschließenden Willen des gesetzlichen Vertreters ärztlich behandelt,

wird wegen Vergehens mit Gefängnis oder Haft bis zu sechs Monaten oder mit Geldstrafe bis zu zweitausend Kronen bestraft.

Wer die Tat begeht, um einen andern aus Lebensgefahr zu retten, ist wegen eigenmächtiger ärztlicher Behandlung nicht strafbar.

XXV. Hauptstück.

Strafbare Handlungen gegen die Ehre.

Beschimpfung.

§ 326. Wer jemanden öffentlich oder vor einem Dritten beschimpft, tätlich mißhandelt oder mit einer Mißhandlung bedroht, wird mit Gefängnis oder Haft bis zu drei Monaten oder mit Geldstrafe bis zu tausend Kronen bestraft.

Wer sich nur durch gerechtfertigte Entrüstung über das unmittelbar vorausgegangene Benehmen jemandes dazu hinreißen läßt, ihn in einer den Umständen nach entschuldbaren Weise zu beschimpfen oder mit einer Mißhandlung zu bedrohen, ist nicht strafbar.

Beleidigung.

§ 327. 1. Wer jemanden gegenüber einem Dritten oder in einer einem Dritten zugänglichen Mitteilung einer Handlung, Unterlassung, Eigenschaft oder Gesinnung beschuldigt, die geeignet ist, ihn verächtlich zu machen oder in der öffentlichen Meinung herabzusetzen, wird mit Gefängnis oder Haft bis zu sechs Monaten oder mit Geldstrafe bis zu zweitausend Kronen bestraft.

2. Wer die Tat in einer Druckschrift oder öffentlichen Versammlung begeht, wird mit Gefängnis oder Haft von einer Woche bis zu einem Jahr oder mit Geldstrafe von fünfzig bis zu viertausend Kronen bestraft.

§ 328. Der Täter ist nicht strafbar, wenn er nach Inhalt und Form der Beschuldigung eine Pflicht erfüllt oder ein Recht ausübt oder wenn die Beschuldigung erweislich wahr ist.

Das Gericht hat von Strafe abzusehen, wenn der Täter zureichende Gründe hatte, die Beschuldigung für wahr zu halten, sie weder in einer Druckschrift, noch in einer öffentlichen Versammlung vorbrachte und das Vorbringen durch ein öffentliches Interesse oder ein berechtigtes Privatinteresse gerechtfertigt war.

§ 329. Betrifft die Beschuldigung eine Tatsache des Privatlebens oder Familienlebens, so ist nur der Wahrheitsbeweis zulässig und zwar nur dann, wenn die Beschuldigung nicht öffentlich vorgebracht wurde oder wenn das öffentliche Vorbringen nach Inhalt und Form durch ein öffentliches Interesse oder ein berechtigtes Privatinteresse gerechtfertigt war.

Wahrheitsbeweis.

§ 330. Die Aufnahme des Wahrheitsbeweises ist dadurch bedingt, daß sich der Täter auf die Wahrheit der Beschuldigung beruft.

Wenn eine von Amts wegen zu verfolgende strafbare Handlung den Gegenstand der Beschuldigung bildet, so ist der Beweis der Wahrheit durch die strafgerichtliche Verurteilung zu erbringen, es sei denn, daß die Verfolgung oder Verurteilung des Beleidigten nicht zulässig oder nicht ausführbar ist.

Verleumderische Beleidigung.

§ 331. 1. Wer wider besseres Wissen jemanden gegenüber einem Dritten oder in einer einem Dritten zugänglichen Mitteilung einer Handlung, Unterlassung, Eigenschaft oder Gesinnung fälschlich beschuldigt, die geeignet ist, ihn verächtlich zu machen oder in der öffentlichen Meinung herabzusetzen, wird mit Gefängnis von einer Woche bis zu einem Jahre bestraft.

2. Wer die Tat in einer Druckschrift oder öffentlichen Versammlung oder in der Absicht begeht, die bürgerliche Stellung des Verleumdeten oder den Frieden seiner Familie zu zerstören, wird mit Gefängnis von zwei Wochen bis zu zwei Jahren bestraft.

Neben der Freiheitsstrafe kann in allen Fällen Geldstrafe bis zu fünftausend Kronen verhängt werden.

Vorwurf einer Strafe.

§ 332. 1. Wer jemandem gegenüber einem Dritten oder in einer einem Dritten zugänglichen Mitteilung eine verbüßte oder erlassene Strafe zum Vorwurfe macht, um ihn zu schmähen, wird mit Haft bis zu sechs Wochen oder mit Geldstrafe bis zu fünfhundert Kronen bestraft.

2. Wer die Tat in einer Druckschrift oder öffentlichen Versammlung begeht, wird mit Haft bis zu drei Monaten oder mit Geldstrafe bis zu 1000 Kronen bestraft.

Verfolgung.

§ 333. Der Täter wird nur auf Privatanklage verfolgt.

Richtet sich die Tat gegen die Ehre eines Verstorbenen oder Verschollenen, so steht das Recht zur Privatanklage dem Ehegatten und den Verwandten ersten Grades zu.

Wenn eine Beleidigung gegen eine Person des öffentlichen Dienstes oder einen Religionsdiener während der Ausübung ihres Amtes oder Dienstes oder in einer Druckschrift oder öffentlichen Versammlung wegen der Ausübung begangen wird, so kann der öffentliche Ankläger mit Ermächtigung der dem Beleidigten vorgesetzten Behörde innerhalb der zur Privatanklage offenstehenden Frist die öffentliche Anklage erheben. Die öffentliche Anklage ist ausgeschlossen, sobald die Privatanklage erhoben ist. Das gleiche gilt von der Privatanklage, sobald die öffentliche Anklage erhoben ist.

Veröffentlichung des Urteils.

§ 334. Auf Antrag des Verletzten kann auf Veröffentlichung des verurteilenden Erkenntnisses erkannt werden.

XXVI: Hauptstück.

Diebstahl und verwandte strafbare Handlungen.

Diebstahl.

§ 335. Wer eine fremde Sache einem andern wegnimmt, um durch deren Aneignung sich oder einem Dritten einen unberechtigten Vermögensvorteil zuzuwenden, wird mit Gefängnis bis zu sechs Monaten bestraft.

§ 336. 1. Wer einen dem Gottesdienst unmittelbar gewidmeten Gegenstand stiehlt;

2. wer eine Sache stiehlt, deren Wert hundert Kronen, jedoch nicht fünfhundert Kronen übersteigt;

3. wer zu der Tat eine von ihm aufgesuchte Gelegenheit ausnützt, bei welcher der Verletzte nicht in der Lage ist, die übliche Aufmerksamkeit aufzuwenden;

4. der wiederholt rückfällige Täter

wird mit Gefängnis von vier Wochen bis zu drei Jahren bestraft.

§ 337. 1. Wer eine Sache stiehlt, deren Wert fünfhundert Kronen übersteigt;

2. wer einen Gefallenen oder Verwundeten auf dem Schlachtfelde bestiehlt;

3. wer einen durch Feuersbrunst, Überschwemmung oder ein ähnliches Ereignis Bedrängten bestiehlt;

4. wer zur Beseitigung eines Widerstandes mit einer Waffe oder einem Mittel zur Betäubung oder Blendung ausgerüstet stiehlt oder in Gesellschaft eines andern, der in dieser Weise ausgerüstet ist;

5. der Täter, der gewerbemäßig fremdes Vermögen angreift,

wird mit Kerker von einem bis zu fünf Jahren oder mit Gefängnis von drei Monaten bis zu fünf Jahren bestraft.

§ 338. 1. Wer mittels Einschleichens, Einbrechens oder Einsteigens oder mittels Aufbrechens eines Behältnisses oder Öffnung eines Schlosses durch einen Dietrich oder einen mißbräuchlich erlangten oder verwendeten Schlüssel eine Sache stiehlt, deren Wert fünfundzwanzig Kronen übersteigt;

2. wer Vieh auf der Weide oder vom Triebe, Holz aus abgeschlossenen Waldungen, landwirtschaftliche Geräte auf dem Feld oder nicht eingebrachte landwirtschaftliche Früchte in einem fünfundzwanzig Kronen übersteigenden Werte stiehlt,

wird mit Kerker von einem bis zu fünf Jahren oder mit Gefängnis von drei Monaten bis zu fünf Jahren bestraft.

§ 339. Mit Kerker oder Gefängnis von einem bis zu zehn Jahren wird bestraft

1. der Täter, der gegen einen andern Gewalt anwendet oder ihn mit unverzüglicher Gewaltanwendung bedroht, um sich oder einem Dritten die Fortschaffung der Sache oder die Flucht zu ermöglichen;

2. wer mittels Einschleichens, Einbrechens oder Einsteigens oder mittels Aufbrechens eines Behältnisses oder Öffnung eines Schlosses durch einen Dietrich oder einen mißbräuchlich erlangten oder verwendeten Schlüssel eine Sache stiehlt, deren Wert fünfhundert Kronen übersteigt;

3. wer gewerbemäßig fremdes Vermögen angreifend eine Sache stiehlt, deren Wert fünfhundert Kronen übersteigt.

4. Auf dieselbe Strafe ist zu erkennen, wenn durch die Tat eine größere Zahl von Personen schwer geschädigt wurde.

Veruntreuung.

§ 340. 1. Wer ein ihm anvertrautes Gut sich aneignet oder vorenthält, um dadurch sich oder einem Dritten einen unberechtigten Vermögensvorteil zuzuwenden, wird mit Gefängnis bis zu sechs Monaten bestraft.

2. Wer ein Gut veruntreut, dessen Wert hundert Kronen, jedoch nicht fünfhundert Kronen übersteigt;

3. der wiederholt rückfällige Täter

wird mit Gefängnis von vier Wochen bis zu drei Jahren bestraft.

§ 341. 1. Wer ein Gut veruntreut, dessen Wert fünfhundert Kronen übersteigt;

2. wer ein Gut veruntreut, das ihm kraft seines öffentlichen Amtes oder Dienstes oder durch Auftrag einer öffentlichen Behörde anvertraut ist und dessen Wert fünfundzwanzig Kronen übersteigt;

3. der Täter, der gewerbemäßig fremdes Vermögen angreift,

wird mit Kerker von einem bis zu fünf Jahren oder mit Gefängnis von drei Monaten bis zu fünf Jahren bestraft.

§ 342. 1. Wer ein Gut veruntreut, dessen Wert fünfhundert Kronen übersteigt und dabei eine Fälschung, falsche Eintragung oder sonst einen besonderen Kunstgriff anwendet, um die Tat durch längere Zeit fortsetzen zu können;

2. wer gewerbemäßig fremdes Vermögen angreifend ein Gut veruntreut, dessen Wert fünfhundert Kronen übersteigt,

wird mit Kerker oder Gefängnis von einem bis zu zehn Jahren bestraft.

3. Auf dieselbe Strafe ist zu erkennen, wenn durch die Tat eine größere Zahl von Personen schwer geschädigt wurde.

Aneignung fremden Grundes.

§ 343. 1. Wer sich fremden Grund durch Abpflügen oder Abgraben aneignet, um dadurch sich oder einem Dritten einen unberechtigten Vermögensvorteil zuzuwenden, wird mit Gefängnis bis zu sechs Monaten bestraft.

2. Wer die Tat an Grund in einem hundert Kronen übersteigenden Werte begeht;

3. der wiederholt rückfällige Täter

wird mit Gefängnis von vier Wochen bis zu drei Jahren bestraft.

Wer die Tat an Grund begeht, der nahezu keinen Wert hat, ist nicht strafbar.

Forstfrevel und Feldfrevel.

§ 344. 1. Die Aneignung von Bodenerzeugnissen und Bodenbestandteilen, wie Feldfrüchten, Baumfrüchten, Weintrauben, Baumharz, Laub, Ruten, Gerten, Samen, Klaubholz, Streu, Moos, Torf, Rasen, Erde und Steinen in einem eine Krone nicht übersteigenden Werte;

2. die Aneignung von wildwachsenden Pilzen, Kräutern, Blumen Beeren und andern Waldfrüchten in einem drei Kronen nicht übersteigenden Werte

unterliegt nicht dem Strafgesetze.

Eigenmächtige Aneignung.

§ 345. Wer sich eine fremde Sache aneignet, ohne dadurch einen Vermögensvorteil anzustreben, wird mit Gefängnis oder Haft bis zu drei Monaten oder mit Geldstrafe bis zu tausend Kronen bestraft.

Der Täter wird nur mit Ermächtigung des Verletzten verfolgt.

Wer sich eine Sache eigenmächtig aneignet, die nahezu keinen Wert hat, ist nicht strafbar.

Unterschlagung.

§ 346. 1. Wer eine fremde Sache, die durch Fund, Irrtum oder sonst in anderer Weise als durch Anvertrauen in seinen Gewahrsam gelangt ist, sich aneignet, um dadurch sich oder einem Dritten einen unberechtigten Vermögensvorteil zuzuwenden, wird mit Gefängnis oder Haft bis zu sechs Monaten oder mit Geldstrafe bis zu zweitausend Kronen bestraft.

2. Wer eine Sache unterschlägt, deren Wert fünfhundert Kronen übersteigt;

3. der öffentliche Beamte, der eine bei Ausübung seines Amtes oder Dienstes in seinen Gewahrsam gelangte Sache unterschlägt, deren Wert fünfundzwanzig Kronen übersteigt;

4. der wiederholt rückfällige Täter

wird mit Gefängnis von vier Wochen bis zu drei Jahren bestraft.

Wer eine Sache unterschlägt, deren Wert zwei Kronen nicht übersteigt, ist nicht strafbar, es sei denn, daß ein öffentlicher Beamter eine bei Ausübung seines Amtes oder Dienstes in seinen Gewahrsam gelangte Sache unterschlägt.

Auf die Aneignung eines Schatzes sind die Bestimmungen nicht anzuwenden.

Entfremdung.

§ 347. 1. Wer sich eine fremde Sache von geringem Werte zum unmittelbaren Verbrauch oder zur unmittelbaren Verwendung für sich oder einen Dritten aneignet, wird mit Gefängnis oder Haft bis zu vier Wochen oder mit Geldstrafe bis zu dreihundert Kronen bestraft.

2. Der wiederholt rückfällige Täter wird mit Gefängnis bis zu drei Monaten bestraft.

Der Täter wird nur mit Ermächtigung des Verletzten verfolgt.

Wer eine Sache entfremdet, die nahezu keinen Wert hat, ist nicht strafbar.

Die Bestimmungen sind auf den Täter anzuwenden, der die Sache einem Automaten entlockt.

Wilderei.

§ 348. 1. Wer ein Tier, dessen Zueignung dem Jagdrecht oder Fischereirecht eines andern vorbehalten ist, ohne Einwilligung des Berechtigten erlegt, fängt oder sich aneignet, wird mit Gefängnis oder Haft von drei Tagen bis zu sechs Monaten oder mit Geldstrafe von zwanzig bis zu zweitausend Kronen bestraft.

2. Der Täter, der aus Eigennutz handelt oder die Tat während der Schonzeit begeht oder Wild mit einer Schlinge, einem Netz, einer Falle oder einem ähnlichen Werkzeuge fängt, ist mit Gefängnis bis zu sechs Monaten zu bestrafen.

3. Der Täter, der einen Sprengstoff, ein Betäubungsmittel oder Gift anwendet, ist mit Gefängnis von zwei Wochen bis zu zwei Jahren zu bestrafen.

4. Der Täter, der wiederholt rückfällig ist und aus Eigennutz handelt oder der die Tat gewerbemäßig begeht, wird mit Gefängnis von vier Wochen bis zu drei Jahren bestraft.

§ 349. 1. Der Täter, der gegen einen andern Gewalt anwendet oder ihn mit unverzüglicher Gewaltandrohung bedroht, um sich oder einem Dritten die Fortschaffung des angeeigneten Tieres oder die Flucht zu ermöglichen;

2. wer die Tat gewerbemäßig begeht und großen Nachteil verursacht,

wird mit Kerker von einem bis zu fünf Jahren oder mit Gefängnis von drei Monaten bis zu fünf Jahren bestraft.

§ 350. Die Bestimmungen über Wilderei sind auf die Aneignung von Tieren aus abgeschlossenen Waldungen und Tiergärten sowie aus Teichen und Fischbehältern nicht anzuwenden.

§ 351. Wer sich ohne Einwilligung des Berechtigten Eier jagdbarer Vögel oder ein abgeworfenes Geweih aneignet, wird mit Haft bis zu vier Wochen oder mit Geldstrafe bis zu dreihundert Kronen bestraft.

Wer die Tat an einer Sache begeht, die nahezu keinen Wert hat, ist nicht strafbar.

Unbefugte Fischerei in Küstengewässern.

§ 352. Der Inländer oder Ausländer, der sich in den österreichischen Küstengewässern Meerestiere, Schwämme, Korallen oder Pflanzen aneignet, deren Zueignung anderen vorbehalten ist, wird mit Gefängnis oder Haft von drei Tagen bis zu sechs Monaten oder mit Geldstrafe von zwanzig bis zu zweitausend Kronen bestraft.

Gebrauchsanmassung.

§ 353. Wer eine fremde Sache ohne Absicht auf Aneignung einem andern wegnimmt, um sie derart zu gebrauchen, daß daraus ein Vermögensnachteil für den Berechtigten entstehen kann, wird mit Gefängnis oder Haft bis zu sechs Wochen oder mit Geldstrafe bis zu fünfhundert Kronen bestraft.

Der Täter wird nur auf Privatanklage verfolgt.

Familienverhältnis.

§ 354. 1. Wer Diebstahl oder Veruntreuung im Familienverhältnisse begeht, wird mit Gefängnis oder Haft bis zu sechs Monaten bestraft.

2. Wer Unterschlagung im Familienverhältnisse begeht, wird mit Gefängnis oder Haft bis zu drei Monaten oder mit Geldstrafe bis zu tausend Kronen bestraft.

Der Täter wird nur mit Ermächtigung des Verletzten verfolgt. Die Ermächtigung kann zurückgenommen werden.

Wer eine andere in diesem Hauptstücke mit Strafe bedrohte Tat im Familienverhältnisse begeht, ist nicht strafbar.

XXVII. Hauptstück.

Erpressung und Raub.

Erpressung.

§ 355. 1. Wer, um sich oder einem Dritten einen unberechtigten Vermögensvorteil zuzuwenden, jemanden zu einer Handlung, Duldung oder Unterlassung dadurch nötigt, daß er gegen ihn oder eine ihm nahestehende Person Gewalt anwendet oder sie mit einem rechtswidrigen Nachteil an Körper, Freiheit oder Vermögen, mit einem Angriff auf die Ehre, einer strafgerichtlichen Anzeige oder mit der Offenbarung eines Geheimnisses bedroht, dessen Bekanntwerden geeignet ist, die bürgerliche Stellung des Bedrohten zu untergraben, wird mit Gefängnis von vier Wochen bis zu drei Jahren bestraft.

2. Der Täter, der mit einem sehr schweren Nachteile droht;

3. der Täter, der wiederholt rückfällig ist oder gewerbemäßig fremdes Vermögen angreift,

wird mit Kerker von einem bis zu fünf Jahren bestraft.

4. Wenn der Bedrohte in einen qualvollen Zustand versetzt wurde, ist auf Kerker von einem bis zu zehn Jahren zu erkennen.

Raub.

§ 356. Wer, um sich oder einem Dritten einen unberechtigten Vermögensvorteil zuzuwenden, sich dadurch einer fremden Sache bemächtigt, daß er durch Gewalt oder Drohung mit unverzüglicher Gewaltanwendung den Widerstand eines andern überwindet oder verhindert, wird mit Kerker oder Gefängnis von einem bis zu zehn Jahren bestraft.

§ 357. 1. Wer die Tat in Gesellschaft eines andern begeht;

2. wer die Tat auf einem mit elementarer oder mechanischer Kraft betriebenen Fahrzeug oder an einem Verwundeten auf dem Schlachtfelde begeht;

3. der Täter, der wiederholt rückfällig ist oder gewerbemäßig fremdes Vermögen angreift,

wird mit Kerker von zwei bis zu fünfzehn Jahren bestraft.

4. Auf dieselbe Strafe ist zu erkennen, wenn die Tat eine schwere Verletzung am Körper, schweren Schaden an der Gesundheit oder den Tod zur Folge hatte oder wenn sie mit besonderen Qualen für den Verletzten verbunden war.

XXVIII. Hauptstück.

Betrug.

Betrug.

§ 358. 1. Wer jemanden durch Erregung oder listige Benützuug eines Irrtums zu einer Handlung, Duldung oder Unterlassung veranlaßt, die für dessen oder eines andern Vermögen nachteilig ist, um dadurch sich oder einem Dritten einen unberechtigten Vermögensvorteil zuzuwenden, wird mit Gefängnis bis zu sechs Monaten bestraft.

2. Wer einen Betrug begeht, bei dem der Vermögensnachteil hundert Kronen, jedoch nicht fünfhundert Kronen übersteigt;

3. wer die Tat durch Gebrauch falschen oder geringhaltigen Maßes oder Gewichtes in einem Gewerbe oder Geschäftsbetriebe begeht;

4. der wiederholt rückfällige Täter

wird mit Gefängnis von vier Wochen bis zu drei Jahren bestraft.

§ 359. 1. Wer einen Betrug begeht, bei dem der Vermögensnachteil fünfhundert Kronen übersteigt;

2. wer die Tat dadurch begeht, daß er sich fälschlich einen Auftrag einer öffentlichen Behörde oder eine Befugnis einer Person des öffentlichen Dienstes beilegt;

3. der Täter, der gewerbemäßig fremdes Vermögen angreift,

wird mit Kerker von einem bis zu fünf Jahren oder mit Gefängnis von drei Monaten bis zu fünf Jahren bestraft.

§ 360. 1. Wer mit großer Verschlagenheit einen Betrug begeht, bei dem der Vermögensnachteil fünfhundert Kronen übersteigt;

2. wer gewerbemäßig fremdes Vermögen angreifend einen Betrug begeht, bei dem der Vermögensnachteil fünfhundert Kronen übersteigt,

wird mit Kerker oder Gefängnis von einem bis zu zehn Jahren bestraft.

3. Auf dieselbe Strafe ist zu erkennen, wenn durch die Tat eine größere Zahl von Personen schwer geschädigt wurde.

Versicherungsbetrug.

§ 361. Wer eine gegen Untergang, Beschädigung, Verlust oder Diebstahl versicherte Sache zerstört, beschädigt oder beiseite schafft, um für sich oder einen Dritten einen unberechtigten Anspruch auf die Versicherungssumme zu begründen, ist gleich einem Betrüger zu bestrafen.

Betrügerische Verleitung zur Auswanderung.

§ 362. 1. Wer, um sich oder einem Dritten einen Vermögensvorteil zuzuwenden, jemanden durch Erregung oder listige Benützung eines Irrtums bestimmt, sich zum Erwerbe seines Lebensunterhaltes in das Ausland zu begeben, wird mit Gefängnis von einer Woche bis zu einem Jahre bestraft.

2. Wer die Tat gewerbemäßig begeht, wird mit Kerker von einem bis zu fünf Jahren oder mit Gefängnis von drei Monaten bis zu fünf Jahren bestraft.

Prellerei.

§ 363. 1. Wer die Leistung eines Automaten erschleicht, ohne das Entgelt zu entrichten;

2. wer durch Erregung oder listige Benützung eines Irrtums sich den Zutritt zu einer entgeltlichen Veranstaltung oder Ausstellung oder die Benützung eines entgeltlichen Transportmittels verschafft ohne das Entgelt zu leisten,

wird mit Gefängnis oder Haft bis zu vier Wochen oder mit Geldstrafe bis zu dreihundert Kronen bestraft, wenn das dem Berechtigten entgangene Entgelt ein geringes ist.

Familienverhältnis.

§ 364. Wer Betrug im Familienverhältnisse begeht, wird mit Gefängnis oder Haft bis zu sechs Monaten bestraft.

Der Täter wird nur mit Ermächtigung des Verletzten verfolgt. Die Ermächtigung kann zurückgenommen werden.

Wer Prellerei im Familienverhältnisse begeht, ist nicht strafbar

Gemeinsame Bestimmung über Geldstrafe.

§ 365. Neben einer wegen Übertretung des Betruges verhängten Freiheitsstrafe kann Geldstrafe bis zu zwanzigtausend Kronen verhängt werden.

Neben einer wegen Vergehens oder Verbrechens des Betruges oder wegen betrügerischer Verleitung zur Auswanderung verhängten Freiheitsstrafe kann Geldstrafe bis zu zwanzigtausend Kronen verhängt werden.

XXIX. Hauptstück.

Benachteiligung von Gläubigern.

Betrügerische Krida.

§ 366. 1. Wer die Befriedigung seiner Gläubiger oder eines Teiles dadurch vereitelt oder schmälert, daß er einen Bestandteil seines Vermögens verheimlicht, beiseite schafft, veräußert oder beschädigt, eine nicht bestehende Verpflichtung vorschützt oder anerkennt oder sonst sein Vermögen verringert, wird mit Gefängnis von drei Monaten bis zu drei Jahren bestraft.

2. Der Täter, der rückfällig ist, aus grobem Eigennutz handelt oder Handelsbücher verfälscht, beiseite schafft oder vernichtet, die er zu führen verpflichtet ist, wird mit Kerker von einem bis zu fünf Jahren oder mit Gefängnis von sechs Monaten bis zu fünf Jahren bestraft.

3. Auf dieselbe Strafe ist zu erkennen, wenn der Passivstand ein bedeutender ist und den Aktivstand erheblich übersteigt.

4. Auf Kerker oder Gefängnis von einem bis zu zehn Jahren ist zu erkennen, wenn durch die Tat eine größere Zahl von Personen schwer geschädigt wurde.

Begünstigung eines Gläubigers.

§ 367. Wer nach Eintritt der Unfähigkeit, seine Gläubiger oder einen Teil voll zu befriedigen, einen Gläubiger zum Nachteile der andern begünstigt, wird mit Gefängnis von zwei Wochen bis zu zwei Jahren bestraft.

Der Gläubiger, der die Sicherstellung oder Zahlung einer ihm zustehenden fälligen Forderung annimmt, ist nicht strafbar.

Schädigung fremder Gläubiger.

§ 368. 1. Wer ohne Einverständnis mit dem Schuldner einen Bestandteil von dessen Vermögen verheimlicht, beiseite schafft, veräußert, oder beschädigt oder ein nicht bestehendes Recht gegen das Vermögen des Schuldners geltend macht, um dadurch sich, dem Schuldner oder einem Dritten zum Nachteile der Gläubiger einen unberechtigten Vermögensvorteil zuzuwenden, wird mit Gefängnis von drei Monaten bis zu drei Jahren bestraft.

2. Der Täter, der rückfällig ist oder aus grobem Eigennutz handelt, wird mit Kerker von einem bis zu fünf Jahren oder mit Gefängnis von sechs Monaten bis zu fünf Jahren bestraft.

3. Auf Kerker oder Gefängnis von einem bis zu zehn Jahren ist zu erkennen, wenn durch die Tat eine größere Zahl von Personen schwer geschädigt wurde.

Fahrlässige Krida.

§ 369. 1. Wer fahrlässig die Unfähigkeit, seine Gläubiger oder einen Teil voll zu befriedigen, herbeiführt, insbesondere dadurch, daß er übermäßigen Aufwand treibt, leichtsinnig oder unverhältnismäßig Kredit benützt oder gewährt, Vermögensstücke verschleudert oder gewagte Geschäfte abschließt, die nicht zum ordnungsgemäßen Betriebe seines Geschäftes gehören oder mit seinen Vermögensverhältnissen in auffallendem Widerspruche stehen;

2. wer fahrlässig seine Gläubiger oder einen Teil dadurch benachteiligt, daß er nach Eintritt der Unfähigkeit, sie voll zu befriedigen, in Kenntnis dieses Umstandes eine neue Schuld eingeht, eine Schuld zahlt, ein Pfand bestellt oder den Konkurs nicht rechtzeitig anmeldet,

wird mit Gefängnis von einer Woche bis zu einem Jahre bestraft.

3. Der Täter, der Handelsbücher verfälscht, beiseite schafft oder vernichtet, die er zu führen verflpichtet ist, wird mit Gefängnis von vier Wochen bis zu drei Jahren bestraft.

Mangelhafte Buchführung durch den Gemeinschuldner.

§ 370. Wer entgegen einer gesetzlichen Verpflichtung seine Vermögensbilanz in der vorgeschriebenen Zeit nicht zieht oder Handelsbücher zu führen unterläßt oder sie so unordentlich führt, daß sie keine Übersicht über den Vermögensstand gewähren, wird mit Gefängnis oder Haft bis zu sechs Monaten bestraft, wenn er unfähig wird, seine Gläubiger voll zu befriedigen.

Umtriebe im Konkursverfahren.

§ 371. 1. Wer eine nicht zu Recht bestehende Forderung oder eine Forderung in einem nicht zu Recht bestehenden Umfang oder Range geltend macht, um dadurch einen ihm nicht zustehenden Einfluß auf die Verwaltung, Veräußerung oder Verteilung des Konkursvermögens zu erlangen;

2. der Konkursgläubiger, der für die Ausübung des Stimmrechtes in einem bestimmten Sinn oder für das Unterlassen der Ausübung des Stimmrechtes für sich oder einen Dritten einen Vermögensvorteil annimmt oder sich versprechen läßt oder wer einem Konkursgläubiger zu diesem Zweck einen Vermögensvorteil gewährt oder verspricht;

3. der Konkursgläubiger, der für die Zustimmung zu einem Zwangsausgleich oder zu einem andern die Aufhebung des Konkurses bezweckenden Vertrag ohne Zustimmung der übrigen Gläubiger für sich oder einen Dritten einen Sondervorteil annimmt oder sich versprechen läßt oder wer einem Konkursgläubiger zu diesem Zweck einen Vermögensvorteil gewährt oder verspricht,

wird mit Gefängnis von einer Woche bis zu einem Jahre bestraft.

4. Ebenso werden der Konkursmasseverwalter oder das Mitglied des Gläubigerausschusses bestraft, die für sich oder einen Dritten zum Nachteile der Gläubiger einen ihnen nicht gebührenden Vermögensvorteil annehmen oder sich versprechen lassen.

Vereitlung einer Zwangsvollstreckung.

§ 372. 1. Wer einen der Zwangsvollstreckung unterliegenden Vermögensbestandteil einer bevorstehenden oder bereits eingeleiteten Zwangsvollstreckung entzieht, um die Befriedigung seines Gläubigers zu vereiteln, zu beeinträchtigen oder zu erschweren;

2. wer angesichts einer bevorstehenden oder bei einer bereits eingeleiteten Zwangsvollstreckung eine ihr unterliegende Sache beschädigt, um die Befriedigung seines Gläubigers zu vereiteln, zu beeinträchtigen oder zu erschweren;

wird mit Gefängnis oder Haft bis zu sechs Monaten bestraft.

3. Der Täter, der einen hundert Kronen übersteigenden Vermögensnachteil verursacht oder wiederholt rückfällig ist, wird mit Gefängnis oder Haft von zwei Wochen bis zu zwei Jahren bestraft.

§ 373. 1. Wer ohne Einverständnis mit dem Schuldner einen der Zwangsvollstreckung unterliegenden Vermögensbestandteil einer bevorstehenden oder bereits eingeleiteten Zwangsvollstreckung entzieht, um die Befriedigung eines Gläubigers zu vereiteln, zu beeinträchtigen oder zu erschweren;

2. wer ohne Einverständnis mit dem Schuldner angesichts einer bevorstehenden oder bei einer bereits eingeleiteten Zwangsvollstreckung eine ihr unterliegende Sache beschädigt, um die Befriedigung eines Gläubigers zu vereiteln, zu beeinträchtigen oder zu erschweren,

wird mit Gefängnis oder Haft bis zu sechs Monaten bestraft.

3. Der Täter, der einen hundert Kronen übersteigenden Vermögensnachteil verursacht oder wiederholt rückfällig ist, wird mit Gefängnis oder Haft von zwei Wochen bis zu zwei Jahren bestraft.

Gemeinsame Bestimmung über die Verantwortlichkeit der Leiter geschäftlicher Unternehmungen und der Bevollmächtigten.

§ 374. Wenn in den Fällen der §§ 366, 367, 369, 370, 372 der Schuldner und im Falle des § 371 der Gläubiger oder der Schuldner eine Gesellschaft, Genossenschaft oder ein Verein ist, sind die Bestimmungen auf die Organe des Unternehmens anzuwenden, welche die Tat begangen haben.

Wenn in den angeführten Fällen die Tat von jemandem begangen wird, der die Geschäfte des Schuldners oder des Gläubigers selbstständig führt, so sind die Bestimmungen auch auf ihn anzuwenden.

Verletzung von Pfandrechten und Gebrauchsrechten.

§ 375. 1. Wer seine Sache dem Nutznießer oder Pfandgläubiger wegnimmt oder durch Zerstörung oder Beschädigung ganz oder teilweise entzieht, um sich oder einem Dritten einen unberechtigten Vermögensvorteil zuzuwenden oder um dem Berechtigten einen rechtswidrigen Vermögensnachteil zuzufügen

2. wer eine fremde Sache dem Nutznießer oder Pfandgläubiger im Einverständnis mit dem Eigentümer wegnimmt oder durch Zerstörung oder Beschädigung ganz oder teilweise entzieht,

wird mit Gefängnis oder Haft bis zu drei Monaten oder mit Geldstrafe bis zu tausend Kronen bestraft.

3. Der Täter, der einen hundert Kronen übersteigenden Vermögensnachteil verursacht, wird mit Gefängnis oder Haft von drei Tagen bis zu sechs Monaten bestraft.

Der Täter wird nur auf Privatanklage verfolgt.

Wer die Tat im Familienverhältnisse begeht, ist nicht strafbar.

Krediterschleichung.

§ 376. Wer unter Verschweigung seiner Unfähigkeit sofort zu zahlen oder die Zahlung sicherzustellen, den Besitzer, Angestellten oder Diener eines Gewerbes, welches die Beherbergung von Fremden, die Verabreichung von Speisen, Getränken oder anderen Gegenständen des Verbrauches oder sofort zu entlohnende persönliche Leistungen zum Gegenstand hat, zu einer Leistung dieser Art bestimmt, wird mit Gefängnis oder Haft bis zu drei Monaten oder mit Geldstrafe bis zu tausend Kronen bestraft.

Der Täter wird nur auf Privatanklage verfolgt.

XXX. Hauptstück.

Strafbare Ausbeutung.

Wucher.

§ 377. 1. Wer bei Gewährung oder Verlängerung von Kredit den Leichtsinn, die Zwangslage, Verstandesschwäche, Unerfahrenheit oder Gemütsaufregung eines andern dadurch ausbeutet, daß er sich oder einem Dritten eine Gegenleistung versprechen oder gewähren läßt, die zum Werte seiner Leistung in auffallendem Mißverhältnisse steht;

2. wer eine wucherische Forderung erwirbt, um sie geltend zu machen oder einem andern zu übertragen;

3. wer eine wucherische Forderung geltend macht oder einem andern überträgt,

wird mit Gefängnis von einer Woche bis zu einem Jahre bestraft.

§ 378. 1. Der Täter, der das Geschäft verschleiert, der sich die Leistung des wucherischen Vorteiles durch Eid, Ehrenwort oder eine ähnliche Beteuerung versichern läßt oder sich über die noch nicht bestehende Forderung einen Exekutionstitel verschafft;

2. wer eine auf diese Weise entstandene oder versicherte wucherische Forderung erwirbt, um sie geltend zu machen oder einem andern zu übertragen, oder wer sie geltend macht oder einem andern überträgt;

3. der Täter, der wiederholt rückfällig ist oder die Tat gewerbemäßig begeht,

wird mit Gefängnis von vier Wochen bis zu drei Jahren bestraft.

4. Der Täter, der den Wucher gewerbemäßig betreibt, wird mit Kerker von einem bis zu fünf Jahren oder mit Gefängnis von sechs Monaten bis zu fünf Jahren bestraft, wenn eine größere Zahl von Personen schwer geschädigt wurde.

§ 379. 1. Wer bei Abschluß, Abänderung oder Vermittlung eines Rechtsgeschäftes, das den Erwerb oder die Veräußerung einer Sache oder eines Rechtes zum Gegenstand hat, den Leichtsinn, die Zwangslage, Verstandesschwäche, Unerfahrenheit oder Gemütsaufregung eines andern dadurch ausbeutet, daß er sich oder einem Dritten eine Gegenleistung versprechen oder gewähren läßt, die zum Werte seiner Leistung in auffallendem Mißverhältnisse steht, wird mit Gefängnis von vier Wochen bis zu drei Jahren bestraft, wenn die Tat gewerbemäßig begangen wird.

2. Auf Kerker von einem bis zu fünf Jahren oder auf Gefängnis von sechs Monaten bis zu fünf Jahren ist zu erkennen, wenn durch die Tat eine größere Zahl von Personen schwer geschädigt wurde.

Geldstrafe und Schmälerung der bürgerlichen Ehrenrechte.

§ 380. Neben der Freiheitsstrafe kann in allen Fällen Geldstrafe bis zu zwanzigtausend Kronen verhängt werden.

Auf Schmälerung der bürgerlichen Ehrenrechte für die Dauer der zu verbüßenden Strafe und einen weiteren Zeitraum von zwei bis zu fünf Jahren kann erkannt werden.

Ausbeutung des Ehrenwortes.

§ 381. Wer sich von jemandem, für den der Bruch des Ehrenwortes den Verlust eines öffentlichen Amtes oder Dienstes zur Folge haben kann, die Erfüllung einer Verpflichtung aus einem Kreditgeschäft unter Ehrenwort oder einer ähnlichen Beteuerung versprechen läßt, wird mit Gefängnis oder Haft bis zu sechs Monaten bestraft. Neben der Freiheitsstrafe kann Geldstrafe bis zu zweitausend Kronen verhängt werden.

Verleitung zu Spekulationsgeschäften in Wertpapieren oder Waren.

§ 382. 1. Wer jemanden unter Ausnützung von dessen Leichtsinn, Verstandesschwäche oder Unerfahrenheit zu einem Spekulationsgeschäft in Wertpapieren oder börsenmäßig gehandelten Waren verleitet, wird mit Gefängnis oder Haft von einer Woche bis zu einem Jahr oder mit Geldstrafe von fünfhundert bis zu zwanzigtausend Kronen bestraft, wenn die Gefahr des Verlustes zu der wirtschaftlichen Leistungsfähigkeit des Verleiteten im auffallenden Mißverhältnisse steht und die Tat gewerbemäßig begangen wird. Neben der Freiheitsstrafe kann Geldstrafe bis zu zwanzigtausend Kronen verhängt werden.

2. Wer durch eine marktschreierische Ankündigung oder ein solches Rundschreiben zum Abschlusse von Spekulationsgeschäften

in Wertpapieren oder börsenmäßig gehandelten Waren zu verleiten sucht, wird mit Haft bis zu drei Monaten oder mit Geldstrafe bis zu tausend Kronen bestraft.

Umtriebe bei Feilbietungen.

§ 383. 1. Wer einem andern einen Vermögensvorteil dafür gewährt oder verspricht, daß dieser bei einer öffentlichen Feilbietung sich des Mitbietens enthalte oder das Mitbieten nach Erreichung eines bestimmten Preises oder eines bestimmten Zeitpunktes einstelle, oder wer hierfür einen Vermögensvorteil annimmt oder sich versprechen läßt;

2. wer jemandem eine zur Täuschung geeignete unwahre Mitteilung macht, sie verbreitet oder sich anderer Umtriebe bedient, um das Mitbieten eines andern bei einer öffentlichen Feilbietung ganz oder zum Teile zu vereiteln,

wird mit Haft bis zu sechs Wochen oder mit Geldstrafe bis zu fünfhundert Kronen bestraft.

XXXI. Hauptstück.

Strafbare Handlungen gegen die wirtschaftliche Ordnung.

Lebensmittelfälschung.

§ 384. 1. Wer zum Zwecke der Täuschung im Handel und Verkehr ein Lebensmittel nachmacht oder verfälscht;

2. wer ein Lebensmittel, das nachgemacht, verfälscht, verdorben oder unreif ist oder an seinem Nährwert eingebüßt hat, unter einer zur Täuschung geeigneten Form oder Bezeichnung feilhält;

3. wer zum Zwecke der Täuschung ein Lebensmittel unter einer falschen Bezeichnung feilhält oder verkauft;

4. wer ein Lebensmittel verkauft, das nachgemacht, verfälscht, verdorben oder unreif ist oder an seinem Nährwert eingebüßt hat, es wäre denn, daß der Käufer diesen Zustand kannte oder offenbar erkennen mußte,

wird mit Gefängnis oder Haft bis zu drei Monaten oder mit Geldstrafe bis zu tausend Kronen bestraft. Neben der Freiheitsstrafe kann Geldstrafe bis zu tausend Kronen verhängt werden.

5. Der Täter, der wiederholt rückfällig ist oder die Tat in großem Umfange begeht, wird mit Gefängnis von einer Woche bis zu sechs Monaten bestraft. Neben der Freiheitsstrafe kann Geldstrafe bis zu zweitausend Kronen verhängt werden.

§ 385. 1. Wer fahrlässig ein Lebensmittel, das nachgemacht, verfälscht, verdorben oder unreif ist oder an seinem Nährwert eingebüßt hat, unter einer zur Täuschung geeigneten Form oder Bezeichnung feilhält;

2. wer fahrlässig ein Lebensmittel feilhält oder verkauft, das zum Zwecke der Täuschung mit einer falschen Bezeichnung versehen ist;

3. wer fahrlässig ein Lebensmittel verkauft, das nachgemacht, verfälscht, verdorben oder unreif ist oder an seinem Nährwert eingebüßt hat, es wäre denn, daß der Käufer diesen Zustand kannte oder offenbar erkennen mußte,

wird mit Haft bis zu vier Wochen oder mit Geldstrafe bis zu dreihundert Kronen bestraft.

4. Der wiederholt rückfällige Täter wird mit Haft bis zu drei Monaten bestraft. Neben der Freiheitsstrafe kann Geldstrafe bis zu tausend Kronen verhängt werden.

§ 386. Angaben, die in Abnehmerkreisen eine von dem ursprünglichen Wortsinn abweichende geläufige Bedeutung erlangt haben, sind nach dieser Bedeutung zu beurteilen, wenn ihnen nicht durch Zusätze ihr ursprünglicher Sinn wiedergegeben wird.

Als Verfälschung eines Lebensmittels ist es nicht anzusehen, wenn ihm ein unschädlicher Stoff beigemischt oder eine Mengung mit unschädlichen Mitteln vorgenommen wird, um das Lebensmittel für längere Aufbewahrung oder zur Versendung haltbarer oder zum Verbrauche geeigneter zu machen, ohne daß durch diesen Vorgang das Gewicht oder Maß zum Zwecke der Täuschung gesteigert oder die geringere Qualität des Lebensmittels verdeckt wird.

Verfall.

§ 387. Auf den Verfall des Lebensmittels kann erkannt werden.

Im Falle des Feilhaltens oder Verkaufens eines Lebensmittels unter einer falschen Bezeichnung ist auf Beseitigung und Verfall der die falsche Angabe enthaltenden Bezeichnung zu erkennen; wenn aber die Bezeichnung nicht trennbar ist, auf den Verfall des Lebensmittels.

Ist das Lebensmittel in das Eigentum eines Dritten übergegangen, kann auf den Verfall nur erkannt werden, wenn ein Mißbrauch zu besorgen ist.

Wahrheitswidrige Anpreisung.

§ 388. 1. Wer zum Zwecke der Täuschung im Handel und Verkehr in der Aufschrift auf einer feilgehaltenen oder in Verkehr gesetzten Ware oder in einer andern für einen größeren Kreis von Personen bestimmten Kundgebung, womit eine Ware oder eine Leistung angeboten wird, eine unwahre Angabe über Beschaffenheit, Art der Herstellung, Menge, örtliche Herkunft oder Bezugsquelle macht, die geeignet ist, zum Ankauf oder zur Bestellung zu bestimmen, wird mit Gefängnis oder Haft bis zu drei Monaten oder mit Geldstrafe bis zu tausend Kronen bestraft. Neben der Freiheitsstrafe kann Geldstrafe bis zu tausend Kronen verhängt werden.

2. Der wiederholt rückfällige Täter wird mit Gefängnis von einer Woche bis zu sechs Monaten bestraft. Neben der Freiheitsstrafe kann Geldstrafe bis zu zweitausend Kronen verhängt werden.

Die Bestimmung des ersten Absatzes des § 386 ist anzuwenden.

Verfall.

§ 389. Das Gericht erkennt auf Beseitigung und Verfall der die falsche Angabe enthaltenden Bezeichnung; wenn aber die Bezeichnung nicht trennbar ist, auf den Verfall der die Bezeichnung tragenden Sache.

Der Verfall ist ausgeschlossen, wenn die Sache in das Eigentum eines Dritten übergegangen ist.

Schädigung des wirtschaftlichen Rufes.

§ 390. 1. Wer wider besseres Wissen gegenüber einem Dritten oder in einer einem Dritten zugänglichen Mitteilung eine unwahre Tatsache behauptet, die geeignet ist, den Absatz, Kredit, Geschäftsbetrieb oder die Berufsausübung eines anderen zu beeinträchtigen, wird mit Gefängnis oder Haft bis zu sechs Monaten oder mit Geldstrafe bis zu zweitausend Kronen bestraft.

2. Wenn durch die Tat die Gefahr des wirtschaftlichen Verderbens des Angegriffenen herbeigeführt oder eine größere Zahl von Personen schwer geschädigt wurde, ist auf Gefängnis von einer Woche bis zu einem Jahre zu erkennen.

Neben der Freiheitsstrafe kann in beiden Fällen Geldstrafe bis zu zweitausend Kronen verhängt werden. Auf Antrag kann auf Veröffentlichung des Urteiles erkannt werden.

Der Täter wird nur auf Privatanklage verfolgt.

Kurstreiberei.

§ 391. 1. Wer für eine Mitteilung in einer Druckschrift durch die auf den Börsenpreis eines Wertpapieres oder einer Ware eingewirkt werden soll, einen Vermögensvorteil gewährt oder verspricht oder annimmt oder sich versprechen läßt, der in auffallendem Mißverhältnisse zu der Leistung steht;

2. wer einen Vermögensvorteil dafür annimmt oder sich versprechen läßt, daß eine wahre Angabe über einen für die Bildung des Börsenpreises eines Wertpapieres oder einer Ware wesentlichen Umstand in einer Druckschrift nicht veröffentlicht werde,

wird wegen Vergehens mit Gefängnis oder Haft bis zu drei Monaten oder mit Geldstrafe bis zu tausend Kronen bestraft. Neben der Freiheitsstrafe kann Geldstrafe bis zu fünftausend Kronen verhängt werden.

Der dem Täter zugewendete Vermögensvorteil ist einzuziehen.

Der Verurteilte ist von dem Börsenbesuch auf sechs Monate ausgeschlossen. Die Dauer des Ausschlusses kann von der Börsenleitung bis auf drei Jahre ausgedehnt werden.

§ 392. 1. Wer ein Scheingeschäft abschließt oder ein anderes Mittel der Irreführung anwendet, das geeignet ist, über einen für die Preisbildung wesentlichen Umstand zu täuschen, um auf den Börsenpreis eines Wertpapieres oder einer Ware einzuwirken

2. wer durch eine Druckschrift, durch eine für den Börsenverkehr bestimmte Mitteilung oder an der Börse eine unwahre Angabe verbreitet, um andere durch diese Irreführung zur Zeichnung, zum Ankauf oder Verkauf eines Wertpapieres oder einer börsenmäßig gehandelten Ware zu verleiten,

wird mit Gefängnis von einer Woche bis zu einem Jahre bestraft. Neben der Freiheitsstrafe kann Geldstrafe bis zu zwanzigtausend Kronen verhängt werden.

Der Verurteilte ist von dem Börsenbesuch auf sechs Monate ausgeschlossen. Die Dauer des Ausschlusses kann von der Börsenleitung bis auf drei Jahre ausgedehnt werden.

Verleitung zur Auswanderung.

§ 393. 1. Wer ein Verbot der Regierung übertritt, Auswanderer für ein bestimmtes Land anzuwerben, oder wer öffentlich zur Auswanderung in dieses Land auffordert;

2. wer öffentlich wider besseres Wissen die wirtschaftlichen oder gesundheitlichen Verhältnisse eines fremden Landes in einer Weise anpreist, die geeignet ist, eine Auswanderungsbewegung nach diesem Land hervorzurufen oder zu fördern,

wird mit Gefängnis oder Haft von drei Tagen bis zu sechs Monaten bestraft. Neben der Freiheitsstrafe kann Geldstrafe bis zu zweitausend Kronen verhängt werden.

Missbrauch der Arbeitskraft unmündiger und jugendlicher Personen.

§ 394. Wer entgegen einer gesetzlichen oder auf Grund eines Gesetzes erlassenen Vorschrift

1. einen Unmündigen vor vollendetem zwölften Lebensjahre zu einer regelmäßigen gewerblichen Beschäftigung verwendet;

2. einen Unmündigen zu einer regelmäßigen gewerblichen Beschäftigung in einer fabriksmäßig betriebenen Unternehmung oder zu einer täglich acht Stunden übersteigenden anderen regelmäßigen gewerblichen Beschäftigung oder im Bergbau verwendet;

3. einen Minderjährigen vor vollendetem sechzehnten Lebensjahre zu einer regelmäßigen Beschäftigung in einem Gewerbe oder im Bergbau während der Nachtzeit, das ist von acht Uhr abends bis fünf Uhr morgens, verwendet,

wird mit Gefängnis oder Haft bis zu drei Monaten oder mit Geldstrafe bis zu tausend Kronen bestraft.

§ 395. 1. Wer einen Minderjährigen vor vollendetem sechzehnten Lebensjahre zu einer Erwerbstätigkeit verwendet, von der er einzusehen vermag, daß sie eine schwere Gefahr für dessen Sittlichkeit oder körperliche Sicherheit herbeiführen kann;

2. wer einen Minderjährigen vor vollendetem sechzehnten Lebensjahre zu einer Produktion, Schaustellung oder ähnlichen öffentlichen Vorführung verwendet oder einübt, von der er einzusehen vermag, daß sie eine Gefahr für dessen Sittlichkeit oder körperliche Sicherheit herbeiführen kann;

3. wer einen Minderjährigen vor vollendetem sechzehnten Lebensjahre, der seiner Obhut untersteht, einem andern zu einer Verwendung oder Einübung der in 2 bezeichneten Art überläßt,

wird mit Gefängnis oder Haft bis zu drei Monaten oder mit Geldstrafe bis zu tausend Kronen bestraft.

Missbrauch weiblicher Arbeitskraft.

§ 396. Wer entgegen einer gesetzlichen oder auf Grund eines Gesetzes erlassenen Vorschrift

1. eine Person weiblichen Geschlechtes zu einer Arbeit während der Nachtzeit, das ist von acht Uhr abends bis fünf Uhr morgens, in einer industriellen Unternehmung oder im Bergbau verwendet;

2. eine Person weiblichen Geschlechtes vor Ablauf von vier Wochen nach ihrer Niederkunft zu einer regelmäßigen gewerblichen Beschäftigung oder im Bergbau verwendet,

wird mit Gefängnis oder Haft bis zu drei Monaten oder mit Geldstrafe bis zu tausend Kronen bestraft

Arbeitsscheu.

§ 397. 1. Wer aus Arbeitsscheu beschäftigungslos im Land umherzieht oder sich an einem Ort umhertreibt, obgleich er weder Mittel zu seinem Unterhalte besitzt noch sie redlich zu erwerben sucht;

2. wer aus Arbeitsscheu eine Arbeit zu leisten verweigert, die von der Gemeinde oder Sicherheitsbehörde des Aufenthaltsortes gegen Entlohnung oder Verpflegung ihm zugewiesen ist, weil er weder Mittel zu seinem Unterhalte besitzt noch einen erlaubten Erwerb nachweisen kann,

wird mit Gefängnis bis zu sechs Monaten bestraft.

3. Der wiederholt rückfällige Täter wird mit Gefängnis von vier Wochen bis zu sechs Monaten bestraft.

Bettel.

§ 398. 1. Wer aus Arbeitsscheu oder Gewinnsucht an einem allgemein zugänglichen Ort, insbesondere auf einem öffentlichen Verkehrsweg oder in Häusern bettelt oder die öffentliche Armenpflege oder eine öffentliche oder private Wohltätigkeitsanstalt in Anspruch nimmt;

2. wer einen Unmündigen einem andern zum Betteln überläßt oder wer aus Arbeitsscheu oder Gewinnsucht einen Unmündigen beim Betteln verwendet, zum Betteln ausschickt oder das von einem Unmündigen Erbettelte an sich bringt,

wird mit Gefängnis bis zu sechs Monaten bestraft.

3. Der wiederholt rückfällige Täter wird mit Gefängnis von vier Wochen bis zu sechs Monaten bestraft.

Gewerbemässiges Glücksspiel.

§ 399. 1. Wer gewerbemäßig Glücksspiel treibt, wird mit Gefängnis bis zu drei Monaten bestraft.

2. Wer einen Raum zum Betriebe von Glücksspielen gegen Entgelt überläßt, wird mit Haft bis zu drei Monaten oder mit Geldstrafe bis zu tausend Kronen bestraft. Wer die Tat gewerbemäßig begeht, wird mit Gefängnis bis zu drei Monaten bestraft.

Neben der Freiheitsstrafe kann in allen Fällen Geldstrafe bis zu zweitausend Kronen verhängt werden.

Die zum Glücksspiele bestimmten Sachen und der Einsatz sind für verfallen zu erklären.

Als Glücksspiele sind Spiele anzusehen, bei welchen Gewinn oder Verlust ausschließlich oder vorwiegend vom Zufall abhängt. Es bleibt der Verordnung überlassen, einzelne dieser Glücksspiele namentlich als solche zu bezeichnen.

XXXII. Hauptstück.

Verletzung fremder Geheimnisse.

Verletzung des Briefgeheimnisses.

§ 400. 1. Wer das Briefgeheimnis dadurch verletzt, daß er einen verschlossenen Brief oder ein anderes unter Verschluß gehaltenes Schriftstück öffnet, oder einen verschlossenen Brief oder ein anderes unter Verschluß gehaltenes Schriftstück unterdrückt, wird mit Gefängnis oder Haft bis zu drei Monaten oder mit Geldstrafe bis zu tausend Kronen bestraft.

2. Die Person des öffentlichen Dienstes, welche die Tat bei Ausübung ihres Amtes oder Dienstes begeht, wird mit Gefängnis oder Haft von drei Tagen bis zu sechs Monaten oder mit Geldstrafe von zwanzig bis zu zweitausend Kronen bestraft.

3. Wer aus einem von einem andern herrührenden Brief oder unter Verschluß gehaltenen Schriftstück eine Mitteilung, die nach Form und Inhalt nur für denjenigen bestimmt ist, an den sie gerichtet war, veröffentlicht, um einem andern einen rechtswidrigen Nachteil an Ehre oder Vermögen zuzufügen, wird mit Gefängnis oder Haft bis zu sechs Monaten oder mit Geldstrafe bis zu zweitausend Kronen bestraft.

Der Täter der unter 1 und 3 bezeichneten Tat wird nur auf Privatklage verfolgt.

Verletzung des Telegraphengeheimnisses.

§ 401. Wer an der Leitung des öffentlichen Telegraphen oder Telephons eine Vorkehrung anbringt, um eine Mitteilung zu erfahren, die nicht für ihn bestimmt ist, wird mit Gefängnis oder Haft bis zu drei Monaten oder mit Geldstrafe bis zu tausend Kronen bestraft.

Verbotene Mitteilung aus Steuererhebungen.

§ 402. Wer in einer Druckschrift oder öffentlichen Versammlung den Inhalt eines Erwerbsteuerregisters oder Registerauszuges, eines Verzeichnisses der Personalsteuerpflichtigen oder eines Auszuges aus den Steuerzahlungsaufträgen zum Zweck eines gehässigen Angriffes gegen einen Steuerpflichtigen, eine Steuerkommission oder ein Mitglied einer solchen veröffentlicht, wird mit Haft bis zu drei Monaten oder mit Geldstrafe bis zu tausend Kronen bestraft.

Der Täter wird nur mit Ermächtigung des Finanzministers, des Steuerpflichtigen oder des Kommissionsmitgliedes verfolgt.

Verletzung des Berufsgeheimnisses.

§ 403. 1. Wer nach den für seine Berufstätigkeit geltenden Vorschriften, insbesondere als Advokat, Notar, Verteidiger, Arzt, Apotheker oder Hebamme zur Wahrung des Geheimnisses verpflichtet, ein in seiner Berufseigenschaft ihm anvertrautes oder bekannt gewordenes Geheimnis desjenigen, der seine Berufstätigkeit in Anspruch genommen hat, einem Dritten mitteilt oder veröffentlicht;

2. wer eine Tatsache einem Dritten mitteilt oder veröffentlicht, die ihm in der Eigenschaft eines Angestellten oder Dieners einer der unter 1 bezeichneten Personen oder einer Krankenanstalt bekannt geworden ist und ein Geheimnis eines andern bildet, der die Berufstätigkeit seines Dienstgebers oder die Hilfe der Anstalt in Anspruch genommen hat;

3. der Studierende der Medizin, der das Geheimnis eines Kranken einem Dritten mitteilt oder veröffentlicht, das ihm bei seinem öffentlichen Studium bekannt geworden ist,

wird mit Gefängnis oder Haft bis zu sechs Monaten oder mit Geldstrafe bis zu zweitausend Kronen bestraft.

4. Wer die Tat aus grobem Eigennutz oder in der Absicht begeht, jemanden einen sehr schweren Nachteil zuzufügen, wird mit Gefängnis von zwei Wochen bis zu zwei Jahren bestraft.

Der Täter ist nicht strafbar, wenn die Mitteilung oder Veröffentlichung nach Inhalt und Form durch ein öffentliches Interesse oder ein berechtigtes Privatinteresse gerechtfertigt ist.

Der Täter wird nur mit Ermächtigung des Verletzten verfolgt.

Verletzung eines Geschäftsgeheimnisses oder Betriebsgeheimnisses.

§ 404. 1. Wer ein Geschäftsgeheimnis oder Betriebsgeheimnis des Unternehmens, in dem er bedienstet ist, ohne Einwilligung des Berechtigten jemandem mitteilt, veröffentlicht oder in seinem oder einem fremden Geschäft oder Betriebe verwertet, um sich oder einem Dritten einen Vermögensvorteil zuzuwenden oder dem Berechtigten einen Vermögensnachteil zuzufügen;

2. wer ein Geschäftsgeheimnis oder Betriebsgeheimnis, dessen Kenntnis er durch einen mit Strafe bedrohten Verrat oder durch Ausspähung erlangt hat, in seinem oder einem fremden Geschäft

oder Betriebe verwertet, um sich oder einem Dritten einen Vermögensvorteil zuzuwenden,

wird mit Gefängnis oder Haft bis zu sechs Monaten oder mit Geldstrafe bis zu zweitausend Kronen bestraft. Neben der Freiheitsstrafe kann Geldstrafe bis zu zweitausend Kronen verhängt werden.

Der Täter wird nur auf Privatanklage verfolgt.

XXXIII. Hauptstück.

Sachbeschädigung, Vermögensschädigung und Vertrauensmißbrauch.

Sachbeschädigung.

§ 405. 1. Wer böswillig oder mutwillig eine fremde Sache beschädigt, zerstört oder unbrauchbar macht, wird mit Gefängnis oder Haft bis zu sechs Monaten oder mit Geldstrafe bis zu zweitausend Kronen bestraft.

2. Wer die Tat an einer Sache begeht, die unmittelbar dem Gottesdienste gewidmet ist oder künstlerischen oder wissenschaftlichen Wert hat, ist mit Gefängnis oder Haft von einer Woche bis zu einem Jahre zu bestrafen.

3. Der Täter, der einen fünfhundert Kronen übersteigenden Vermögensnachteil verursacht oder wiederholt rückfällig ist, wird mit Gefängnis oder Haft von vier Wochen bis zu drei Jahren bestraft.

Wer die Tat an einer Sache begeht, die nahezu keinen Wert hat, oder wer nur aus Mutwillen eine Sache geringfügig beschädigt, ist nicht strafbar.

§ 406. Wer eine ihm gehörende Sache von bedeutendem künstlerischen oder wissenschaftlichen Wert oder ein ihm gehörendes Naturobjekt beschädigt oder zerstört, das durch Gesetz oder Verordnung geschützt ist, wird wegen Vergehens mit Gefängnis oder Haft bis zu sechs Monaten oder mit Geldstrafe bis zu zweitausend Kronen bestraft

Der Täter ist nicht strafbar, wenn er aus einem rechtfertigenden Grund handelt.

Beschädigung von Vermessungszeichen.

§ 407. Wer ein Zeichen beschädigt oder zerstört, das zur Landesvermessung oder zur militärischen Aufnahme einer Gegend dient oder von der öffentlichen Behörde zur Vermarkung eines Bergbaues oder zur Bezeichnung eines Wasserstandes angebracht ist, wird mit Gefängnis oder Haft bis zu drei Monaten oder mit Geldstrafe bis zu tausend Kronen bestraft.

Vermögensschädigung.

§ 408. 1. Wer eine fremde Sache einem andern dauernd entzieht, um ihm einen rechtswidrigen Vermögensnachteil zuzufügen;

2. wer jemanden durch Erregung oder listige Benützung eines Irrtums zu einer Handlung, Duldung oder Unterlassung veranlaßt, die für dessen oder eines andern Vermögen nachteilig ist,

wird mit Gefängnis oder Haft bis zu sechs Monaten oder mit Geldstrafe bis zu zweitausend Kronen bestraft.

3. Der Täter, der einen fünfhundert Kronen übersteigenden Vermögensnachteil verursacht oder wiederholt rückfällig ist, wird mit Gsfängnis oder Haft von zwei Wochen bis zu zwei Jahren bestraft.

Familienverhältnis.

§ 409. Wer eine Sachbeschädigung oder eine Vermögensschädigung im Familienverhältnisse begeht, wird mit Gefängnis oder Haft bis zu sechs Monaten oder mit Geldstrafe bis zu zweitausend Kronen bestraft.

Der Täter wird nur mit Ermächtigung des Verletzten verfolgt. Die Ermächtigung kann zurückgenommen werden.

Die Bestimmungen sind nicht anzuwenden, wenn die Sache einen bedeutenden künstlerischen oder wissenschaftlichen Wert hat.

Vertrauensmissbrauch.

§ 410. 1. Wer bei einer ihm obliegenden Verwaltung von Vermögensangelegenheiten eines andern pflichtwidrig zu dessen Nachteil handelt, um sich oder einem Dritten einen unberechtigten Vermögensvorteil zuzuwenden;

2. der Kommissionär, der bei Ausführung eines ihm übertragenen Geschäftes pflichtwidrig zum Nachteile seines Auftraggebers handelt, um sich oder einem Dritten einen unberechtigten Vermögensvorteil zuzuwenden;

3. der Rechtsbeistand, der in einer ihm anvertrauten Rechtssache zum Nachteile seiner Partei einem andern Rat oder Beistand gewährt,

wird mit Gefängnis oder Haft von einer Woche bis zu einem Jahre bestraft.

4. Der Täter, der bei der Verwaltung von Vermögensangelegenheiten, die ihm kraft Gesetzes obliegt oder von einer öffentlichen Behörde aufgetragen ist, einen fünfhundert Kronen übersteigenden Vermögensnachteil verursacht;

5. der Täter, der einen fünfhundert Kronen übersteigenden Vermögensnachteil verursacht und dabei eine Fälschung, falsche Eintragung oder sonst einen besonderen Kunstgriff anwendet, um die Tat durch längere Zeit fortsetzen zu können,

wird mit Kerker von einem bis zu drei Jahren oder mit Gefängnis von vier Wochen bis zu drei Jahren bestraft.

XXXIV. Hauptstück.

Hehlerei, Begünstigung und Erwerb verdächtiger Sachen.

Hehlerei.

§ 411. 1. Wer eine fremde Sache, die jemand durch eine mit Strafe bedrohte Tat erlangt hat, ihren Erlös oder eine für sie eingetauschte oder angeschaffte Sache zum Nachteil eines Berechtigten an sich bringt, als Pfand nimmt, veräußert oder verbirgt;

2. wer einem andern, der eine fremde Sache durch eine mit Strafe bedrohte Tat erlangt hat, dazu Hilfe leistet, die Sache zu verpfänden, zu veräußern oder zu verbergen,

wird mit Gefängnis bis zu sechs Monaten bestraft. Neben der Freiheitsstrafe kann Geldstrafe bis zu zweitausend Kronen verhängt werden.

§ 412. 1. Wer eine Sache verhehlt, die ein Jugendlicher durch eine mit Strafe bedrohte Tat erlangt hat und deren Wert fünfundzwanzig Kronen übersteigt;

2. wer einem Jugendlichen Hilfe leistet, eine Sache zu verpfänden, zu veräußern oder zu verbergen, die dieser durch eine mit Strafe bedrohte Tat erlangt hat und deren Wert fünfundzwanzig Kronen übersteigt,

wird mit Gefängnis von zwei Wochen bis zu zwei Jahren bestraft.

3. Wer eine Sache verhehlt, deren Wert hundert Kronen übersteigt,

4. der wiederholt rückfällige Täter

wird mit Gefängnis von vier Wochen bis zu drei Jahren bestraft.

5. Wer eine Sache verhehlt, deren Wert fünfhundert Kronen übersteigt oder wer gewerbemäßig fremdes Vermögen angreift, wird mit Kerker von einem bis zu fünf Jahren oder mit Gefängnis von drei Monaten bis zu fünf Jahren bestraft.

Neben der Freiheitsstrafe kann in allen Fällen Geldstrafe bis zu ehntausend Kronen verhängt werden.

Begünstigung.

§ 413. Wer eine der im § 411 bedrohten Handlungen lediglich in der Absicht begeht, den aus der Tat erlangten Vorteil demjenigen zu sichern, der die Tat begangen hat, wird mit Gefängnis oder Haft bis zu sechs Monaten bestraft.

Gemeinsame Bestimmung über Straflosigkeit.

§ 414. Wer die Tat in bezug auf eine Sache begeht, die durch Entfremdung erlangt ist, oder wer Nahrungsmittel verzehrt, die eine zu seinem Unterhalte verpflichtete Person, mit der er in gemeinsamem Haushalte lebt, durch eine mit Strafe bedrohte Tat erlangt hat, ist wegen Hehlerei und Begünstigung nicht strafbar.

Erwerb verdächtiger Sachen.

§ 415. 1. Wer eine fremde Sache an sich bringt, als Pfand nimmt oder zu ihrer Veräußerung oder Verpfändung mitwirkt, obwohl er nach den Umständen Verdacht hätte schöpfen sollen, daß die Sache durch eine mit Strafe bedrohte Tat erlangt ist, wird mit Gefängnis oder Haft bis zu drei Monaten oder mit Geldstrafe bis zu tausend Kronen bestraft.

2. Der wiederholt rückfällige Täter wird mit Gefängnis bis zu sechs Monaten bestraft.

XXXV. Hauptstück.

Gemeingefährliche strafbare Handlungen.

Brandstiftung.

§ 416. 1. Wer eine Feuersbrunst an einer fremden Sache verursacht;

2. wer eine Gefahr für das Leben anderer oder für fremdes Eigentum in großer Ausdehnung dadurch herbeiführt, daß er seine Sache oder die Sache eines Dritten mit dessen Einverständnis in Brand setzt,

wird mit Kerker oder Gefängnis von einem bis zu zehn Jahren bestraft.

Fahrlässige Gefährdung durch Feuer.

§ 417. 1. Wer fahrlässig eine Feuersbrunst an einer fremden Sache verursacht;

2. wer fahrlässig eine Gefahr für das Leben anderer oder für fremdes Eigentum in großer Ausdehnung dadurch herbeiführt, daß er seine Sache oder die Sache eines Dritten mit dessen Einverständnis in Brand setzt,

wird mit Gefängnis oder Haft von einer Woche bis zu einem Jahr oder mit Geldstrafe von fünfzig bis zu viertausend Kronen bestraft.

Gefährdung durch Sprengstoffe.

§ 418. Wer eine Gefahr für das Leben anderer oder für fremdes Eigentum in großer Ausdehnung dadurch herbeiführt, daß er die Entzündung eines Sprengstoffes bewirkt, wird mit Kerker oder Gefängnis von einem bis zu zehn Jahren bestraft.

§ 419. 1. Wer fahrlässig bei dem Herstellen, Verwahren, Inverkehrsetzen, Versenden oder Verwenden eines Sprengstoffes eine Gefahr für das Leben anderer oder für fremdes Eigentum in großer Ausdehnung herbeiführt, wird mit Gefängnis oder Haft von einer Woche bis zu einem Jahr oder mit Geldstrafe von fünfzig bis zu viertausend Kronen bestraft.

2. Wer fahrlässig bewirkt, daß ein Sprengstoff in die Hände eines Unbefugten gelangt, wird mit Gefängnis oder Haft von drei

Tagen bis zu sechs Monaten oder mit Geldstrafe von zwanzig bis zu zweitausend Kronen bestraft.

Vorbereitung eines Sprengstoffverbrechens.

§ 420. Wer mit einem andern verabredet, durch Entzünden eines Sprengstoffes eine Gefahr für das Leben anderer oder für fremdes Eigentum in großer Ausdehnung herbeizuführen, oder wer zum Zwecke der Ausführung einer solchen Tat einen Sprengstoff oder Bestandteile eines solchen anfertigt oder erwirbt, wird mit Kerker von einem bis zu fünf Jahren oder mit Gefängnis von drei Monaten bis zu fünf Jahren bestraft.

Gefährdung durch Überschwemmung.

§ 421. Wer eine Gefahr für das Leben anderer oder für fremdes Eigentum in großer Ausdehnung dadurch herbeiführt, daß er eine Überschwemmung verursacht, wird mit Kerker oder Gefängnis von einem bis zu zehn Jahren bestraft.

§ 422. Wer fahrlässig eine Gefahr für das Leben anderer oder für fremdes Eigentum in großer Ausdehnung dadurch herbeiführt, daß er eine Überschwemmung verursacht, wird mit Gefängnis oder Haft von einer Woche bis zu einem Jahr oder mit Geldstrafe von fünfzig bis zu viertausend Kronen bestraft.

Gefährdung durch Betriebsstörung.

§ 423. Wer eine Gefahr für das Leben anderer oder für fremdes Eigentum in großer Ausdehnung dadurch herbeiführt, daß er den mit elementarer oder mechanischer Kraft geführten Betrieb einer Eisenbahn, eines Schiffes, einer Werkanlage oder Maschine oder den Betrieb eines Bergwerkes oder einer zu diesem Betriebe gehörigen Anlage stört, wird mit Kerker oder Gefängnis von einem bis zu zehn Jahren bestraft.

§ 424. Wer fahrlässig eine Gefahr für das Leben anderer oder für fremdes Eigentum in großer Ausdehnung dadurch herbeiführt, daß er den mit elementarer oder mechanischer Kraft geführten Betrieb einer Eisenbahn, eines Schiffes, einer Werkanlage oder Maschine oder den Betrieb eines Bergwerkes oder einer zu diesem Betriebe gehörigen Anlage stört, wird mit Gefängnis oder Haft von einer Woche bis zu einem Jahr oder mit Geldstrafe von fünfzig bis zu viertausend Kronen bestraft.

Gemeingefährdung.

§ 425. Wer unter anderen besonders gefährlichen Umständen eine Gefahr für das Leben anderer herbeiführt, wird mit Kerker oder Gefängnis von einem bis zu zehn Jahren bestraft.

§ 426. Wer fahrlässig unter andern besonders gefährlichen Umständen eine Gefahr für das Leben anderer herbeiführt, wird mit Gefängnis oder Haft von einer Woche bis zu einem Jahr oder mit Geldstrafe von fünfzig bis zu viertausend Kronen bestraft.

Gemeinsame Bestimmung über erhöhte Strafen.

§ 427. 1. Wenn eine der im § 416, 418, 421, 423 und 425 bedrohten Taten eine schwere Verletzung am Körper oder schweren Schaden an der Gesundheit eines andern zur Folge hatte, ist auf Kerker von zwei bis zu fünfzehn Jahren zu erkennen.

2. Der Täter, der rückfällig ist oder eine dieser Taten begeht, um die dadurch geschaffene Gelegenheit zur Verübung von Mord, Diebstahl oder Raub zu benützen, wird mit Kerker von fünf bis zu zwanzig Jahren oder mit lebenslangem Kerker bestraft.

3. Auf dieselbe Strafe ist zu erkennen, wenn durch die Tat viele Menschen in Not versetzt wurden oder wenn sie den Tod eines andern zur Folge hatte.

§ 428. 1. Wenn eine der im § 417, 419, Z. 1, 422, 424 und 426 bedrohten Taten eine schwere Verletzung am Körper oder schweren Schaden an der Gesundheit eines andern zur Folge hatte, ist auf Gefängnis oder Haft von zwei Wochen bis zu zwei Jahren zu erkennen.

1. Wenn eine dieser Taten den Tod eines andern zur Folge hatte, ist auf Gefängnis oder Haft von vier Wochen bis zu drei Jahren zu erkennen.

Neben der Freiheitsstrafe kann in beiden Fällen Geldstrafe bis zu fünftausend Kronen verhängt werden.

Bestellung von untauglichen Personen.

§ 429. Wer in einem mit elementarer oder mechanischer Kraft geführten Betrieb einer Eisenbahn, eines Schiffes, einer Werkanlage oder Maschine oder in dem Betrieb eines Bergwerkes oder einer zu diesem Betriebe gehörigen Anlage zu einem Dienst oder zu einer Tätigkeit eine Person bestellt oder in einem Dienst oder in einer Tätigkeit eine Person beläßt, welche die durch besondere Vorschriften zum Schutze der körperlichen Sicherheit anderer geforderte Eignung nicht besitzt, wird mit Gefängnis oder Haft bis zu drei Monaten oder mit Geldstrafe bis zu tausend Kronen bestraft.

Gefährdung eines öffentlichen Betriebes.

§ 430. 1. Wer den Betrieb einer dem allgemeinen Verkehre dienenden Eisenbahn oder Schiffahrt, einer öffentlichen Wasserleitung, Beleuchtungsanlage, Feuersignalleitung, der öffentlichen Post, des öffentlichen Telegraphen oder Telephons gefährdet oder stört, wird mit Gefängnis von einer Woche bis zu einem Jahre bestraft.

2. Auf Kerker von einem bis zu fünf Jahren oder auf Gefängnis von drei Monaten bis zu fünf Jahren ist zu erkennen, wenn die Tat eine schwere Notlage für viele Menschen zur Folge hatte.

§ 431. Wer fahrlässig den Betrieb einer dem allgemeinen Verkehre dienenden Eisenbahn oder Schiffahrt, einer öffentlichen Wasserleitung, Beleuchtungsanlage, Feuersignalleitung, der öffentlichen Post, des öffentlichen Telegraphen oder Telephons gefährdet oder stört, wird mit Gefängnis oder Haft bis zu drei Monaten oder mit Geldstrafe bis zu tausend Kronen bestraft.

Störung der Hilfe bei gemeiner Gefahr.

§ 432. Wer die zur Behebung einer bestehenden oder unmittelbar drohenden gemeinen Gefahr notwendige Hilfe vereitelt oder erschwert, wird mit Gefängnis von drei Monaten bis zu drei Jahren bestraft.

Verletzung einer Lieferungspflicht bei einem gemeinen Notstande.

§ 433. 1. Wer die gegenüber einer öffentlichen Behörde übernommene Pflicht verletzt, Lebensmittel oder andere Sachen zu liefern oder zu befördern, die bestimmt sind, einen gemeinen Notstand abzuwenden oder zu beseitigen;

2. der Unterlieferant, Vermittler oder Bedienstete bei einer solchen Lieferung oder Beförderung, der durch Verletzen seiner Pflichten die Leistung gefährdet oder vereitelt,

wird mit Gefängnis oder Haft von vier Wochen bis zu drei Jahren bestraft, wenn durch die Tat die Abwendung oder Beseitigung des Notstandes gefährdet wurde. Neben der Freiheitsstrafe kann Geldstrafe bis zu zehntausend Kronen verhängt werden.

Gefährdung der Gesundheit durch Lebensmittel oder Gebrauchsgegenstände.

§ 434. 1. Wer ein Lebensmittel oder einen Gebrauchsgegenstand, der in den Handel und Verkehr gebracht werden soll, derart herstellt, behandelt oder verwahrt, daß sein Genuß oder bestimmungsgemäßer Gebrauch die Gesundheit zu schädigen geeignet ist;

2. wer ein Lebensmittel in einem Zustande, der die Gesundheit zu schädigen geeignet ist, als Lebensmittel feilhält, verkauft oder in Verkehr setzt;

3. wer eine Sache, die nach ihrer Beschaffenheit kein Lebensmittel ist und deren Genuß die Gesundheit zu schädigen geeignet ist, als Lebensmittel feilhält, verkauft oder in Verkehr setzt;

4. wer einen Gebrauchsgegenstand für einen solchen Gebrauch feilhält, verkauft oder in Verkehr setzt, der die Gesundheit zu schädigen geeignet ist;

5. wer einen Gebrauchsgegenstand zum Herstellen, Messen, Zubereiten oder Aufbewahren von Lebensmitteln, die für den Handel und Verkehr bestimmt sind, in einem Zustand oder auf eine Art verwendet, welche die Gesundheit zu schädigen geeignet sind,

wird mit Gefängnis oder Haft von drei Tagen bis zu sechs Monaten bestraft. Neben der Freiheitsstrafe kann Geldstrafe bis zu zweitausend Kronen verhängt werden.

6. Der Täter, der wiederholt rückfällig ist oder die Tat in großem Umfange begeht, wird mit Gefängnis von zwei Wochen bis zu zwei Jahren bestraft. Neben der Freiheitsstrafe kann Geldstrafe bis zu fünftausend Kronen verhängt werden.

§ 435. 1. Wer fahrlässig ein Lebensmittel oder einen Gebrauchsgegenstand, der in den Handel und Verkehr gebracht werden soll, derart herstellt, behandelt oder verwahrt, daß sein Genuß oder bestimmungsgemäßer Gebrauch die Gesundheit zu schädigen geeignet ist;

2. wer fahrlässig ein Lebensmittel in einem Zustande, der die Gesundheit zu schädigen geeignet ist, als Lebensmittel feilhält, verkauft oder in Verkehr setzt;

3. wer fahrlässig eine Sache, die nach ihrer Beschaffenheit kein Lebensmittel ist und deren Genuß die Gesundheit zu schädigen geeignet ist, als Lebensmittel feilhält, verkauft oder in Verkehr setzt;

4. wer fahrlässig einen Gebrauchsgegenstand für einen solchen Gebrauch feilhält, verkauft oder in Verkehr setzt, der die Gesundheit zu schädigen geeignet ist;

5. wer fahrlässig einen Gebrauchsgegenstand zum Herstellen, Messen, Zubereiten oder Aufbewahren von Lebensmitteln, die für den Handel und Verkehr bestimmt sind, in einem Zustand oder auf eine Art verwendet, die geeignet sind, die Gesundheit zu schädigen,

wird mit Gefängnis oder Haft bis zu drei Monaten oder mit Geldstrafe bis zu tausend Kronen bestraft. Neben der Freiheitsstrafe kann Geldstrafe bis zu tausend Kronen verhängt werden.

6. Der Täter, der wiederholt rückfällig ist oder die Tat in großem Umfange begeht, wird mit Gefängnis bis zu sechs Monaten bestraft. Neben der Freiheitsstrafe kann Geldstrafe bis zu zweitausend Kronen verhängt werden.

§ 436. 1. Wer das andern zum Genuß oder zur Zubereitung von Lebensmitteln dienende Wasser eines Brunnens, eines Wasserlaufes, einer Zisterne oder einer Wasserleitung in einer Art verunreinigt, die geeignet ist, die Gesundheit zu schädigen, wird mit Gefängnis oder Haft bis zu sechs Monaten bestraft.

2. Der wiederholt rückfällige Täter wird mit Gefängnis von zwei Wochen bis zu zwei Jahren bestraft.

3. Auf dieselbe Strafe ist zu erkennen, wenn die Tat mit großer Gefahr für die Gesundheit anderer verbunden war.

§ 437. 1. Wer fahrlässig das andern zum Genuß oder zur Zubereitung von Lebensmitteln dienende Wasser eines Brunnens, eines Wasserlaufes, einer Zisterne oder einer Wasserleitung in einer Art verunreinigt, die geeignet ist, die Gesundheit zu schädigen, wird mit Gefängnis oder Haft bis zu drei Monaten oder mit Geldstrafe bis zu tausend Kronen bestraft.

2. Der wiederholt rückfällige Täter wird mit Gefängnis bis zu sechs Monaten bestraft.

3. Auf dieselbe Strafe ist zu erkennen, wenn die Tat mit großer Gefahr für die Gesundheit anderer verbunden war.

Verbreitung von Krankheiten unter Menschen.

§ 438. 1. Wer fahrlässig die Gefahr der Verbreitung einer übertragbaren Krankheit herbeiführt, wird mit Gefängnis oder Haft bis zu sechs Monaten oder mit Geldstrafe bis zu zweitausend Kronen bestraft.

2. Wer die Tat fahrlässig unter besonders gefährlichen Umständen begeht, ist mit Gefängnis oder Haft von einer Woche bis zu einem Jahr oder mit Geldstrafe von fünfzig bis viertausend Kronen zu bestrafen.

Verbreitung eines Pflanzenschädlings oder einer Tierseuche.

§ 439. 1. Wer bewirkt, daß ein der Landwirtschaft oder Forstwirtschaft gefährlicher Schädling Eingang findet oder sich verbreitet;

2. wer eine Seuche unter Tieren verbreitet, die dem Jagdrecht oder Fischereirecht vorbehalten sind,

wird mit Gefängnis von vier Wochen bis zu drei Jahren bestraft.

3. Wenn die Tat mit großer Gefahr für die Landwirtschaft, Forstwirtschaft, Jagd oder Fischerei verbunden war, ist auf Kerker von einem bis zu fünf Jahren oder auf Gefängnis von drei Monaten bis zu fünf Jahren zu erkennen.

§ 440. 1. Wer fahrlässig bewirkt, daß ein der Landwirtschaft oder Forstwirtschaft gefährlicher Schädling Eingang findet oder sich verbreitet:

2. wer fahrlässig eine Seuche unter Tieren verbreitet, die dem Jagdrecht oder Fischereirechte vorbehalten sind,

wird mit Gefängnis oder Haft bis zu sechs Monaten oder mit Geldstrafe bis zu zweitausend Kronen bestraft.

3. Wenn die Tat mit großer Gefahr für die Landwirtschaft, Forstwirtschaft, Jagd oder Fischerei verbunden war, ist auf Gefängnis oder Haft von einer Woche bis zu einem Jahre zu erkennen.

XXXVI. Hauptstück.

Strafbare Handlungen in bezug auf die Seeschiffahrt.

Seeraub.

§ 441. 1. Wer Gewalt anwendet oder mit unverzüglicher Anwendung von Gewalt droht, um sich eines Seeschiffes, seiner Ladung oder einer auf dem Schiffe befindlichen Person zu bemächtigen, wird mit Kerker von fünf bis zu zwanzig Jahren bestraft.

2. Wer ein Seeschiff ausrüstet oder führt oder auf einem Seeschiffe Dienst leistet, das zur Ausführung von Seeraub bestimmt ist, wird mit Kerker von einem bis zu fünf Jahren oder mit Gefängnis von sechs Monaten bis zu fünf Jahren bestraft.

Gefährdung eines Seeschiffes.

§ 442. 1. Wer eine Gefahr für das Leben anderer oder für fremdes Eigentum in großer Ausdehnung dadurch herbeiführt, daß er einen Schiffsunfall bewirkt, ein Seeschiff, dessen Einrichtungen, Vorräte oder Ladung in einen Zustand versetzt, der einen Unfall zur Folge haben kann, oder ein Seeschiff in einem solchen Zustande zur Fahrt verwendet, wird mit Kerker oder Gefängnis von einem bis zu zehn Jahren bestraft.

2. Wenn die Tat eine schwere Verletzung am Körper oder schweren Schaden an der Gesundheit eines andern zur Folge hatte, ist auf Kerker von zwei bis zu fünfzehn Jahren zu erkennen.

3. Wenn die Tat den Tod eines andern zur Folge hatte oder wenn durch die Tat viele Menschen in Not versetzt wurden, ist auf Kerker von fünf bis zu zwanzig Jahren oder auf lebenslangen Kerker zu erkennen.

§ 443. 1. Wer fahrlässig eine Gefahr für das Leben anderer oder für fremdes Eigentum in großer Ausdehnung dadurch herbeiführt, daß er einen Schiffsunfall bewirkt, ein Seeschiff, dessen Einrichtungen, Vorräte oder Ladung in einen Zustand versetzt, der einen Unfall zur Folge haben kann, oder ein Seeschiff in einem solchen Zustande zur Fahrt verwendet, wird mit Gefängnis oder Haft von einer Woche bis zu einem Jahr oder mit Geldstrafe von fünfzig bis zu viertausend Kronen bestraft.

2. Wenn die Tat eine schwere Verletzung am Körper oder schweren Schaden an der Gesundheit eines andern zur Folge hatte, ist auf Gefängnis oder Haft von zwei Wochen bis zu zwei Jahren zu erkennen.

3. Wenn die Tat den Tod eines andern zur Folge hatte, ist auf Gefängnis oder Haft von vier Wochen bis zu drei Jahren zu erkennen.

Neben der Freiheitsstrafe kann in den unter 2 und 3 bezeichneten Fällen Geldstrafe bis zu fünftausend Kronen verhängt werden.

Gefährdung der Seeschiffahrt.

§ 444. Wer die Seeschiffahrt dadurch gefährdet, daß er ein Leuchtfeuer, eine Wegmarke oder Untiefenmarke, ein Verkehrssignal oder ein anderes zur Sicherheit der Schiffahrt dienendes Zeichen, das vorgeschrieben oder den Seefahrern kundgemacht ist, unwirksam macht, ein vorgeschriebenes Zeichen anzubringen oder zu geben unterläßt oder ein falsches Zeichen anbringt oder gibt, wird mit Gefängnis oder Haft von vier Wochen bis zu drei Jahren bestraft.

§ 445. Wer fahrlässig die Seeschiffahrt dadurch gefährdet, daß er ein Leuchtfeuer, eine Wegmarke oder Untertiefenmarke, ein Verkehrssignal oder ein anderes zur Sicherheit der Schiffahrt dienendes Zeichen, das vorgeschrieben oder den Seefahrern kundgemacht ist, unwirksam macht, ein vorgeschriebenes Zeichen anzubringen oder zu geben unterläßt oder ein falsches Zeichen anbringt oder gibt, wird mit Gefängnis oder Haft von drei Tagen bis zu sechs Monaten oder mit Geldstrafe von zwanzig bis zu zweitausend Kronen bestraft.

Pflichtverletzung bei Schiffsunfällen.

§ 446. 1. Der Schiffsführer, der es unterläßt, einem Schiff oder einer Person, die sich in Seenot befinden, die zur Rettung notwendige Hilfe zu leisten;

2. der Schiffsführer, der nach einem Zusammenstoße das andere Schiff verläßt, bevor er sich versichert hat, daß es seiner Hilfe nicht bedarf,

wird mit Gefängnis oder Haft von einer Woche bis zu einem Jahr oder mit Geldstrafe von fünfzig bis viertausend Kronen bestraft.

3. Wenn mangels einer Hilfeleistung ein Mensch um das Leben gekommen ist oder viele Menschen in Not versetzt wurden, ist auf Gefängnis oder Haft von vier Wochen bis zu drei Jahren zu erkennen.

Der Schiffsführer, der durch die Erfüllung der Pflicht das Schiff, dessen Passagiere oder Bemannung einer ernstlichen Gefahr aussetzen würde, ist nicht strafbar.

Die Bestimmungen sind auf die Hilfeleistung und bei Zusammenstößen zwischen Seeschiffen und Schiffen der Binnenschiffahrt anzuwenden, und zwar ohne Rücksicht darauf, in welchen Gewässern sich der Unfall ereignet.

Nötigung eines Vorgesetzten.

§ 447. Der Schiffsmann, der gegen den Kapitän oder einen andern Vorgesetzten Gewalt anwendet oder ihn mit einem rechtswidrigen Nachteil an Körper, Freiheit, Ehre oder Vermögen bedroht, um die Vornahme einer Dienstverrichtung zu hindern oder zur rechtswidrigen Vornahme einer Dienstverrichtung zu nötigen, wird mit Gefängnis oder Haft von vier Wochen bis zu drei Jahren bestraft.

Die Bestimmung ist nicht anzuwenden, wenn die Handlung, gegen die sich der Widerstand richtet, einen Mißbrauch der Dienstgewalt begründet.

Misshandlung eines Vorgesetzten.

§ 448. 1. Der Schiffsmann, der den Kapitän oder einen andern Vorgesetzten an Bord oder, während sie ihren Dienst ausüben, tätlich mißhandelt oder mit einer Mißhandlung bedroht, wird mit Gefängnis oder Haft von einer Woche bis zu einem Jahre bestraft.

2. Wer die Tat bewaffnet begeht, ist mit Gefängnis oder Haft von vier Wochen bis zu drei Jahren zu bestrafen.

Meuterei im Schiffsdienste.

§ 449. 1. Wer eine der in den §§ 447 und 448 bedrohten Taten gemeinsam mit zwei oder mehreren andern begeht, wird mit Kerker von einem bis zu drei Jahren oder mit Gefängnis von drei Monaten bis zu drei Jahren bestraft.

2. Der Anstifter und der Anführer werden mit Kerker von einem bis zu fünf Jahren oder mit Gefängnis von sechs Monaten bis zu fünf Jahren bestraft.

§ 450. 1. Der Schiffsmann, der gemeinsam mit zwei oder mehreren andern dem Kapitän oder einem andern Vorgesetzten den schuldigen Gehorsam verweigert, wird mit Gefängnis oder Haft von zwei Wochen bis zwei Jahren bestraft.

2. Der Täter, der die Tat bewaffnet begeht oder den Vorgesetzten tätlich mißhandelt, sowie der Anstifter und der Anführer werden mit Gefängnis oder Haft von vier Wochen bis zu drei Jahren bestraft.

§ 451. Der Schiffsmann oder Mitfahrende eines Seeschiffes, der gegen die mit dem Schiffsdienste betrauten Personen Gewalt anwendet oder sie mit unverzüglicher Anwendung von Gewalt bedroht, um sich des Schiffes, seiner Ladung oder einer auf dem Schiffe befindlichen Person zu bemächtigen, wird mit Kerker von zwei bis zu fünfzehn Jahren bestraft.

Entweichung aus dem Schiffsdienste.

§ 452. Wer aus seinem Dienst als Schiffsführer oder Schiffsmann eines Seeschiffes auf hoher See oder im Ausland entweicht, wird mit Gefängnis oder Haft von drei Tagen bis zu sechs Monaten bestraft.

Missbrauch der Gewalt durch den Vorgesetzten.

§ 453. Der Vorgesetzte, der im Schiffsdienste die ihm zustehende Gewalt zum Nachteil einer auf dem Seeschiffe befindlichen Person gröblich mißbraucht, wird mit Gefängnis oder Haft von einer Woche bis zu einem Jahr oder mit Geldstrafe von fünfzig bis zu viertausend Kronen bestraft.

Pflichtverletzung in bezug auf Schiffsurkunden.

§ 454. Der Schiffsführer oder Schiffsmann, der

1. bei Ausübung seines Dienstes in einer vorgeschriebenen Schiffsurkunde eine unwahre Tatsache beurkundet, eine falsche Urkunde dieser Art anfertigt oder eine echte verfälscht;

2. eine vorgeschriebene Schiffsurkunde, die ihm vermöge seines Dienstes anvertraut oder zugänglich ist, vernichtet, beseitigt oder derart beschädigt, daß dadurch ihr Beweiswert verringert wird;

wird mit Gefängnis von zwei Wochen bis zu zwei Jahren bestraft.

Allgemeine Bestimmung.

§ 455. Die Vorschriften dieses Hauptstückes sind nur anzuwenden, wenn das gefährdete Seeschiff oder das Seeschiff, auf dem der Täter angestellt oder bedienstet ist, ein Schiff von mehr als fünfzig Registertonnen Brutt-Eichraum oder ein Passagierschiff ist.

Wer mit der Führung eines Seeschiffes rechtmäßig betraut ist, ist Schiffsführer; wer nach der Musterrolle zum Dienst auf einem Seeschiff angeheuert wurde, ist Schiffsmann. Vorgesetzte auf einem Seeschiffe sind der Kapitän und die Personen, die vom Seemannsamt in der Musterrolle als Offiziere, Maschinisten oder im Schiffsrange Gleichgestellte bezeichnet werden.

XXXVII. Hauptstück.

Ordnungsübertretungen.

Betreten militärischer Objekte.

§ 456. 1. Wer gegen ein Verbot der öffentlichen Behörde eine Befestigung, den Bau einer Befestigung, ein Arsenal, eine militärische Fabrik oder ein Kriegsfahrzeug betritt;

2. wer sich den Eintritt in einen solchen Raum dadurch verschafft, daß er ein Überwachungsorgan über seine persönlichen Verhältnisse irreführt,

wird mit Haft bis zu sechs Wochen oder mit Geldstrafe bis zu fünfhundert Kronen bestraft.

Beschädigung einer öffentlichen Kundmachung.

§ 457. Wer eine öffentlich angebrachte Kundmachung einer öffentlichen Behörde beschädigt oder beseitigt, um die Verlautbarung zu hindern, wird mit Haft bis zu sechs Wochen oder mit Geldstrafe bis zu fünfhundert Kronen bestraft.

Unwahre Angaben über persönliche Verhältnisse.

§ 458. Wer der öffentlichen Behörde bei der Anmeldung oder Abmeldung eines Mieters, Reisenden, Bediensteten oder seiner eigenen Person eine unwahre Angabe macht, wird mit Haft bis zu vier Wochen oder mit Geldstrafe bis zu dreihundert Kronen bestraft.

§ 459. Wer einer Person des öffentlichen Dienstes, die sich in Ausübung ihres Amtes oder Dienstes befindet, über Namen, Geburtsort, Heimatsort, Alter, Familienstand oder Beruf seiner Person oder eines anderen eine unwahre Angabe macht, wird mit Haft bis zu vier Wochen oder mit Geldstrafe bis zu dreihundert Kronen bestraft.

Wer die unwahre Angabe macht, um sich der Verfolgung wegen einer von dem Gericht oder von der Verwaltungsbehörde zu bestrafenden Tat zu entziehen, ist nicht strafbar.

Unbefugtes Tragen der Uniform.

§ 460. Wer sich den Anschein einer Person des öffentlichen Dienstes gibt, wer insbesondere zu diesem Zweck ein Amtskleid, eine Uniform oder ein Dienstesabzeichen trägt, wird mit Haft bis zu vier Wochen oder mit Geldstrafe bis zu dreihundert Kronen bestraft.

Ungehorsam bei Ruhestörungen.

§ 461. Wer bei einer Ruhestörung dem Auftrage der öffentlichen Behörde, sein Haus oder seinen Geschäftsraum zu schließen oder nicht zu verlassen oder seine Hausgenossen zu Hause zurückzuhalten, ohne erhebliche Ursache nicht nachkommt, wird mit Haft bis zu zwei Wochen oder mit Geldstrafe bis zu zweihundert Kronen bestraft.

Verhöhnung der Rechtspflege.

§ 462. Wer für jemanden eine öffentliche Huldigung oder Feierlichkeit aus Anlaß seiner Verurteilung wegen Verbrechens veranstaltet, wird mit Haft bis zu vier Wochen oder mit Geldstrafe bis zu dreihundert Kronen bestraft.

Missbrauch eines Notsignales.

§ 463. Wer durch Mißbrauch eines Notsignales, durch einen unbegründeten Hilferuf oder auf ähnliche Art eine größere Zahl von

Menschen beunruhigt oder wer grundlos das Aufgebot der Wache oder Feuerwehr herbeiführt, wird mit Haft bis zu vier Wochen oder mit Geldstrafe bis zu dreihundert Kronen bestraft.

Verkauf unbeschauten Fleisches.

§ 464. Der zum Verkaufe von rohem oder zubereitetem Fleische befugte Gewerbsmann, der Fleisch von einem Tiere feilhält oder verkauft, das nicht nach Vorschrift beschaut wurde, wird mit Gefängnis oder Haft bis zu drei Monaten oder mit Geldstrafe bis zu tausend Kronen bestraft.

Kurpfuscherei.

§ 465. Wer gewerbemäßig oder berufsmäßig als Arzt oder als Hebamme tätig ist, ohne die im Inlande vorgeschriebene oder im Ausland eine gleichwertige Ausbildung erhalten zu haben, oder wer sich zu solcher Tätigkeit ohne diese Ausbildung öffentlich anbietet, wird mit Gefängnis oder Haft bis zu drei Monaten oder mit Geldstrafe bis zu tausend Kronen bestraft. Neben der Freiheitsstrafe kann Geldstrafe bis zu tausend Kronen verhängt werden.

Übertretungen gegen die Gesundheitspflege.

§ 466. 1. Wer ein Geheimmittel oder ein durch amtliche Kundmachung verbotenes Heilmittel einem anderen zu einem Heilzwecke verabreicht, es feilhält, in Verkehr setzt oder in einer Druckschrift ankündigt;

2. wer unbefugt einen anderen narkotisiert, hypnotisiert oder sonst an einem anderen ein Mittel oder Verfahren anwendet, welches das Bewußtsein oder den Willen aufhebt oder schwächt;

3. wer zum Zweck eines wissenschaftlichen Versuches an einem Menschen ein Mittel oder Verfahren anwendet, durch welches dieser der Gefahr einer Verletzung am Körper oder eines Schadens an der Gesundheit ausgesetzt werden kann,

wird mit Haft bis zu sechs Wochen oder mit Geldstrafe bis zu fünfhundert Kronen bestraft. Neben der Freiheitsstrafe kann Geldstrafe bis zu tausend Kronen verhängt werden.

Irreführende Anpreisuug eines Heilmittels oder einer Heilmethode.

§ 467. Wer in einer Druckschrift ein Heilmittel, Heilverfahren oder eine ärztliche Behandlung durch eine unwahre Angabe über ihre Wirksamkeit anpreist, wird mit Haft bis zu sechs Wochen oder mit Geldstrafe bis zu fünfhundert Kronen bestraft. Neben der Freiheitsstrafe kann Geldstrafe bis zu tausend Kronen verhängt werden.

Pflichtverletzung bei der Totenbeschau.

§ 468. 1. Wer aus Anlaß einer Totenbeschau die Zeit des Todes falsch angibt;

2. der Totenbeschauer, der seine Pflicht verletzt, sich von dem eingetretenen Tode zu überzeugen;

3. der Totenbeschauer, der es unterläßt, die Anzeige an die öffentliche Behörde zu erstatten, wenn die ihm bei der Beschau bekanntgewordenen Umstände den Verdacht begründen, daß der Tod durch eine mit Strafe bedrohte Tat herbeigeführt wurde,

wird mit Haft bis zu vier Wochen oder mit Geldstrafe bis zu dreihundert Kronen bestraft.

Unterlassen der Anzeige von der Aufnahme eines Kindes.

§ 469. Wer es unterläßt, die Anzeige an die öffentliche Behörde in angemessener Zeit zu erstatten, daß er ein Kind unter sieben Jahren, dessen Eltern oder gesetzliche Vertreter ihm unbekannt sind, in Pflege genommen hat, wird mit Haft bis zu zwei Wochen oder mit Geldstrafe bis zu zweihundert Kronen bestraft.

Verabreichung geistiger Getränke an Unmündige und Trunkene.

§ 470. 1. Wer beim Ausschank oder Kleinverschleiße geistiger Getränke oder beim Handel mit solchen Getränken einem Unmündigen, der sich nicht unter der Aufsicht einer anderen Person befindet, oder einem offenbar Trunkenen ein geistiges Getränk verabreicht oder dessen Verabreichung zuläßt, wird mit Gefängnis oder Haft bis zu sechs Wochen oder mit Geldstrafe bis zu fünfhundert Kronen bestraft.

2. Wer einem Unmündigen geistige Getränke von solcher Art oder in solcher Menge oder so häufig verabreicht, daß dadurch die Gesundheit oder die körperliche Entwicklung des Unmündigen gefährdet werden kann, oder wer die Verabreichung zuläßt, wird mit Gefängnis oder Haft bis zu drei Monaten oder mit Geldstrafe bis zu tausend Kronen bestraft.

Gefährdung durch Trunkenheit.

§ 471. Wer im Zustande der Trunkenheit eine Verrichtung vornimmt, die, ohne besondere Umsicht oder Vorsorge vorgenommen, geeignet ist, eine Gefahr für das Leben, den Körper oder die Gesundheit eines anderen herbeizuführen, wird mit Gefängnis oder Haft bis zu sechs Wochen oder mit Geldstrafe bis zu fünfhundert Kronen bestraft.

Trunkenheit an öffentlichen Orten.

§ 472. Wer sich vorsätzlich oder fahrlässig in den Zustand der Trunkenheit versetzt, wird mit Gefängnis oder Haft bis zu vier Wochen oder mit Geldstrafe bis zu dreihundert Kronen bestraft, wenn er in diesem Zustande durch sein Verhalten an öffentlichen Orten Ärgernis erregt und wenn er dem Trunk ergeben ist.

Abschluss eines verbotenen Vertrages über Zechschulden.

§ 473. Wer in der Absicht, die Bestimmungen über die Unklagbarkeit einer Forderung aus dem Verkaufe geistiger Getränke, die Unzulässigkeit der Kompensation oder die Ungültigkeit von Pfandbestellungen oder Bürgschaftserklärungen für solche unklagbare Forderungen zu umgehen, sich von dem Schuldner, von dessen Familienangehörigen, von dem Pfandbesteller oder Bürgen eine Urkunde ausstellen läßt, die keinen oder einen unwahren Verpflichtungsgrund enthält, wird mit Gefängnis oder Haft bis zu drei Monaten oder mit Geldstrafe bis zu tausend Kronen bestraft.

Anfertigung, Erwerb und Gebrauch von Gegenständen, die sich zur Fälschung von Geld, Wertpapieren oder Wertzeichen eignen.

§ 474. Wer ohne Auftrag der öffentlichen Behörde oder des sonst hiezu Berechtigten Stempel, Stiche, Platten oder Formen, die zur Anfertigung oder Fälschung von Geld, öffentlichen Wertpapieren oder öffentlichen Wertzeichen geeignet sind, anfertigt, erwirbt oder verwendet, oder wer fahrlässig bewirkt, daß ein Gegenstand dieser Art in den Besitz eines Unbefugten gelangt, wird mit Haft bis zu sechs Wochen oder mit Geldstrafe bis zu fünfhundert Kronen bestraft.

Der Täter, der freiwillig und nicht weil er weiß, daß seine Tat entdeckt ist, den Gegenstand vernichtet oder zur Gefährdung des Verkehrs unbrauchbar macht, wird straflos.

Unbefugte Anfertigung öffentlicher Siegel.

§ 475. Wer das Siegel oder den Stempel einer öffentlichen Behörde ohne deren Auftrag anfertigt, wird mit Haft bis zu sechs Wochen oder mit Geldstrafe bis zu fünfhundert Kronen bestraft.

Der Täter, der freiwillig und nicht weil er weiß, daß seine Tat entdeckt ist, den Gegenstand vernichtet oder unbrauchbar macht, wird straflos.

Unbefugter Erwerb militärischer Uniformen und Waffen.

§ 476. Wer entgegen einer gehörig kundgemachten Verordnung einen Bestandteil der Uniformierung, Bewaffnung oder Munition der bewaffneten Macht an sich bringt, als Pfand nimmt oder zu dessen Veräußerung oder Verpfändung mitwirkt, wird mit Haft bis zu vier Wochen oder mit Geldstrafe bis zu dreihundert Kronen bestraft.

Fahrlässige Förderung von strafbaren Handlungen gegen fremdes Vermögen.

§ 477. 1. Wer unbefugt einen Dietrich oder ein anderes Sperrwerkzeug feilhält oder verkauft;

2. wer bei dem Betrieb eines Gewerbes, das zum Verkaufe von Sperrwerkzeugen berechtigt, einer unbekannten Person ohne gehörige Erkundigung oder einer verdächtigen Person einen Dietrich oder ein anderes Sperrwerkzeug verkauft oder ihr den Verschluß eines fremden Raumes öffnet,

wird mit Gefängnis oder Haft bis zu vier Wochen oder mit Geldstrafe bis zu dreihundert Kronen bestraft.

Unterlassen der Anhaltung eines verdächtigen Verkäufers.

§ 478. Wer vorsätzlich oder fahrlässig beim Handel mit gebrauchten Gegenständen oder beim Betrieb eines Pfandleihgeschäftes es unterläßt, eine Person, die eine Sache unter Verdacht erweckenden Umständen zum Kauf oder als Pfand anbietet, anzuhalten und, wenn der Anbietende sich nicht zureichend auszuweisen vermag, seine Stellung vor die öffentliche Behörde zu veranlassen, wird mit Gefängnis oder Haft bis zu vier Wochen oder mit Geldstrafe bis zu dreihundert Kronen bestraft.

Wer sich oder eine ihm nahestehende Person einer Gefahr aussetzen würde, wenn er diese Pflicht erfüllen würde, ist nicht strafbar.

Tierquälerei.

§ 479. 1. Wer ein Tier böswillig quält oder roh mißhandelt;

2. wer den Anordnungen zuwiderhandelt, die für die Vornahme von wissenschaftlichen Versuchen an Tieren bestehen,

wird mit Haft bis zu sechs Wochen oder mit Geldstrafe bis zu fünfhundert Kronen bestraft.

Regierungsvorlage.

Nr. $\frac{59}{\text{H. H.}}$

Gesetz

vom . . . .

über

die Abänderung der Strafbestimmungen der Gesetze vom 27. Oktober 1862, RGB. Nr. 87 und 88, zum Schutze der persönlichen Freiheit und des Hausrechtes.

Mit Zustimmung beider Häuser des Reichsrates finde Ich anzuordnen, wie folgt:

Artikel I.

§ 6 des Gesetzes vom 27. Oktober 1862, RGB. Nr. 87, zum Schutze der persönlichen Freiheit hat zu lauten:

Die Person des öffentlichen Dienstes, die bei Ausübung ihres Amtes oder Dienstes jemanden entgegen den Vorschriften dieses Gesetzes in seiner persönlichen Freiheit beschränkt, wird von dem Gerichte mit Gefängnis oder Haft von drei Tagen bis zu sechs Monaten oder mit Geldstrafe von zwanzig bis zu zweitausend Kronen bestraft.

Artikel II.

§ 4 des Gesetzes vom 27. Oktober 1862, RGB. Nr. 88, zum Schutze des Hausrechtes hat zu lauten:

Die Person des öffentlichen Dienstes, die bei Ausübung ihres Amtes oder Dienstes entgegen den Vorschriften dieses Gesetzes eine Hausdurchsuchung vornimmt, wird von dem Gerichte mit Gefängnis oder Haft von drei Tagen bis zu sechs Monaten oder mit Geldstrafe von zwanzig bis zu 2000 Kronen bestraft.

Artikel III.

Dieses Gesetz tritt gleichzeitig mit dem Strafgesetzbuch in Wirksamkeit. Mit dem Vollzug ist Mein Justizminister beauftragt.

Regierungsvorlage.

Nr. $\frac{60}{\text{H. H.}}$

Gesetz

vom . . . . ,

womit

das Einführungsgesetz zur Strafprozessordnung vom 23. Mai 1873, RGB. Nr. 119, abgeändert wird.

Mit Zustimmung beider Häuser des Reichsrates finde Ich anzuordnen, wie folgt:

Die Artikel VI, VII und VIII des Einführungsgesetzes zur Strafprozeßordnung vom 23. Mai 1873, RGB. Nr. 119, haben zu lauten:

Artikel VI. Vor die Geschworenengerichte gehört die Hauptverhandlung über die Anklagen:

1. wegen Hochverrates (§§ 109, 110, 112 StGB.), Gefährdung des Friedens (§§ 114, 115), Staatsverrates (§ 116), Verrat im Kriege (§ 117), gewalttätigen Angriffes gegen die Länder der ungarischen Krone, gegen Bosnien und die Herzegowina oder gegen einen fremden Staat (§§ 138 140, 141), Störung der Tätigkeit eines verfassungsmäßigen Vertretungskörpers (§ 146, Z. 1), Herabwürdigung eines verfassungsmäßigen Vertretungskörpers (§ 152), Herabwürdigung der Staatsgewalt (§§ 164, 165), ferner wegen versuchter Anstiftung, öffentlicher Aufforderung und Anbietung zu diesen Verbrechen und Vergehen (§§ 15, 239 und 240);

2. wegen der strafbaren Handlungen, die mit dem Tode, mit lebenslangem Kerker oder mit einer zehn Jahre übersteigenden Freiheitsstrafe bedroht sind.

Artikel VII. Wenn auf verfassungsmäßig zulässige Weise in einem bestimmten Gebiete die Wirksamkeit der Geschworenengerichte zeitweilig eingestellt wird, so sind rücksichtlich der Hauptverhandlung und der Rechtsmittel gegen die in der Hauptverhandlung gefällten Urteile die Bestimmungen des achtzehnten Hauptstückes, dann der §§ 339 und 341 der Strafprozeßordnung anzuwenden.

Artikel VIII. Vor die Gerichtshöfe erster Instanz als Schöffengerichte gehört die Hauptverhandlung über die Anklagen wegen aller Verbrechen und Vergehen, die nicht der Zuständigkeit des Geschworenengerichtes zugewiesen sind. Die Gerichtshöfe erster Instanz entscheiden als große Schöffengerichte, wenn die strafbare Handlung mit einer fünf Jahre übersteigenden Freiheitsstrafe bedroht ist oder wenn sie durch den Inhalt einer Druckschrift begangen wurde.

Vor die Bezirksgerichte gehört die Entscheidung über alle Übertretungen, die im Strafgesetzbuche vorgesehen oder sonst den Gerichten ausdrücklich zur Aburteilung zugewiesen sind.

Die nach dem Strafgesetzbuche zulässige Erhöhung der Grenzen eines Strafsatzes wegen wiederholter schwerer Bestrafung oder wegen Zusammentreffens mehrerer strafbaren Handlungen ist ohne Einfluß auf die Zuständigkeit.

Regierungsvorlage.

Nr. $\frac{61}{\text{H. H.}}$

Gesetz

vom . . . .,

womit

die Strafprozefsordnung vom 23. Mai 1873, RGB. Nr. 119, abgeändert wird.

Mit Zustimmung beider Häuser des Reichsrates finde Ich anzuordnen, wie folgt:

Artikel 1.

Die Strafprozeßordnung erhält die Fassung, die sich aus den in der Beilage angeführten Änderungen und Einschaltungen ergibt.

Artikel 2.

Der Justizminister wird ermächtigt, die Strafprozeßordnung in der neuen, durch dieses Gesetz bestimmten Fassung im Reichsgesetzblatte kundzumachen. Die in der Strafprozeßordnung in österreichischer Währung angegebenen Geldbeträge sind in den entsprechenden Beträgen der Kronenwährung, die in Meilen angegebenen Entfernungen in Kilometern unter Weglassung der Bruchteile auszudrücken.

Beilage

zu dem

Gesetze, womit die Strafprozefsordnung vom 23. Mai 1873, RGB. Nr. 119, abgeändert wird.

---

§ 2. Die gerichtliche Verfolgung der strafbaren Handlungen tritt nur auf Antrag eines Anklägers ein.

Die strafbaren Handlungen sind Gegenstand der öffentlichen Anklage, soweit sie nach dem Gesetze nicht der Privatanklage vorbehalten sind. Die Erhebung der öffentlichen Anklage kommt zunächst der Staatsanwaltschaft zu, kann aber statt derselben nach Maßgabe dieser Strafprozeßordnung von dem Privatbeteiligten übernommen werden (§ 48).

Wenn nach dem Gesetze zur Verfolgung eine Ermächtigung erfordert wird, hat der Staatsanwalt diese Ermächtigung bei dem Antrage auf Einleitung der Voruntersuchung und, wenn eine solche nicht stattfindet, bei Einbringung der Anklageschrift, im Verfahren vor den Bezirksgerichten vor Beginn der Hauptverhandlung nachzuweisen.

Die öffentliche Anklage erlischt, sobald der Kaiser anordnet, daß wegen einer strafbaren Handlung ein strafgerichtliches Verfahren nicht eingeleitet oder das eingeleitete wieder eingestellt werden soll.

§ 3a. Die im Strafverfahren tätigen Behörden sind auch berufen, die gesetzlichen Voraussetzungen für die Anwendung von Sicherungsmitteln zu erheben.

Die Strafgerichte haben zu entscheiden, ob ein Sicherungsmittel anzuwenden ist.

§ 6. Die in diesem Gesetze anberaumten Fristen können, wenn das Gegenteil nicht ausdrücklich verfügt ist, nicht verlängert werden. Wenn dieselben von einem bestimmten Tage an zu laufen haben, sind sie so zu berechnen, daß dieser Tag nicht mitgezählt wird.

Der Beginn und Lauf einer Frist wird durch Sonntage und Feiertage nicht behindert. Fällt das Ende einer Frist auf einen Sonntag oder Feiertag, so ist der nächste Werktag als letzter Tag der Frist anzusehen. Welche Tage im Sinne dieses Gesetzes als Feiertage zu gelten haben, wird durch Verordnung bestimmt.

Die Tage des Postenlaufes werden in die Frist nicht eingerechnet.

Schriftliche Eingaben an das Gericht können auch im telegraphischen Wege erfolgen; insbesondere kann die Anmeldung eines Rechtsmittels telegraphisch geschehen. Die Vorschriften über die geschäftliche Behandlung solcher telegraphischer Eingaben werden durch Verordnung erlassen.

§ 7. Personen, bei denen eine in diesem Gesetze bestimmte Geldstrafe oder ein Teilbetrag nicht eingebracht werden kann, haben als Ersatzstrafe Haft zu verbüßen. Die Ersatzstrafe ist nach dem Verschulden zu bemessen. Die Vorschriften des Strafgesetzes und dieses Gesetzes über die Einbringung und die zwangsweise Eintreibung von Geldstrafen sind entsprechend anzuwenden.

Alle Geldstrafen sind zur Unterstützung dürftiger Gefangener bei ihrer Entlassung aus der Haft, insbesondere zum Zwecke ihrer Unterbringung in einem ehrlichen Erwerbe zu verwenden. Die Verwendung wird durch Verordnung geregelt.

§ 9, neuer dritter Absatz. Durch Verordnung kann festgesetzt werden, daß die Gerichtsbarkeit in Übertretungssachen, an denen Jugendliche, sei es allein oder in Verbindung mit Erwachsenen, als Beschuldigte beteiligt sind, von einem oder einigen der in derselben Stadt befindlichen Bezirksgerichte als Jugendgerichten ausgeübt wird. Unter jugendlichen Beschuldigten werden Personen verstanden, die zur Zeit der Tat im Alter vom vollendeten vierzehnten bis zum vollendeten achtzehnten Lebensjahre standen.

§ 10. Die Gerichtshöfe erster Instanz üben ihre Gerichtsbarkeit aus:

1. als Untersuchungsgerichte (§ 11);
2. als Ratskammern über die Vorerhebungen und Voruntersuchungen (§ 12);
3. als Schöffengerichte (§ 13, Z. 1);
4. als Berufungsgerichte in Übertretungsfällen (§ 13, Z. 2).

Die Ratskammer entscheidet, in welchem Maße und für welche Dauer bürgerliche Rechtsfolgen auf Grund des Urteiles eines Militärgerichtes eintreten oder fortbestehen.

§ 13, zweiter Absatz. Im Falle der Z. 1 üben sie ihre Tätigkeit aus in Versammlungen von zwei Richtern und zwei Schöffen; wenn aber die strafbare Handlung mit einer fünf Jahre übersteigenden Freiheitsstrafe bedroht ist oder wenn sie durch den Inhalt einer Druckschrift begangen wurde, in einer Versammlung von drei Richtern und drei Schöffen. Den Vorsitz führt ein Richter. Im Falle der Z. 2 üben sie ihre Tätigkeit in Versammlungen von vier Richtern aus.

§ 13a. Die Schöffen üben das Richteramt in der Hauptverhandlung im vollen Umfange aus. Die Vorschriften des Gesetzes, die sich auf die Richter und die Ausübung ihres Amtes beziehen, gelten auch für Schöffen.

§ 15, neuer zweiter und dritter Absatz. Keiner Beschlußfassung im Senate bedürfen:

1. die Anlegung der Verteidigerliste, die Genehmigung von Sachverständigengebühren, die Festsetzung der Verpflegskosten der Verhafteten und die Bewilligung eines Strafaufschubes oder einer Änderung des Strafortes;

2. die Erledigung von Geschäftsstücken, die bloß zur Kenntnisnahme bestimmte Anzeigen und Mitteilungen oder zur Bekanntgabe an andere Behörden bestimmte Entscheidungen, Verwaltungsakte und Verfügungen enthalten, ferner die Erledigung von Rechtsschutzgesuchen, die Vermittlung des Dienstverkehrs mit dem Auslande, die Einholung oder Absendung von Zustellungsnachweisen oder fehlenden Aktenstücken, sowie die Erledigung von Geschäftsstücken, die Auskünfte zum Gegenstande haben, welche anderen Behörden zu erteilen oder von ihnen einzuholen sind.

Die von dem Richter des Oberlandesgerichts entworfene Erledigung ist dem Vorsitzenden zur Genehmigung vorzulegen. Trägt dieser gegen die Erledigung Bedenken, so entscheidet das Oberlandesgericht in einer Versammlung von drei Richtern.

§ 16, zweiter und neuer dritter Absatz. Er faßt seine Beschlüsse in Versammlungen vor fünf Richtern.

Die Vorschriften der Z. 2 des zweiten Absatzes und des dritten Absatzes des § 15 sind entsprechend anzuwenden.

§ 18, erster Satz. Diejenigen Abteilungen (Senate) der Gerichtshöfe, welche zu den in den §§ 12, 13 (Z. 1 und 2) und 15, Absatz 1, bezeichneten Verhandlungen und Entscheidungen in Strafsachen, sei es allein oder im Vereine mit Schöffen bestimmt sind, müssen, soweit sie aus Richtern als Stimmführern bestehen, von den Vorstehern dieser Gerichte am Anfange eines jeden Jahres für die Dauer desselben bleibend zusammengesetzt werden, wobei zugleich für jede dieser Gerichtsabteilungen die Ersatzmänner sowohl für die Vorsitzenden als für die Mitglieder und die Reihe ihres Eintrittes bleibend zu bestimmen sind.

§ 19. Jeder Abstimmung geht eine Beratung voraus. Der Berichterstatter, wenn ein solcher nach dem Gesetze bestellt ist, gibt seine Stimme zuerst, der Vorsitzende, der sich an der Abstimmung gleich jedem anderen Richter zu beteiligen hat, gibt die seine zuletzt ab. Außerdem stimmen die dem Dienstrange nach älteren Richter vor den jüngeren. Die Schöffen geben ihre Stimme in der alphabetischen Reihenfolge ihrer Namen vor den Richtern ab.

§ 20, dritter Absatz. Bei Stimmengleichheit ist der Beschluß nach der dem Angeklagten günstigeren Meinung zu fassen. Zum Beschlusse, dem Verurteilten die Strafe bedingt nachzulassen, ist immer Stimmenmehrheit erforderlich.

§ 26, letzter Satz. Auch mit den Behörden der Länder der ungarischen Krone und mit den Behörden von Bosnien und der Herzegowina sowie mit denen fremder Staaten können die Strafgerichte in unmittelbaren Verkehr treten, soferne darüber nicht durch besondere Vorschriften etwas anderes festgesetzt ist.

IX. Ausübung von Geschäften des Pflegschaftsgerichtes durch ein Strafgericht.

§ 28a. Jedes Strafgericht erster Instanz, bei dem ein Strafverfahren gegen einen Jugendlichen oder ein Strafverfahren wegen einer Tat anhängig ist, durch die eine Person, die das achtzehnte Lebensjahr nicht vollendet hat, verletzt oder gefährdet wurde, kann unaufschiebbare, dem Pflegschaftsgerichte zukommende Vorkehrungen in bezug auf diesen Minderjährigen anordnen.

Ist Gefahr am Verzuge, so kann das Gericht die vorläufige Unterbringung des Minderjährigen anordnen. Die Sicherheitsbehörde des Aufenthaltsortes hat in diesem Falle für die Unterbringung in einer Anstalt oder in einer geeigneten Familie zu sorgen.

Das Gericht hat seine Anordnungen ohne Verzug dem Pflegschaftsgerichte bekanntzugeben, das berechtigt ist, sie abzuändern oder aufzuheben.

§ 28b. Den Jugendgerichten kann durch Verordnung aufgetragen werden, die Geschäfte des Pflegschaftsgerichtes über Jugendliche, die sich vor ihnen als Beschuldigte zu verantworten haben, ganz oder teilweise oder für die Dauer bestimmter Vorkehrungen zu besorgen.

§ 38a. Der gesetzliche Vertreter eines minderjährigen Beschuldigten ist berechtigt, während der Vorerhebungen und der Voruntersuchung und während einer mündlichen Verhandlung Anträge zu stellen und tatsächliche Umstände anzuführen, die für die Beurteilung der Sache von Bedeutung sein können. Gegen die Zurückweisung seiner Anträge stehen ihm die Rechtsmittel zu, die dem Beschuldigten zustünden, wenn dieser den Antrag gestellt hätte; die Frist beginnt für den gesetzlichen Vertreter von dem Tage zu laufen, an dem ihm die Entscheidung eröffnet wird.

Der gesetzliche Vertreter ist befugt, für den minderjährigen Beschuldigten alle Rechtsmittel zu ergreifen, die das Gesetz diesem gewährt. Die Frist läuft in diesem Falle für den gesetzlichen Vertreter von demselben Tage, von welchem sie für den Beschuldigten beginnt.

Der gesetzliche Vertreter kann die Rechtsmittel auch gegen den Willen des Minderjährigen ergreifen.

§ 39, zweiter Absatz. Für einen Minderjährigen oder Pflegebefohlenen kann der gesetzliche Vertreter, selbst wider den Willen desselben, einen Verteidiger bestellen.

§ 41, zweiter Absatz. Für die Hauptverhandlung vor dem Geschwornengerichte ist dem Angeklagten ein Verteidiger von Amts wegen zu bestellen, wenn er sich eines solchen nicht bedienen will. Das gleiche gilt für die Hauptverhandlung vor dem Gerichtshofe erster Instanz, wenn die Anklage wegen einer strafbaren Handlung erhoben ist, die mit einer fünf Jahre übersteigenden Freiheitsstrafe bedroht ist. Angeklagten, die das achtzehnte Lebensjahr nicht vollendet haben, ist auch sonst für die Hauptverhandlung vor dem Gerichtshofe erster Instanz ein Verteidiger von Amts wegen beizugeben, wenn weder sie noch ihre gesetzlichen Vertreter einen solchen bestellen.

§ 45a. Dem Verteidiger eines Beschuldigten, der das achtzehnte Lebensjahr nicht vollendet hat, stehen hinsichtlich der Rechtsmittel dieselben Befugnisse wie dem gesetzlichen Vertreter zu.

§ 48, neuer letzter Absatz. Darf die strafbare Handlung von dem Staatsanwalte nur mit Ermächtigung des Verletzten verfolgt werden, so steht das Recht, statt des Staatsanwaltes die öffentliche Anklage zu erheben und durchzuführen, dem Verletzten als Privatbeteiligten nur dann zu, wenn er den Staatsanwalt rechtzeitig zur Verfolgung ermächtigt hatte.

§ 49, Z. 3. 3. Er ist nicht berechtigt, die Nichtigkeitsbeschwerde gegen das in der Hauptverhandlung ergehende Urteil zu ergreifen; die Berufung gegen das letztere steht ihm nur insoweit offen, als sie dem Privatbeteiligten überhaupt eingeräumt ist (§ 465). Er ist nicht berechtigt, auf Wiederaufnahme des Strafverfahrens anzutragen.

§ 50a. Soferne das Strafgesetz nicht anders bestimmt, ist der gesetzliche Vertreter eines Pflegebefohlenen berechtigt, das Recht der Privatanklage und der Ermächtigung für diesen auszuüben. Im Falle eines Widerstreites der Interessen ist wegen Bestellung der zur Erhebung der Privatanklage oder der zur Ermächtigung berechtigten Person nach den Bestimmungen des bürgerlichen Rechtes vorzugehen. Nach dem bürgerlichen Rechte ist es zu beurteilen, inwiefern eine Person, die das achtzehnte Lebensjahr nicht vollendet hat, der Mitwirkung des gesetzlichen Vertreters bedarf, um sich dem Strafverfahren als Privatbeteiligter anzuschließen.

Minderjährige, die das achtzehnte Lebensjahr vollendet haben, können das Recht der Privatanklage und Ermächtigung und das Recht, sich dem Strafverfahren als Privatbeteiligte anzuschließen, auch selbständig ausüben; sie können sich in diesen Fällen, wenn sie als Privatankläger oder Privatbeteiligte einschreiten, selbständig eines Vertreters aus der Zahl der in die Verteidigerliste eingetragenen Personen bedienen. Letztere Befugnis steht auch Personen zu, die das achtzehnte Lebensjahr nicht vollendet haben, wenn sie nach dem Gesetze selbständig als Privatankläger oder Privatbeteiligte auftreten können.

§ 50b. Ist dem gesetzlichen Vertreter eines Pflegebefohlenen das Recht der Privatanklage oder Ermächtigung erwachsen und scheidet er aus seiner Stellung, während die Frist zur Ausübung des Rechtes läuft, so steht seinem Nachfolger eine neue Frist zur Ausübung des Rechtes vom Antritte des Amtes offen.

§ 51, erster Absatz. Das Strafverfahren steht in der Regel demjenigen Gerichte zu, in dessen Sprengel die strafbare Handlung begangen wurde. Die strafbare Handlung ist an dem Orte begangen, wo der Täter gehandelt hat oder der Erfolg eingetreten ist oder nach dem Vorsatze des Täters eintreten sollte.

§ 52a. Das Strafverfahren wegen der Übertretungen der wahrheitswidrigen Anpreisung, der Schädigung des wirtschaftlichen Rufes und der Verletzung eines Geschäftsgeheimnisses oder Betriebsgeheimnisses steht dem Bezirksgerichte am Sitze des Gerichtshofes erster Instanz zu, in dessen Sprengel das Bezirksgericht gelegen ist, das sonst zuständig wäre Wenn am Sitze des Gerichtshofes mehrere Bezirksgerichte bestehen, kommt das Strafverfahren demjenigen dieser Gerichte zu, das durch Verordnung hiezu bestimmt wird.

§ 54, zweiter Absatz. Wird von einer Behörde der Länder der ungarischen Krone, Bosniens und der Herzegowina oder von der Behörde eines fremden Staates die Auslieferung eines Beschuldigten angeboten oder soll die Auslieferung erst begehrt werden und ist nicht bereits die Zuständigkeit eines inländischen Gerichtes begründet, so wird dasjenige Gericht zuständig, welches der Kassationshof nach Anhörung des Generalprokurators hiefür bestimmt.

§ 54a. Zum Verfahren wegen einer strafbaren Handlung, die auf hoher See oder in fremden Territorialgewässern begangen wurde, ist das Gericht des inländischen Heimatshafens des Schiffes, an dessen Bord die Tat begangen wurde, oder das Gericht des inländischen Hafens, den das Schiff zuerst anläuft, oder das Gericht zuständig, in dessen Sprengel der Beschuldigte seinen Wohnsitz oder Aufenthalt hat oder betreten wird. Unter diesen Gerichten entscheidet das Zuvorkommen.

§ 54b. Zur Entscheidung über die bürgerlichen Rechtsfolgen des Urteiles eines Militärgerichtes ist der Gerichtshof zuständig, in dessen Sprengel der Verurteilte seinen Wohnsitz oder Aufenthalt hat.

§ 55. Die Zuständigkeit eines Gerichtes über den Täter begründet auch die Zuständigkeit über den Anstifter, Gehilfen, Hehler und Begünstigter.

§ 57, erster Absatz. Das nach § 56 für mehrere zusammentreffende Strafsachen zuständige Gericht kann auf Antrag oder von Amts wegen verfügen, daß hinsichtlich einzelner strafbarer Handlungen oder einzelner Beschuldigten das Strafverfahren abgesondert zu führen und zum Abschlusse zu bringen sei, wenn dies zur Vermeidung von Verzögerungen oder Erschwerungen des Verfahrens oder zur Kürzung der Haft eines Beschuldigten dienlich scheint. Sind in einer Strafsache erwachsene Personen und Jugendliche als Beschuldigte beteiligt, so ist die abgesonderte Durchführung des Strafverfahrens gegen die jugendlichen Beschuldigten zu verfügen, wenn sie ohne Nachteil für das Verfahren geschehen kann.

§ 59, erster Satz. Wenn ein Beschuldigter an eine Behörde der Länder der ungarischen Krone, Bosniens und der Herzegowina oder an die Behörde eines fremden Staates auszuliefern ist, so steht die Beurteilung und die Verhandlung mit jener Behörde demjenigen Gerichtshofe erster Instanz zu, in dessen Bezirke der Auszuliefernde seinen Wohnsitz oder Aufenthaltsort hat, und in Ermangelung eines solchen demjenigen, in dessen Bezirke er betreten wird.

§ 70, erster Absatz, zweiter Satz. Erscheint der Vorsteher eines Gerichtes ausgeschlossen, so hat er davon seinem Stellvertreter, falls es aber an einem Stellvertreter fehlt oder durch das Ausscheiden des Vorstehers das Gericht beschlußunfähig würde, dem Vorsteher des übergeordneten Gerichtes Mitteilung zu machen.

§ 71, neuer zweiter und dritter Absatz. Wenn ein Zweifel entsteht, ob ein Schöffe ausgeschlossen sei, entscheidet die Ratskammer.

Ist die Entscheidung während der Hauptverhandlung zu treffen, so ist die Verhandlung zu unterbrechen und der Beschluß der Ratskammer in der wieder eröffneten Sitzung zu verkünden. Gegen den Beschluß findet kein abgesondertes Rechtsmittel statt.

§ 72, neuer zweiter Absatz. Der Richter ist schuldig, Gründe, die geeignet sind, seine volle Unbefangenheit in Zweifel zu setzen, anzuzeigen (§ 70).

§ 74a. Ein Schöffe kann bis zum Beginne des Beweisverfahrens in der Hauptverhandlung abgelehnt werden. Über die Ablehnung entscheidet die Ratskammer.

Die Bestimmung des dritten Absatzes des § 71 ist anzuwenden.

§ 83, neuer zweiter, dritter und vierter Absatz. Von der Einleitung einer Voruntersuchung, der Verhängung einer Verwahrungshaft oder Untersuchungshaft, von der Erhebung einer Anklage und von der Anordnung einer Hauptverhandlung oder Berufungsverhandlung gegen einen Minderjährigen ist, wenn dies ohne Verzögerung des Verfahrens geschehen kann, der gesetzliche Vertreter derart rechtzeitig zu benachrichtigen, daß ihm Gelegenheit gegeben ist, von den ihm zustehenden Rechten Gebrauch zu machen. Von der Verurteilung sind der gesetzliche Vertreter und das Pflegschaftsgericht zu benachrichtigen.

Ist der gesetzliche Vertreter der Beteiligung an der strafbaren Handlung des Minderjährigen verdächtig, so haben die vorgeschriebenen Benachrichtigungen an ihn zu unterbleiben. Das Pflegschaftsgericht ist zu verständigen, damit es die nötigen Vorkehrungen nach den Vorschriften des bürgerlichen Rechtes treffe (§§ 169, 176—178, 218 und 254 ABGB.).

Das Pflegschaftsgericht ist ferner zu benachrichtigen, wenn der gesetzliche Vertreter wegen einer an seinem Pflegebefohlenen verübten strafbaren Handlung verurteilt wird oder wenn sich ergibt, daß der gesetzliche Vertreter seine Erziehungspflichten oder Unterhaltspflichten vernachlässigt oder daß eine Person, die das achtzehnte Lebensjahr nicht vollendet hatte, zum Bettel oder zu einem unsittlichen Lebenswandel verleitet oder verwendet wurde, sowie überhaupt in allen Fällen, in denen eine Vorkehrung oder Vorsorge des Pflegschaftsgerichtes notwendig oder nützlich erscheint.

§ 85. Das Gericht, das einen Konkurs für eröffnet erklärt oder entscheidet, daß die Konkurseröffnung nur wegen Geringfügigkeit des Vermögens oder nur deshalb nicht stattfindet, weil nur ein einziger persönlicher Gläubiger vorhanden ist, hat den Staatsanwalt an jenem Gerichtshofe erster Instanz, in dessen Sprengel der Schuldner seinen Wohnsitz hat, zu benachrichtigen, sobald sich der Verdacht einer von dem Gemeindeschuldner begangenen strafbaren Handlung ergibt. Das Zivilgericht ist verpflichtet, dem Staatsanwalte sowie dem Strafrichter alle notwendigen Aufklärungen zu erteilen und die Akten, deren sie bedürfen, in der Urschrift oder in beglaubigter Abschrift mitzuteilen.

§ 97a. Das Alter eines Beschuldigten, von dem anzunehmen ist, daß er zur Zeit der Tat das achtzehnte Lebensjahr nicht vollendet hatte, ist festzustellen.

Ergeben sich Zweifel über die Entwicklung und die geistige Reife eines jugendlichen Beschuldigten oder liegen Anzeichen seiner Verwahrlosung oder der Gefahr ihres Eintrittes vor, so sind alle maßgebenden Umstände, insbesondere die Verhältnisse, unter denen er aufgewachsen ist, und seine frühere Aufführung zu erheben.

§ 97b. Der Untersuchungsrichter kann die persönlichen Verhältnisse des jugendlichen Beschuldigten durch Vertrauenspersonen erheben lassen. Als Vertrauenspersonen sind insbesondere Männer und Frauen zu bestellen, die in der Waisenpflege, Jugendfürsorge oder in der Fürsorge für entlassene Gefangene tätig sind; die Vertrauenspersonen werden mit Handschlag in Pflicht genommen. Bei ihrer Vernehmung sind die Vorschriften über die Vernehmung von Zeugen zu beobachten.

Der Untersuchungsrichter kann auch Äußerungen der Organe der freiwilligen Fürsorge einholen.

§ 98, zweiter Absatz. Sachen, an oder mit welchen die strafbare Tat verübt wurde oder welche der Täter am Orte der Tat zurückgelassen haben dürfte, überhaupt Sachen, die von dem Beschuldigten oder von Zeugen anzuerkennen sind oder in anderer Weise zur Herstellung des Beweises dienen können, sind, soweit es möglich ist, in gerichtliche Verwahrung zu nehmen. Das gleiche gilt von Sachen, die voraussichtlich der Einziehung oder dem Verfalle unterliegen. Sie sind entweder in einem mit dem Gerichtssiegel zu verschließenden Umschlag zu legen oder es ist an ihnen eine gegen Unterschiebung oder Verwechslung schützende gerichtliche Bezeichnung anzubringen.

§ 108, erster Absatz. Gegen diejenigen, die sich ungeachtet vorausgegangener Ermahnungen bei irgendeiner Amtshandlung des Untersuchungsrichters ein ungestümes oder beleidigendes Betragen zuschulden kommen lassen, kann der Untersuchungsrichter eine Geldstrafe bis zu hundert Kronen oder Haft bis acht Tagen, wenn aber der zu Bestrafende ohnehin verhaftet ist, Fasten bei Brot und Wasser oder hartes Lager nach den Vorschriften des Strafgesetzes verhängen.

Gegen Gerichtszeugen, Sachverständige und Rechtsbeistände der Parteien können nur Geldstrafen verhängt werden.

§ 114, erster und zweiter Absatz. Gegen die Entscheidung der Ratskammer kann die Beschwerde an den Gerichtshof zweiter Instanz nur in folgenden Fällen ergriffen werden:

1. von dem Ankläger und dem Beschuldigten gegen Beschlüsse, welche die Ausscheidung einzelner Strafsachen aus dem gemeinsam zu führenden Strafverfahren, die Verhängung oder Aufhebung der Haft, die Bestimmung der Versicherungssumme oder ihren Verfall betreffen;

2. von dem Ankläger gegen Beschlüsse, mit welchen ein Antrag auf Einleitung der Voruntersuchung abgelehnt oder ihre Einstellung ausgesprochen wird;

3. von dem Ankläger und dem Beschuldigten gegen die im dritten und vierten Absatze des § 134 bezeichneten Beschlüsse;

4. von dem Staatsanwalte und dem Verurteilten gegen Beschlüsse, welche den Eintritt oder die Fortdauer von bürgerlichen Rechtsfolgen auf Grund des Urteiles eines Militärgerichtes feststellen.

Nur die Beschwerde gegen die Aufhebung der Untersuchungshaft (§ 197) und gegen die im § 134 bezeichneten Beschlüsse besitzt aufschiebende Wirkung. Die Beschwerde ist binnen drei Tagen nach Eröffnung des Beschlusses, gegen den sie gerichtet ist, bei der Ratskammer anzubringen. Der Gerichtshof zweiter Instanz entscheidet über die Beschwerde endgiltig in nicht öffentlicher Sitzung nach Anhörung des Oberstaatsanwalts.

§ 129. Das Gutachten hat sich darüber auszusprechen, was in dem vorliegenden Falle die den Tod bewirkende Ursache gewesen, wodurch sie erzeugt worden sei und ob die wahrgenommenen Verletzungen durch die Tat eines anderen zugefügt worden seien.

Wenn sich das Gutachten nicht über alle für die Entscheidung erheblichen Umstände verbreitet, so sind von dem Untersuchungsrichter besondere Fragen an die Sachverständigen zu richten.

§ 132. Auch bei körperlichen Beschädigungen ist die Besichtigung des Verletzten durch zwei Sachverständige vorzunehmen, die sich nach genauer Beschreibung des Verletzungen insbesondere auch darüber auszusprechen haben, ob eine schwere Verletzung oder schwerer Schaden an der Gesundheit vorliegt, ob die Tat auf eine den Körper oder die Gesundheit des anderen besonders gefährdende Weise verübt wurde oder ob eine der im § 299 StGB. bezeichneten Körperbeschädigungen vorliegt.

III. Verfahren bei Zweifeln über die Zurechnungsfähigkeit.

§ 134. Entstehen Zweifel darüber, ob der Beschuldigte zur Zeit der Tat die Fähigkeit besaß, das Unrecht seiner Tat einzusehen oder dieser Einsicht gemäß zu handeln, oder liegen Anzeichen vor, daß diese Fähigkeit infolge eines andauernd krankhaften Zustandes wesentlich vermindert war, so ist die Untersuchung seines Geisteszustandes durch zwei psychiatrisch gebildete Ärzte zu veranlassen. Die Sachverständigen haben die Erhebungen, die sie für nötig erachten, dem Untersuchungsrichter mitzuteilen und anzugeben, bei welchen Erhebungen ihre persönliche Mitwirkung wünschenswert ist.

Die Sachverständigen haben über das Ergebnis ihrer Beobachtung Bericht zu erstatten, alle für die Beurteilung des Geisteszustandes des Beschuldigten einflußreichen Tatsachen zusammenzustellen, sie nach ihrer Bedeutung sowohl einzeln als im Zusammenhange zu prüfen und, falls sie eine Geistesstörung, Geistesschwäche oder sonst einen krankhaften Geisteszustand oder eine Bewußtseinsstörung als vorhanden betrachten, die Natur der Krankheit, die Art und den Grad zu bestimmen und sich sowohl nach den Akten, als nach ihrer eigenen Beobachtung über den Einfluß auszusprechen, welchen die Krankheit auf die Vorstellungen, Triebe und Handlungen des Beschuldigten geäußert habe und noch äußere, und ob und in welchem Maße dieser Geisteszustand zur Zeit der Tat bestanden habe.

Befindet sich der Beschuldigte in Haft, so kann die Ratskammer anordnen, daß er zum Zwecke der Beobachtung seines Geisteszustandes an das Gefangenhaus eines anderen Gerichtshofes desselben Oberlandesgerichtssprengels abgegeben oder in einer Anstalt für verbrecherische Irre oder in einer öffentlichen Irrenanstalt oder Beobachtungsabteilung verwahrt werde.

Die Ratskammer ist berechtigt, die Abgabe eines auf freiem Fuße befindlichen Beschuldigten in eine öffentliche Irrenanstalt oder Beobachtungsabteilung auf die Dauer von sechs Wochen zum Zwecke der Beobachtung seines Geisteszustandes anzuordnen, wenn diese sich auf andere Weise nicht mit Sicherheit vornehmen läßt.

V. Verfahren bei Untersuchungen wegen strafbarer Handlungen gegen die Sicherheit des Geldverkehres.

§ 136. In Fällen der Fälschung von Papiergeld oder öffentlichen Wertpapieren des Inlandes hat der Untersuchungsrichter die Stücke die den Gegenstand der Untersuchung bilden, in der Regel an das Finanzministerium einzusenden, um den Befund über ihre Echtheit oder Unechtheit und die weitere Auskunft zu erhalten, in welcher Art die Fälschung geschehen sei, ob Mittel angewendet wurden, welche die Vervielfältigung erleichtern, ob die Fälschung oder Verfälschung auf eine Art verübt wurde, die zur Täuschung besonders geeignet sei, endlich ob und wo solche gefälschte Stücke bereits vorgekommen seien.

Ebendahin sind auch nach gänzlich beendigtem strafgerichtlichen Verfahren die Falsifikate samt allen von der strafbaren Handlung herrührenden Werkzeugen, Materialien und anderen dazu gehörigen Gegenständen einzuschicken. Sobald diese Gegenstände zu einer neuerlichen strafgerichtlichen Amtshandlung nötig werden, sind sie zurückzuverlangen.

Bei Fälschungen von Noten oder Wertpapieren der österreichisch-ungarischen Bank haben sich die Untersuchungsrichter unmittelbar an die letztere, bei Fälschungen von Metallgeld des Inlandes oder Auslandes oder bei Verringerung des Metallgehaltes an das hierfür bestimmte Münzamt zu wenden und ebendahin nach beendigtem Verfahren auch die Falsifikate einzusenden.

Wegen Erlangung des Befundes über gefälschtes Papiergeld und öffentliche Wertpapiere des Auslandes hat sich der Untersuchungsrichter unmittelbar an das Justizministerium zu wenden.

VI. Verfahren bei Untersuchungen wegen Brandstiftung.

§ 137. Bei Brandstiftungen ist insbesondere zu ermitteln der Ort, die Zeit und die Art, auf welche der Brand gelegt wurde, die räumliche Ausdehnung, Umgebung und der Wert der Sache, die Gefahr der Verbreitung und die Gefahr für das Leben anderer, ferner ob die Tat eine schwere Verletzung am Körper, einen schweren Schaden an der Gesundheit oder den Tod eines anderen zur Folge hatte und welcher Vermögensnachteil verursacht wurde.

§ 143. Werden Gegenstände gefunden, deren Verwahrung für das Verfahren oder zur Sicherung der Einziehung oder des Verfalles von Bedeutung sein kann, so sind sie in ein Verzeichnis zu bringen und in gerichtliche Verwahrung oder doch unter gerichtliche Obhut oder in Beschlag zu nehmen (§ 98).

Jedermann ist verpflichtet, solche Gegenstände, insbesondere auch Urkunden auf Verlangen herauszugeben. Wird die Herausgabe eines Gegenstandes, dessen Innehabung zugestanden oder sonst erwiesen ist, verweigert und läßt sich die Abnahme nicht mittels Hausdurchsuchung bewirken, so kann der Besitzer, falls er nicht selbst der strafbaren Handlung verdächtig erscheint oder von der Verbindlichkeit zur Ablegung eines Zeugnisses gesetzlich befreit ist, durch Verhängung einer Geldstrafe bis zu hundert Kronen und bei fernerer Weigerung in wichtigeren Fällen durch Haft bis zu sechs Wochen dazu angehalten werden.

§ 160. Erscheint der Zeuge, verweigert er aber ohne gesetzlichen Grund ein Zeugnis abzulegen oder den Zeugeneid zu leisten, so kann ihn der Untersuchungsrichter durch eine Geldstrafe bis zu zweihundert Kronen und bei fernerer Weigerung in wichtigeren Fällen durch Haft bis zu sechs Wochen dazu anhalten, ohne daß deshalb die Fortsetzung oder Beendigung der Voruntersuchung aufgehalten werden muß.

§ 166, neuer dritter Absatz. Erachtet der Untersuchungsrichter die Feststellung des Alters, Geburtstages, der Religion, des Standes oder Wohnortes eines Zeugen für wichtig, so kann er eine besondere Frage über die Wahrheit des Mitgeteilten an den Zeugen stellen. Die Frage und die Antwort des Zeugen sind zu Protokoll zu nehmen.

§ 170, Z. 3. 3. diejenigen, die schon einmal wegen falscher Aussage vor Gericht, einem Schiedsgerichte oder einem ausländischen

Gerichte oder wegen versuchter Anstiftung oder Anbietung zur falschen Aussage verurteilt worden sind;

§ 175, zweiter Absatz. Wenn es sich aber um ein Verbrechen handelt, bei welchem nach dem Gesetze auf Todesstrafe, lebenslangen Kerker oder auf Freiheitsstrafe zu erkennen ist, deren Höchstmaß zwanzig Jahre beträgt, hat der Untersuchungsrichter gegen den eines solchen Verbrechens Verdächtigen sogleich einen Haftbefehl zu erlassen.

§ 180, zweiter Absatz. Die Untersuchungshaft muß verhängt werden, wenn es sich um ein Verbrechen handelt, bei welchem nach dem Gesetze auf Todesstrafe, lebenslangen Kerker oder auf Freiheitsstrafe zu erkennen ist, deren Höchstmaß zwanzig Jahre beträgt.

§ 180, vierter Absatz. Militärpersonen und Landwehrpersonen, die im Frieden zur Dienstleistung einberufen worden sind, dürfen während der Dauer der Einberufung von dem Zivilstrafgerichte nur dann in Untersuchungshaft genommen werden, wenn es sich um ein Verbrechen handelt oder wenn einer der im § 175, Z. 3, erwähnten Fälle eintritt. In Kriegszeiten findet die Untersuchungshaft gegen die genannten Personen, wenn sie zur Dienstleistung einberufen sind, nur dann statt, wenn es sich um ein Verbrechen handelt, das mit der Todesstrafe, lebenslangem Kerker oder mit einer Freiheitsstrafe bedroht ist, deren Höchstmaß fünf Jahre übersteigt.

§ 181, erster Absatz. Wenn es bei einem Aufruhre oder bei einer anderen von einer großen Anzahl von Personen begangenen strafbaren Handlung nicht möglich ist, die Schuldigen sogleich auszumitteln, so können alle, welche dem Vorgange beigewohnt haben und von dem Verdachte der Teilnahme nicht völlig frei sind, einstweilen festgenommen werden.

§ 184. Jeder Verhaftete ist allein zu verwahren.

Eine Ausnahme ist nur zulässig, wenn der Gesundheitszustand eines Verhafteten es erfordert oder wenn infolge außergewöhnlicher Verhältnisse die für die Einzelhaft bestimmten Räume nicht zureichen. In diesen Fällen hat das Gericht dafür zu sorgen, daß nicht Personen verschiedenen Geschlechtes, Teilnehmer an demselben Verbrechen oder Vergehen, Personen, die das achtzehnte Lebensjahr nicht vollendet haben, mit Erwachsenen, ungeübte Verbrecher mit geübten zusammen in einem Raume angehalten werden.

Verhaftete, die das achtzehnte Lebensjahr nicht vollendet haben, können in den Anstalten eines Landes, einer Gemeinde, einer Körperschaft oder eines Vereines angehalten werden, wenn die Zwecke der Untersuchungshaft auch in dieser Weise erreicht werden können und wenn die Anstalten sich der Überwachung der Organe des Staates unterstellen. Die geeigneten Anstalten werden durch Verordnung bezeichnet.

§ 188. Die Fesselung eines Untersuchungsgefangenen darf nur bei einem gewalttätigen oder andere aufreizenden Benehmen sowie wegen Versuches oder Vorbereitung der Flucht zeitweilig und nie durch längere Zeit, als das strengste Bedürfnis es erfordert, in Anwendung gebracht werden.

§ 192. Soferne es sich nicht um ein Verbrechen handelt, bei welchem nach dem Gesetze auf Todesstrafe, lebenslangem Kerker oder auf Freiheitsstrafe zu erkennen ist, deren Höchstmaß fünf Jahre übersteigt, muß die wegen des Verdachtes der Flucht verhängte Haft gegen Kaution oder Bürgschaft für eine von der Ratskammer mit Rücksicht auf die Folgen der strafbaren Handlung, die Verhältnisse der Person des Verhafteten und das Vermögen des Sicherheit Leistenden zu bestimmende Summe und gegen Ablegung des im § 191 erwähnten Gelöbnisses auf Verlangen unterbleiben oder aufgehoben werden.

§ 194. Der Gerichtshof zweiter Instanz kann unter Beobachtung der vorstehenden, die Kautionsleistung und Bürgschaftsleistung betreffenden Vorschriften die Belassung des Beschuldigten auf freiem Fuße oder die Versetzung auf denselben auch bei einem Verbrechen bewilligen, bei welchem nach dem Gesetze auf eine zeitliche Freiheitsstrafe zu erkennen ist, deren Höchstmaß fünf Jahre, jedoch nicht fünfzehn Jahre übersteigt.

§ 213, erster Absatz, Z. 3 und 4. 3. daß Umstände vorliegen, vermöge welcher die Strafbarkeit der Tat ausgeschlossen oder aufgehoben oder die Verfolgung wegen derselben ausgeschlossen ist;

4. daß das nach dem Gesetze erforderliche Verlangen oder die gesetzlich geforderte Ermächtigung eines hiezu Berechtigten fehle —

§ 216. Der Umstand, daß der Gerichtshof zweiter Instanz zur Entscheidung über den Einspruch nicht zuständig war, kann durch eine gegen das Urteil gerichtete Nichtigkeitsbeschwerde geltend gemacht werden.

§ 217. Beschließt der Gerichtshof zweiter Instanz die Versetzung in den Anklagestand, ohne daß ihm eine Anklageschrift vorliegt (§ 48, Z. 2, § 114, Absatz 4), so wird sein Beschluß unter Beobachtung der im § 214, letzter Absatz, und im § 215 sowie unter sinngemäßer Anwendung der über den Inhalt der Anklageschrift im § 207 erteilten Vorschrift ausgefertigt und vertritt für das weitere Verfahren die Stelle der Anklageschrift.

§ 218. Der Umstand, daß der Gerichtshof zweiter Instanz, der die Versetzung in den Anklagestand ausgesprochen hat, nicht zuständig war, kann durch eine gegen das Urteil gerichtete Nichtigkeitsbeschwerde geltend gemacht werden.

§ 219. Ist der Beschuldigte rechtskräftig in den Anklagestand versetzt (§§ 210, 214, 217), so kann die Zuständigkeit desjenigen Gerichtes, welches nach der Anklageschrift oder dem durch den Einspruch gegen dieselbe veranlaßten Erkenntnisse zur Hauptverhandlung berufen ist, nur mehr durch Nichtigkeitsbeschwerde gegen das Urteil angefochten werden. Im übrigen bleibt die Unterlassung des Einspruches gegen die Anklageschrift ohne Einfluß auf das weitere Verfahren.

§ 220, neuer dritter Absatz. Ebenso ist der Angeklagte, dem für die Hauptverhandlung vor dem Gerichtshofe erster Instanz ein Verteidiger von Amts wegen beizugeben wäre, zur Bestellung eines Verteidigers aufzufordern. Bestellt der Angeklagte keinen Verteidiger, so ist ein Verteidiger von Amts wegen zu ernennen.

§ 221, dritter Absatz. Ist zu erwarten, daß die Hauptverhandlung von längerer Dauer sein werde, so ist die Verfügung zu treffen, daß ein oder zwei Ersatzrichter und ein oder zwei Ersatzschöffen der Verhandlung beiwohnen, um im Falle der Verhinderung eines Richters oder Schöffen an deren Stelle zu treten. Schöffen rücken in der alphabetischen Reihenfolge ihrer Namen ein.

§ 221 a. Die Hauptverhandlungen gegen jugendliche Beschuldigte sind derart anzuordnen, daß eine Berührung mit erwachsenen Beschuldigten nicht stattfindet

Zur Verhandlung ist die Vertrauensperson (§ 97 b) vorzuladen, welche zur Erhebung der persönlichen Verhältnisse des Jugendlichen bestellt wurde, wenn ihre Aussage für die Entscheidung von Bedeutung sein kann.

§ 231 a. Die Hauptverhandlung über eine Anklage gegen jugendliche Beschuldigte findet unter Ausschluß der Öffentlichkeit statt, gleichviel ob Jugendliche allein oder zusammen mit Erwachsenen angeklagt sind.

Eltern und Pflegeeltern, der Vormund, Lehrer, Seelsorger und Arbeitgeber des Jugendlichen, ferner die in dieser Sache bestellte Vertrauensperson und die im § 230 angeführten Personen können der Verhandlung beiwohnen. Das Gericht kann Personen den Zutritt gestatten, die ein tätiges Interesse an der Jugendfürsorge nehmen, insbesondere den Vertretern von Anstalten und Vereinen, die für die Unterbringung hilfsbedürftiger Jugendlicher sorgen.

Die Verkündung des Urteiles findet in der Regel öffentlich statt. Die Öffentlichkeit ist auszuschließen, wenn durch sie die Besserung oder das Fortkommen des Angeklagten gefährdet würde oder wenn das Gericht von Strafe absieht, bedingten Strafnachlaß bewilligt oder Fürsorgeerziehung statt einer Strafe anordnet. Gegen diesen Beschluß ist kein Rechtsmittel zulässig.

§ 231 b. Ist die Öffentlichkeit der Hauptverhandlung über eine Anklage wegen Verbrechens der Gefährdung des Friedens, wegen Staatsverrates, Verrates im Kriege, Verletzung militärischer Geheimnisse, Ausspähung, Begünstigung eines feindlichen Spions oder Kundschafters oder wegen Veröffentlichung militärischer Vorkehrungen ausgeschlossen worden, so sind die Bestimmungen des zweiten Absatzes des § 230 und des zweiten Absatzes des § 231 a nicht anzuwenden. Der Angeklagte kann verlangen, daß der Zutritt einer Person seines Vertrauens gestattet werde. Außerdem dürfen die Eltern oder der Vormund eines jugendlichen Beschuldigten der Verhandlung beiwohnen.

Der Gerichtshof kann nach Anhörung der Parteien mit Beschluß den zur Anwesenheit berechtigten Personen die Pflicht auferlegen, den Inhalt der Verhandlung geheimzuhalten. Gegen diesen Beschluß ist kein Rechtsmittel zulässig.

§ 231c. Soweit die Öffentlichkeit einer Hauptverhandlung ausgeschlossen wurde, ist es untersagt, eine Mitteilung über ihren Inhalt in einer Druckschrift zu veröffentlichen.

§ 233, dritter Absatz, dritter Satz. Widersetzt sich jemand seinen Befehlen oder werden die Störungen wiederholt, so kann der Vorsitzende die Widersetzlichen auch verhaften lassen und nach Umständen zu Haft bis zu acht Tagen verurteilen.

§ 235, zweiter Satz. Hat sich der Angeklagte, sein gesetzlicher Vertreter, der Privatankläger, der Privatbeteiligte, ein Zeuge oder ein Sachverständiger solche Äußerungen erlaubt, so kann der Gerichtshof wider denselben auf Antrag des Beleidigten oder des Staatsanwaltes oder von Amts wegen Geldstrafe bis zu hundert Kronen oder Haft bis zu acht Tagen, gegen einen Verhafteten aber eine angemessene Disziplinarstrafe (§ 108) verhängen.

§ 240a. Nachdem dies geschehen, schreitet der Vorsitzende zur Beeidigung der Schöffen, die zum erstenmal in diesem Jahre das Richteramt ausüben. Der Vorsitzende richtet an die Schöffen, die sich von ihren Sitzen erheben, folgende Anrede:

„Sie schwören und geloben vor Gott, die Beweise, welche gegen und für den Angeklagten werden vorgebracht werden, mit der gewissenhaftesten Aufmerksamkeit zu prüfen, nichts unerwogen zu lassen, was zum Vorteile oder zum Nachteile des Angeklagten gereichen kann, das Gesetz, dem Sie Geltung verschaffen sollen, treu zu beobachten, vor Ihrem Ausspruche über den Gegenstand der Verhandlung mit niemand, außer mit den Mitgliedern des Gerichtshofes, Rücksprache zu nehmen, der Stimme der Zuneigung oder Abneigung, der Furcht oder der Schadenfreude kein Gehör zu geben, sondern sich mit der Unparteilichkeit und Festigkeit eines redlichen und freien Mannes nur nach den für und wider den Angeklagten vorgeführten Beweismitteln und Ihrer darauf gegründeten Überzeugung so zu entscheiden, wie Sie es vor Gott und Ihrem Gewissen verantworten können."

Sodann wird jeder Schöffe einzeln von dem Vorsitzenden aufgerufen und antwortet: „Ich schwöre, so wahr mir Gott helfe." Das Religionsbekenntnis der Schöffen macht hiebei keinen Unterschied. Nur solche, deren Bekenntnis die Eidesleistung untersagt, werden durch Handschlag verpflichtet.

Nach der Eidesleistung teilt der Vorsitzende den Schöffen die Gründe mit, die einen Richter von der Vornahme gerichtlicher Handlungen im Strafverfahren und von der Mitwirkung und Entscheidung bei der Hauptverhandlung insbesondere ausschließen, und fordert sie auf, es unverzüglich dem Gerichte bekanntzugeben, wenn bei einer der Verhandlungen, bei denen sie mitzuwirken haben, in bezug auf ihre Person ein Ausschließungsgrund bestünde oder wenn Gründe vorliegen sollten, ihre volle Unbefangenheit in Zweifel zu setzen.

Die Beeidigung und diese Erinnerung gelten für die Dauer des Kalenderjahres; sie sind im Verhandlungsprotokolle und fortlaufend in einem besonderen Buche zu beurkunden.

§ 254a. Wenn sich erst während der Hauptverhandlung ergibt, daß die Tat eine strafbare Handlung begründe, die nur mit Ermächtigung einer öffentlichen Behörde oder des Verletzten verfolgt werden darf, so kann der öffentliche Ankläger die Ermächtigung noch bis zum Schlusse des Beweisverfahrens nachweisen.

§ 255. Nachdem der Vorsitzende das Beweisverfahren für geschlossen erklärt hat, erhält zuerst der Ankläger das Wort, um die Ergebnisse der Beweisführung zusammenzufassen und seine Anträge rücksichtlich der Schuld des Angeklagten, der anzuwendenden Strafbestimmungen oder der Anordnung der Fürsorgeerziehung statt einer Strafe zu stellen und zu begründen. Einen bestimmten Antrag über die Bemessung der Strafe innerhalb des gesetzlichen Strafsatzes hat der Ankläger nicht zu stellen.

Ferner kann der Ankläger den Antrag stellen und begründen, daß Fürsorgeerziehung neben einer Strafe, Landesverweisung oder Verfall angeordnet oder die Stellung unter Polizeiaufsicht für zulässig erklärt werde, wenn er die Voraussetzungen für einen solchen Ausspruch gegeben erachtet.

Der Privatbeteiligte erhält zunächst nach dem Staatsanwalte das Wort.

Dem Angeklagten und seinem Verteidiger steht das Recht zu, darauf zu antworten. Findet der Staatsanwalt, der Privatankläger oder der Privatbeteiligte hierauf etwas zu erwidern, so gebührt dem Angeklagten und seinem Verteidiger jedenfalls die Schlußrede.

§ 256. In der Regel ist in den Schlußvorträgen über alle im Urteile zu entscheidenden Fragen und über die nach dem zweiten Absatze des § 255 gestellten Anträge ungetrennt zu verhandeln.

Doch steht es dem Vorsitzenden oder dem Gerichtshofe (§ 238) frei, zu verfügen, daß die Schlußvorträge über die Schuldfrage von jenen über die Strafbestimmungen, über die Anordnung der Fürsorgeerziehung statt einer Strafe, die privatrechtlichen Ansprüche, die Prozeßkosten und die nach dem zweiten Absatze des § 255 gestellten Anträge zu trennen seien. In diesem Falle werden, nachdem der Gerichtshof über die Schuld des Angeklagten entschieden und seinen Ausspruch verkündet hat, neuerliche Schlußvorträge gehalten, welche jedoch auf die noch zu entscheidenden Fragen einzuschränken sind.

§ 259. Der Angeklagte wird durch Urteil des Gerichtshofes von der Anklage freigesprochen:

1. wenn sich zeigt, daß das Strafverfahren ohne den Antrag eines gesetzlich berechtigten Anklägers eingeleitet oder gegen dessen Willen fortgesetzt worden sei;

2. wenn der Ankläger nach Eröffnung der Hauptverhandlung und ehe der Gerichtshof sich zur Schöpfung des Urteiles zurückzieht, von der Anklage zurücktritt oder wenn die Ermächtigung zur Verfolgung vor Beginn des Beweisverfahrens zurückgenommen wird;

3. wenn der Gerichtshof erkennt, daß die der Anklage zugrunde liegende Tat vom Gesetze nicht mit Strafe bedroht oder der Tatbestand nicht hergestellt oder nicht erwiesen sei, daß der Angeklagte die ihm zur Last gelegte Tat begangen habe oder daß Umstände vorliegen, vermöge welcher die Strafbarkeit ausgeschlossen oder aufgehoben oder die Verfolgung aus anderen als den unter Z. 1 und 2 angegebenen Gründen ausgeschlossen ist.

Die Entscheidung des Gerichtes über die Veröffentlichung eines Freispruches erfolgt im Urteile.

§ 260. Wird der Angeklagte schuldig befunden, so muß das Urteil aussprechen:

1. welcher Tat der Angeklagte schuldig befunden worden, und zwar unter ausdrücklicher Bezeichnung der einen bestimmten Strafsatz bedingenden Tatumstände;

2. welche strafbare Handlung durch die als erwiesen angenommenen Tatsachen, deren der Angeklagte schuldig befunden worden, begründet wird;

3. zu welcher Strafe und Straffolge der Angeklagte verurteilt werde oder daß das Gericht davon abgesehen habe, eine Strafe zu verhängen oder daß es, statt eine Strafe zu verhängen, den Verurteilten der Fürsorgeerziehung überwiesen habe; — und zwar diese drei Punkte bei sonstiger Nichtigkeit; außerdem ist noch beizufügen:

4. die Entscheidung über den bedingten Nachlaß einer Strafe, über die Anrechnung der Verwahrungshaft oder Untersuchungshaft auf die Strafe, die Anrechnung einer erkannten oder vollzogenen Strafe und den Vollzug einer Freiheitsstrafe nach den Vorschriften, die der Eigenart geistig minderwertiger Personen angepaßt sind, wenn das Gericht darauf erkannt hat;

5. die Anführung der strafgesetzlichen Bestimmungen, die auf den Verurteilten angewendet wurden;

6. die Entscheidung über die geltend gemachten Entschädigungsansprüche und über die Prozeßkosten.

Findet das Gericht Fürsorgeerziehung neben einer Strafe, Landesverweisung oder Verfall anzuordnen oder die Stellung unter Polizeiaufsicht für zulässig zu erklären, so spricht es dies in einem besonderen Beschlusse aus, der im Anschlusse an das Urteil zu fassen ist.

§ 261a. Erachtet der Gerichtshof, der in einer Versammlung von zwei Richtern und zwei Schöffen in die Hauptverhandlung eingetreten ist, daß die Tatsachen, welche der Anklage zugrunde liegen, an sich oder in Verbindung mit den in der Hauptverhandlung hervortretenden Umständen ein zur Zuständigkeit des großen Schöffengerichtes gehöriges Verbrechen oder Vergehen begründen, so hat der Gerichtshof, nachdem er die Parteien gehört hat, je nach den Umständen zu beschließen, daß die Hauptverhandlung sogleich vor dem großen Schöffengerichte erneuert und zu diesem Zwecke ein Richter und ein Schöffe zugezogen werde oder daß sie abgebrochen und die Entscheidung einer neuen Hauptverhandlung vor dem großen Schöffengerichte vorbehalten werde. Haben ein Ersatzrichter und ein Ersatzschöffe der Verhandlung beigewohnt, so treten sie als stimmführende Mitglieder dem Gerichtshofe bei, ohne daß es einer Erneuerung der Verhandlung bedarf.

Wird die Vertagung beschlossen, ist bei der neuen Hauptverhandlung die ursprüngliche Anklageschrift und der Beschluß des Gerichtshofes zu verlesen.

Der Gerichtshof kann den Beschluß schon während des Beweisverfahrens fassen.

§ 262. Erachtet der Gerichtshof, daß die der Anklage zugrunde liegenden Ansichten an sich oder in Verbindung mit den erst in der Hauptverhandlung hervortretenden Umständen eine andere als die in der Anklage bezeichnete, jedoch nicht zur Zuständigkeit des Geschworenengerichtes oder großen Schöffengerichtes gehörige strafbare Handlung begründen, so schöpft er, nachdem er die Parteien darüber gehört und über einen abfälligen Vertagungsantrag entschieden hat, das Urteil nach seiner rechtlichen Überzeugung, ohne an die in der Anklageschrift enthaltene Bezeichnung der Tat gebunden zu sein.

§ 263, erster und zweiter Absatz. Wird der Angeklagte bei der Hauptverhandlung noch einer andern Tat beschuldigt, als wegen welcher er angeklagt war, so kann der Gerichtshof, wenn dieselbe von Amts wegen zu verfolgen ist, auf Antrag des Staatsanwaltes oder des durch diese Tat Verletzten, in anderen Fällen nur auf Begehren des zur Privatanklage Berechtigten die Verhandlung und das Urteil auch auf diese Tat ausdehnen, wenn der Angeklagte zustimmt. Besteht der Gerichtshof nur aus zwei Richtern und zwei Schöffen, und gehört die strafbare Handlung zur Zuständigkeit des großen Schöffengerichtes, so kann der Gerichtshof, nachdem er die Parteien gehört hat, beschließen, daß die Hauptverhandlung sogleich vor dem großen Schöffengerichte erneuert und zu diesem Zwecke ein Richter und ein Schöffe zugezogen werde. Haben ein Ersatzrichter und ein Ersatzschöffe der Verhandlung beigewohnt, so treten sie als stimmführende Mitglieder dem Gerichtshofe bei, ohne daß es einer Erneuerung der Verhandlung bedarf.

Verweigert der Angeklagte seine Zustimmung, sofort abgeurteilt zu werden, oder kann dies nicht geschehen, weil eine sorgfältigere Vorbereitung nötig erscheint, oder weil die strafbare Handlung vor das Geschwornengericht gehört oder der unverzüglichen Erneuerung der Hauptverhandlung vor dem großen Schöffengerichte Hindernisse im Wege stehen, so hat sich das Urteil auf den Gegenstand der Anklage zu beschränken und dem Ankläger — auf sein Verlangen — die selbständige Verfolgung wegen der hinzugekommenen Tat vorzubehalten, außer welchem Falle wegen dieser letzteren eine Verfolgung nicht mehr stattfindet.

§ 265. Hat der Täter sich des Vermögensvorteiles, welcher der Einziehung unterliegt, entäußert oder ihn verbraucht, ist die Geldstrafe zu bestimmen, die an die Stelle der Einziehung tritt.

§ 266. Wird auf eine Geldstrafe erkannt, ist zugleich die Ersatzstrafe zu bestimmen.

§ 268, neuer zweiter und dritter Absatz. Das Gericht ermahnt den jugendlichen Angeklagten zum Wohlverhalten, wenn es davon abgesehen hat, gegen ihn eine Strafe zu verhängen, und belehrt ihn darüber, daß ein zweites Mal von Strafe nicht abgesehen werden könne. Den Verurteilten, dem eine Strafe bedingt nachgelassen wurde, belehrt das Gericht über den Zweck des Strafaufschubes und darüber, daß die Strafe vollzogen werde, wenn er sich nicht bewährt.

Wurde ein Beschluß nach dem letzten Absatze des § 260 gefaßt, so ist er samt den Gründen nach dem Urteile zu verkünden; der Vorsitzende belehrt den Angeklagten über sein Beschwerderecht.

§ 270, zweiter Absatz, Z. 6 und Z. 7, erster Satz. 6. das Erkenntnis des Gerichtshofes über die Schuldfrage, und zwar im Falle einer Verurteilung mit allen im § 260 aufgeführten Punkten; endlich

7. die Entscheidungsgründe. In denselben muß in gedrängter Darstellung, aber mit voller Bestimmtheit angegeben sein, welche Tatsachen und aus welchen Gründen der Gerichtshof dieselben als erwiesen oder als nicht erwiesen angenommen, von welchen Erwägungen er bei der Entscheidung der Rechtsfragen und bei Beseitigung der vorgebrachten Einwendungen geleitet wurde, und im Falle einer Verurteilung, welche Erschwerungsumstände und Milderungsumstände er gefunden habe, ferner welche Gründe sonst für die im § 260, Z. 3, 4 und 6, angeführten Entscheidungen maßgebend waren.

§ 278, zweiter Absatz. Ist die sofortige Aburteilung nicht tunlich oder ist der Gerichtshof nicht zuständig, so läßt der Vorsitzende den Täter dem Untersuchungsrichter vorführen.

§ 281, Eingang. Die Nichtigkeitsbeschwerde kann gegen ein freisprechendes Urteil nur zum Nachteile, gegen ein verurteilendes sowohl zum Vorteile als zum Nachteile des Angeklagten ergriffen werden, stets jedoch nur wegen der in den §§ 216 und 218 angeführten oder wegen eines der folgenden Nichtigkeitsgründe:

§ 281, erster Absatz, Z. 1 a, Z. 3, Z. 9 b und c und Z. 11. 1 a. wenn die Hauptverhandlung ohne Beiziehung eines Verteidigers geführt wurde und entweder die Anklage wegen einer strafbaren Handlung erhoben war, die mit einer fünf Jahre übersteigenden Freiheitsstrafe bedroht ist, oder der Angeklagte das achtzehnte Lebensjahr nicht vollendet hatte;

3. wenn bei der Hauptverhandlung eine Vorschrift verletzt oder vernachlässigt worden ist, deren Beobachtung das Gesetz ausdrücklich bei sonstiger Nichtigkeit vorschreibt (§§ 120, 151, 152, 170, 221, 228,

244, 247, 250, 260, 271 und 427), oder wenn sich an der Entscheidung ein Schöffe beteiligte, der nicht beeidigt worden ist;

9 b. ob Umstände vorhanden seien, vermöge welcher die Strafbarkeit der Tat ausgeschlossen oder aufgehoben oder die Verfolgung wegen derselben ausgeschlossen ist, endlich

9 c. ob die nach dem Gesetze erforderliche Anklage oder die Ermächtigung zur Verfolgung fehle,

11. wenn der Gerichtshof im Ausspruche über die Strafe oder über Straffolgen seine Strafbefugnis oder die Grenzen des gesetzlichen Strafsatzes überschritten oder die Bestimmungen des § 293, Absatz 3, und § 359, Absatz 4, verletzt oder unrichtig angewendet hat.

§ 281, neuer dritter Absatz. Der unter Z. 1 a angeführte Nichtigkeitsgrund kann zum Nachteile des Angeklagten nicht geltend gemacht werden.

§ 282, erster Satz. Zugunsten des Angeklagten kann die Nichtigkeitsbeschwerde sowohl von ihm selbst als auch von seinem Ehegatten, einen Verwandten in aufsteigender und absteigender Linie und seinem gesetzlichen Vertreter und von dem Staatsanwalte ergriffen werden.

§ 283. Die Berufung kann nur gegen den Ausspruch über die Strafe, über Straffolgen und die Anordnung der Fürsorgeerziehung statt einer Strafe, soweit nicht der im § 281, Z. 11 erwähnte Nichtigkeitsgrund vorliegt, und gegen den Ausspruch über die privatrechtlichen Ansprüche ergriffen werden.

§ 283 a. Die Berufung gegen den Ausspruch über die Strafe und über Straffolgen kann von den zur Nichtigkeitsbeschwerde Berechtigten ergriffen werden:

1. bei der dem Gerichte überlassenen Wahl zwischen zwei oder mehreren Strafarten zugunsten des Angeklagten, wenn das Gericht die strengste, und zum Nachteile des Angeklagten, wenn es die mildeste Strafart wählte;

2. zugunsten des Angeklagten, wenn bei der dem Gerichte überlassenen Wahl zwischen lebenslangem Kerker und Kerker von fünf bis zu zwanzig Jahren auf lebenslangen Kerker erkannt wurde, und zum Nachteile des Angeklagten, wenn in diesem Falle auf zeitliche Kerkerstrafe erkannt wurde;

3. wegen des Ausmaßes der Strafe zugunsten des Angeklagten, wenn das Vierfache des Mindestmaßes überschritten, und bei Freiheitsstrafen mit einem Mindestmaße von drei Monaten oder mehr, wenn das Zweifache des Mindestmaßes überschritten wurde; zum Nachteile des Angeklagten, wenn ein Viertel des Höchstmaßes von fünf Jahren oder mehr, wenn die Hälfte des Höchstmaßes nicht erreicht wurde; die Erhöhung der Grenzen eines Strafsatzes wegen wiederholter schwerer Bestrafung oder wegen Zusammentreffens mehrerer strafbaren Handlungen ist nicht zu berücksichtigen;

4. zugunsten des Angeklagten, wenn eine als Nebenstrafe verhängte Geldstrafe ein Zehntel des Höchstmaßes überschreitet; zum

Nachteile des Angeklagten, wenn dies nicht der Fall ist oder eine Geldstrafe als Nebenstrafe nicht verhängt wurde;

5. wegen des Ausmaßes der an Stelle der Einziehung eines Vermögensvorteiles verhängten Geldstrafe und wegen des Ausmaßes der Ersatzstrafe für eine allein angedrohte Geldstrafe zugunsten und zum Nachteile des Angeklagten;

6. wegen des Ausmaßes der Ersatzstrafe für eine wahlweise angedrohte Geldstrafe nach den Grundsätzen, die für die Berufung gegen die wahlweise angedrohte Freiheitsstrafe gelten;

7. wegen der Entscheidung über die Anrechnung der Verwahrungshaft oder Untersuchungshaft auf die Strafe, wenn die Berufung gemäß Z. 3 zulässig ist; wegen des Ausmaßes einer Strafe, die unter Anrechnung einer schon erkannten oder vollzogenen Strafe bemessen wurde, zugunsten und zum Nachteile des Angeklagten;

8. wegen der Entscheidung über das Absehen von Strafe, den bedingten Strafnachlaß, die Umwandlung der Haftstrafe in Hausarrest, den Vollzug einer Strafe nach den Vorschriften, die der Eigenart geistig minderwertiger Personen angepaßt sind, und wegen der Entscheidung über Straffolgen zugunsten und zum Nachteile des Angeklagten.

Der Ausspruch über die Veröffentlichung eines Urteiles kann nur mit Berufung angefochten werden.

In den Fällen, in welchen das Gesetz dem Verletzten oder dem Freigesprochenen das Recht einräumt, die Veröffentlichung des Urteiles zu begehren, sind diese Personen zur Berufung berechtigt, wenn ihrem Antrage nicht stattgegeben wurde.

§ 283 b. Wegen der Entscheidung über die Anordnung der Fürsorgeerziehung statt einer Strafe kann die Berufung vom Angeklagten, dessen gesetzlichen Vertreter und vom Staatsanwalte ergriffen werden,

Gegen die Anordnung der Schutzaufsicht über einen Jugendlichen, dem bedingter Strafnachlaß bewilligt wurde, und gegen eine Weisung, die dem Jugendlichen für sein Verhalten während der Probezeit erteilt wird, findet kein Rechtsmittel statt.

§ 283 c. Gegen den Inhalt der über die privatrechtlichen Ansprüche gefällten Entscheidung können nur der Angeklagte und dessen gesetzliche Vertreter und Erben Berufung einlegen.

§ 284, dritter Absatz. Die Anmeldung der Nichtigkeitsbeschwerde hat aufschiebende Wirkung. Die Entlassung eines freigesprochenen Angeklagten aus der Haft darf nur wegen einer Nichtigkeitsbeschwerde des Staatsanwaltes und zwar bloß dann aufgeschoben werden, wenn diese sogleich bei der Verkündung des Urteiles angemeldet wird und nach den Umständen die Annahme begründet ist, daß sich der Angeklagte dem Verfahren durch die Flucht entziehen werde. Gegen die Entlassung aus der Haft ist ein Rechtsmittel nicht zulässig.

§ 285. Der Beschwerdeführer hat das Recht, innerhalb acht Tagen nach der Anmeldung des Rechtsmittels und, soferne er vor oder bei derselben eine Abschrift des Urteiles verlangt hat, nach der Zustellung eine Ausführung der Gründe seiner Beschwerde bei dem Gerichte zu überreichen. Er muß entweder in dieser Schrift oder bei der Anmeldung seiner Beschwerde die Nichtigkeitsgründe und die Tatumstände, welche sie begründen sollen, einzeln und bestimmt bezeichnen, widrigenfalls auf seine Beschwerde keine Rücksicht zu nehmen ist.

§ 285 a. Der Gerichtshof erster Instanz hat die Nichtigkeitsbeschwerde zurückzuweisen:

1. wenn die Anmeldung zu spät erfolgte oder wenn sie von einer Person eingebracht wurde, die zur Nichtigkeitsbeschwerde nicht berechtigt ist oder auf die Beschwerde verzichtet hat:

2. wenn weder in der Anmeldung noch in der Ausführung einer der gesetzlichen Nichtigkeitsgründe deutlich und bestimmt bezeichnet, insbesondere wenn der Tatumstand, welcher die Nichtigkeit begründen soll, nicht ausdrücklich oder doch durch deutliche Hinweisung angeführt ist;

3. wenn die unter Z. 2 geforderte Angabe, soweit es sich nicht um eine von der Staatsanwaltschaft erhobene Nichtigkeitsbeschwerde handelt, weder zu Protokoll noch in einer von einem Verteidiger unterfertigten Eingabe erfolgt ist. Besteht der Mangel bloß in dem Fehlen der Unterschrift eines berechtigten Verteidigers, so ist die Eingabe vorerst zur Behebung dieses Mangels und Wiedervorlage binnen drei Tagen zurückzustellen.

§ 285 b. Gegen die Zurückweisung der Nichtigkeitsbeschwerde steht die Beschwerde an den Kassationshof offen, die binnen drei Tagen bei dem Gerichtshofe erster Instanz einzubringen und von diesem binnen drei Tagen an den Kassationshof einzusenden ist. Die Beschwerde hat keine aufschiebende Wirkung.

Der Kassationshof entscheidet über die Beschwerde in nicht öffentlicher Sitzung nach Anhörung des Generalprokurators.

Gibt der Kassationshof der Beschwerde Folge, so läuft im Falle der Z. 1 des § 285 a die Frist zur Ausführung der Nichtigkeitsbeschwerde, soferne diese nicht schon erstattet, von dem Tage der Eröffnung der Entscheidung des Kassationshofes.

Wird die Beschwerde zurückgewiesen und war mit der Nichtigkeitsbeschwerde die Berufung verbunden, so leitet der Kassationshof nach Abweisung der Beschwerde die Akten an den zur Entscheidung über die Berufung zuständigen Gerichtshof zweiter Instanz.

Findet der Kassationshof die Beschwerde als ungegründet zurückzuweisen, so hat er gegen den Beschwerdeführer oder dessen Vertreter auf eine Geldstrafe bis zu zweihundert Kronen zu erkennen, wenn die Beschwerde offenbar mutwillig oder nur zur Verzögerung eingebracht wurde.

§ 285 c. Entspricht die Nichtigkeitsbeschwerde den gesetzlichen Vorschriften, so ist die rechtzeitig überreichte Ausführung dem Gegner mit dem Bedeuten mitzuteilen, daß er binnen acht Tagen seine Gegenausführung überreichen könne.

Nach Überreichung dieser Gegenausführung oder nach Ablauf der hiezu bestimmten Frist sind alle Akten an den Kassationshof einzusenden.

§ 285 d. Der Kassationshof hat über die Nichtigkeitsbeschwerde in nicht öffentlicher Sitzung nach Anhörung des Generalprokurators zu beraten, wenn der Generalprokurator oder der vom Präsidenten des Kassationshofes aus dessen Mitte bestellte Berichterstatter einen der in den §§ 285 e, f und g angeführten Beschlüsse beantragt.

In allen andern Fällen wird sogleich der Gerichtstag zur öffentlichen Verhandlung der Sache angeordnet, ohne daß es hiezu eines Beschlusses des Kassationshofes bedarf.

§ 285 e. Bei der nicht öffentlichen Beratung kann der Kassationshof beschließen, tatsächliche Aufklärngen über behauptete Formverletzungen einzuholen.

§ 285 f. Bei der nicht öffentlichen Beratung weist der Kassationshof die Nichtigkeitsbeschwerde zurück:

1. wenn sie schon von dem Gerichtshofe erster Instanz hätte zurückgewiesen werden sollen oder wenn der geltend gemachte Nichtigkeitsgrund bereits durch eine in derselben Sache ergangene Entscheidung des Kassationshofes beseitigt ist;

2. wenn die Nichtigkeitsbeschwerde sich auf einen der in den §§ 216, 218 und 281, Z. 1—8, angegebenen Nichtigkeitsgründe stützt und der Kassationshof einstimmig erachtet, daß sie ohne weitere Erörterung als offenbar ungegründet zu verwerfen sei.

Dieser Beschluß kann auch dann ergehen, wenn wegen anderer Nichtigkeitsgründe oder weil der Kassationshof sich die Ausübung der im ersten Absatze des § 290 ihm eingeräumten Befugnis vorbehalten will, ein Gerichtstag zur öffentlichen Verhandlung anzuberaumen ist.

Die Bestimmung des letzten Absatzes des § 285 b ist anzuwenden.

§ 285 g. Bei der nicht öffentlichen Beratung kann der Kassationshof das Urteil aufheben:

1. wenn die Nichtigkeitsbeschwerde zum Vorteil des Angeklagten ergriffen worden ist und es sich zeigt, daß die Anordnung einer neuen Hauptverhandlung nicht zu vermeiden ist, eine Entscheidung des Kassationshofes in der Sache selbst aber noch nicht einzutreten hat;

2. wenn der Gerichtshof zweiter Instanz, welcher der Anklage Folge gegeben oder die Versetzung in den Anklagestand ausgesprochen hat, nicht zuständig war.

Im ersten Falle verweist der Kassationshof die Sache zur neuerlichen Verhandlung entweder an denselben oder an einen andern Gerichtshof erster Instanz; im zweiten Falle verweist er die Sache zur nochmaligen Verhandlung an das zuständige Gericht erster Instanz und verfügt die sonst nötige Verbesserung des Verfahrens.

§ 285 h. Den im § 285 f angeführten Beschluß kann der Kassationshof schon bei der Beratung über eine Beschwerde fassen, die sich gegen die Zurückweisung einer Nichtigkeitsbeschwerde durch den Gerichtshof erster Instanz richtet, wenn die Ausführung der Nichtigkeitsbeschwerde überreicht oder die Frist hiezu verstrichen ist.

§ 286. Der Gerichstag zur öffentlichen Verhandlung vor dem Kassationshofe ist derart zu bestimmen, daß dem Angeklagten und dem Privatankläger eine Frist von wenigstens acht Tagen von der Zustellung der Vorladung an zur Vorbereitung bleibt. In der Ladung ist diesen Personen zu bedeuten, daß im Falle ihres Ausbleibens ihre Beschwerden und Ausführungen vorgetragen und der Entscheidung zugrunde gelegt werden würden.

Ist der Angeklagte verhaftet, so wird er von dem Gerichtstage mit dem Beisatze in Kenntnis gesetzt, daß er nur durch einen Verteidiger erscheinen könne.

Hat der Angeklagte einen Verteidiger bereits namhaft gemacht, so ist die Vorladung nur an diesen zu richten.

Der Kassationshof hat dem Angeklagten für den Gerichtstag einen Verteidiger aus der Zahl der am Sitze des Kassationshofes wohnhaften Verteidiger zu bestellen, wenn die strafbare Handlung mit einer fünf Jahre übersteigenden Freiheitsstrafe bedroht ist oder wenn der Angeklagte das achtzehnte Lebensjahr nicht vollendet hat; es sei denn, daß der Angeklagte oder sein gesetzlicher Vertreter erklären, daß sie selbst einen Verteidiger zu dem Gerichtstage entsenden.

§ 287, erster Absatz. Die Verhandlung der Sache vor dem Kassationshofe an dem angesetzten Gerichtstage ist öffentlich nach den Vorschriften der §§ 228—231 c.

§ 288, zweiter Absatz, Z. 1, neuer zweiter Satz. Ist einer der in den §§ 216 und 218 angeführten Nichtigkeitsgründe vorhanden, so verweist der Kassationshof die Sache zur nochmaligen Verhandlung vor das zuständige Gericht erster Instanz und verfügt die sonst nötige Verbesserung des Verfahrens.

§ 292, erster Satz. Die Verhandlung über die zur Wahrung des Gesetzes ergriffene Nichtigkeitsbeschwerde richtet sich im allgemeinen nach den in den §§ 287—291 erteilten Vorschriften, jedoch mit der Abweichung, daß sich der Angeklagte dabei nicht zu beteiligen hat.

§ 292, neuer letzter Satz. Ist auf Grund der nichtigen Entscheidung ein Sicherungsmittel angeordnet oder für zulässig erklärt worden, so kann der Kassationshof diese Verfügung aufheben.

§ 294, erster und zweiter Absatz. Die Berufung ist innerhalb der im § 284 bezeichneten Frist beim Gerichtshofe erster Instanz anzumelden. Sie hat aufschiebende Wirkung. Der zu einer Freiheitsstrafe Verurteilte kann die Strafe einstweilen antreten, wenn die, sei es von ihm oder von dem Ankläger, gegen den Ausspruch über die Strafe eingebrachte Berufung sich nur gegen das Ausmaß richtet.

Der Beschwerdeführer hat das Recht, innerhalb acht Tagen nach der Anmeldung des Rechtsmittels und, soferne er vor oder bei derselben eine Abschrift des Urteils verlangt hat, nach der Zustellung eine Ausführung der Gründe seiner Berufung bei dem Gerichte zu überreichen.

§ 295, erster Absatz, zweiter Satz. Überzeugt sich der Gerichtshof, daß dieselben Gründe, auf welchen seine Verfügung zugunsten eines Angeklagten beruht, auch einem Mitangeklagten zustatten kommen, welcher die Berufung nicht oder nicht in der Frage kommenden Richtung ergriffen hat, so hat er so vorzugehen, als wäre eine solche Berufung eingelegt.

§ 297, erster Absatz. An dem Sitze jedes Gerichtshofes erster Instanz werden alle vier Monate die ordentlichen Schwurgerichtssitzungen abgehalten, und zwar bei den unter demselben Gerichtshofe zweiter Instanz stehenden Gerichten nach einer von dem ersteren zu bestimmenden Reihenfolge. In Wien finden die ordentlichen Schwurgerichtssitzungen alle Monate, in andern Städten, für welche der Präsident des Gerichtshofes zweiter Instanz es anzuordnen notwendig findet, alle drei Monate statt.

§ 297, neuer vierter Absatz. Ist die Zahl der auf eine ordentliche Schwurgerichtssitzung entfallenden Verhandlungen so gering, daß sie mit der Inanspruchnahme der Geschworenen und den entstehenden Kosten in keinem Verhältnisse stünde, so kann der Gerichtshof zweiter Instanz auf Antrag des Gerichtshofes erster Instanz und nach Anhörung des Oberstaatsanwaltes anordnen, daß die Verhandlungen an ein anderes Ge-schworenengericht seines Sprengels übertragen werden. Die Bestimmung des zweiten Absatzes des § 63 ist anzuwenden.

§ 298, zweiter Absatz. Der Angeklagte hat jedoch in beiden Fällen auf den ihm zustehenden Einspruch gegen die Versetzung in Anklagestand und auf die im § 221 zugestandene Frist ausdrücklich zu verzichten.

§ 319, neuer zweiter Absatz. Ist behauptet worden, daß Umstände vorliegen, die den Richter verpflichten, von Strafe abzusehen, so ist eine dieser Behauptung entsprechende Frage zu stellen.

§ 320, erster Absatz. Sind Tatsachen behauptet worden, vermöge welcher, ihre Wahrheit vorausgesetzt, ein des vollendeten Verbrechens oder Vergehens Angeklagter, nur des Versuches schuldig wäre oder ein als Täter Angeklagter als Anstifter oder Gehilfe anzusehen wäre, oder wonach die dem Angeklagten zur Last gelegte Tat unter ein anderes Strafgesetz fiele, welches nicht strenger ist als das in der Anklageschrift angeführte, so sind entsprechende Fragen an die Geschworenen zu stellen.

§ 321, zweiter Absatz. Die Stellung solcher Fragen unterbleibt, wenn der Angeklagte seine Zustimmung zur unverzüglichen Entscheidung versagt oder wenn sich eine bessere Vorbereitung der Anklage oder Verteidigung als notwendig darstellt.

§ 322. Erschwerungsumstände und Milderungsumstände sind nur dann Gegenstand der Fragestellung an die Geschworenen, wenn das Gesetz den Richter verpflichtet, bei Vorliegen eines solchen Umstandes einen andern Strafsatz oder eine andere Strafart anzuwenden. Umstände, die eine Erhöhung der Grenzen des Strafsatzes (§§ 62 und 65 StGB.) zur Folge haben, sind kein Gegenstand der Fragestellung.

§ 327, erster Absatz, dritter Satz. Der Gerichtshof verurteilt den Geschwornen, der diesem Verbot zuwiderhandelt, zu einer Geldstrafe von zwanzig bis zu zweihundert Kronen, dritte Personen aber, die diese Vorschrift übertreten, zu einem Tage Haft.

§ 335. Ist der Angeklagte für schuldig erklärt worden, so erhält zunächst der Ankläger das Wort, um seine Anträge wegen der anzuwendenden Strafbestimmungen sowie der zu berücksichtigenden Erschwerungsumstände und Milderungsumstände zu stellen und zu begründen.

Ferner kann der Ankläger den Antrag stellen und begründen, daß Fürsorgeerziehung, Landesverweisung oder Verfall angeordnet oder die Stellung unter Polizeiaufsicht für zulässig erklärt werde.

Nach ihm werden der Privatbeteiligte, der Angeklagte und sein Verteidiger gehört, wobei die Vorschriften des § 255 zu beobachten sind. Die Ausführungen dürfen nicht darauf abzielen, das durch den Ausspruch der Geschwornen Festgestellte in Frage zu stellen, sondern haben sich auf die Strafanwendung, die Anwendung der genannten Sicherungsmittel und die allfälligen Entschädigungsansprüche zu beschränken.

§ 338. In anderen Fällen erkennt der Gerichtshof über die Strafe und entscheidet über die sonst gestellten Anträge, und zwar auch dann, wenn der Fall nach dem Ausspruche der Geschwornen nicht mehr zur Kompetenz des Schwurgerichtshofes gehören würde. Die Strafe ist nach gewissenhafter Prüfung der erschwerenden und mildernden Umstände zu bemessen.

§ 340, erster Absatz. Unmittelbar nach Fällung des verurteilenden Erkenntnisses ist dasselbe von dem Vorsitzenden in der öffentlichen Gerichtssitzung, und zwar in Gegenwart des Anklägers, des Angeklagten (§ 234) und des Verteidigers zu verkünden.

§ 340, neuer vierter Absatz. Wurde ein Beschluß nach dem letzten Absatze des § 260 gefaßt, so ist er samt den Gründen nach dem Urteile zu verkünden; der Vorsitzende belehrt den Angeklagten über sein Beschwerderecht.

§ 341, erster Absatz, erster Satz. Hat der Schwurgerichtshof die Todesstrafe in einem Falle verhängt, in welchem diese Strafe ausschließlich angedroht ist, so nimmt er unmittelbar nach Verkündung des Urteiles mit Zuziehung des Staatsanwaltes in Beratung, ob der Verurteilte einer Begnadigung würdig erscheine oder nicht, und welche Strafe im Falle der Begnadigung anstatt der Todesstrafe angemessen wäre.

§ 341, neuer zweiter Absatz. In den übrigen Fällen, in welchen ein Todesurteil gefällt wird, ist das Gutachten über die Begnadigung vom Kassationshofe zu erstatten.

§ 344, Eingang. Die Nichtigkeitsbeschwerde kann nur dann ergriffen werden, wenn einer der in den §§ 216 und 218 angeführten Nichtigkeitsgründe oder einer der folgenden Fälle vorliegt:

§ 344, erster Absatz, Z. 10b und c und Z. 12. 10b. ob Umstände vorhanden seien, vermöge welcher die Strafbarkeit der Tat ausgeschlossen oder aufgehoben oder die Verfolgung wegen derselben ausgeschlossen ist; endlich

10c. ob die nach dem Gesetze erforderliche Anklage oder die Ermächtigung zur Verfolgung fehle,

12. wenn der Gerichtshof im Ausspruche über die Strafe oder über Straffolgen seine Strafbefugnis oder die Grenzen des gesetzlichen Strafsatzes überschritten oder die Bestimmungen des § 293, Absatz 3, oder des § 359, Absatz 4, verletzt oder unrichtig angewendet hat.

§ 345. Die Berufung richtet sich nach den Bestimmungen der §§ 283 und 283 a—c.

§ 346, erster Absatz, neuer zweiter Satz. Der Kassationshof weist eine Nichtigkeitsbeschwerde, die sich auf einen der in den §§ 216, 218 und 344 Z. 1—4 angegebenen Gründe stützt, bei der nicht öffentlichen Beratung zurück, wenn er einstimmig erachtet, daß sie ohne weitere Erörterung als offenbar ungegründet zu verwerfen sei.

§ 347. Der Kassationshof hat dem Angeklagten für den Gerichtstag einen Verteidiger aus der Zahl der am Sitze des Kassationshofes wohnhaften Verteidiger zu bestellen; es sei denn, daß der Angeklagte oder sein gesetzlicher Vertreter erklären, daß sie selbst einen Verteidiger zu dem Gerichtstage entsenden

§ 348, erster Absatz, neuer zweiter Satz. Ist einer der in den §§ 216 und 218 angeführten Nichtigkeitsgründe vorhanden, so hebt der Kassationshof den Wahrspruch der Geschwornen und das Urteil auf, verweist die Sache zur nochmaligen Verhandlung vor das zuständige Gericht erster Instanz und verfügt die sonst nötige Verbesserung des Verfahrens.

§ 356. Der Staatsanwalt kann die Wiederaufnahme des Verfahrens, um zu bewirken, daß eine Handlung, wegen welcher der Angeklagte verurteilt worden ist, nach einem strengeren Strafgesetze beurteilt werde, nur unter den im § 355 erwähnten Voraussetzungen und überdies nur dann beantragen:

1. wenn das wirklich verübte Verbrechen mit Todesstrafe oder lebenslanger Kerkerstrafe bedroht ist, während nach dem Strafsatze der dem Urteile zugrunde gelegt wurde, nur auf eine zeitliche Kerkerstrafe erkannt werden konnte;

2. wenn das Höchstmaß des auf das Verbrechen anzuwendenden Strafsatzes zehn Jahre übersteigt, während die Bemessung der Strafe nach einem Strafsatze erfolgte, dessen Höchstmaß fünf Jahre nicht übersteigt;

3. wenn die Tat sich als ein Verbrechen darstellt, während der Angeklagte nur wegen eines Vergehens, das mit einer zwei Jahre nicht übersteigenden Freiheitsstrafe bedroht ist, oder nur wegen einer Übertretung verurteilt wurde.

§ 359, dritter Absatz. Wird durch dieses Erkenntnis der Angeklagte verurteilt, so ist bei Bemessung der Strafe die bereits vollzogene Strafe nach den Vorschriften des Strafgesetzes anzurechnen.

§ 363, Z. 4. 4. wenn eine Tat, die ein Verbrechen begründet, von einem Bezirksgerichte durch unrichtige Anwendung des Gesetzes als ihm zur Aburteilung zukommend behandelt wurde, vorausgesetzt, daß seit der Entscheidung des Bezirksgerichtes noch nicht mehr als sechs Monate und, wenn es sich um eines der dem Gerichtshofe erster Instanz als großem Schöffengerichte oder dem Geschwornengerichte zur Aburteilung zugewiesenen Verbrechen handelt, noch nicht mehr als zwölf Monate verflossen sind.

§ 367. Ist eine Sache, bezüglich welcher das Gericht sich überzeugt, daß sie dem Privatbeteiligten gehöre, unter den Habseligkeiten des Angeklagten oder eines an der strafbaren Handlung Beteiligten oder an einem Orte gefunden worden, wohin sie von diesen Personen nur zur Aufbewahrung gelegt oder gegeben wurde, so verordnet der Gerichtshof, daß die Zurückstellung nach eingetretener Rechtskraft des Urteiles erfolge. Mit ausdrücklicher Zustimmung des Beschuldigten kann jedoch die Ausfolgung auch sogleich geschehen.

Diese Zurückstellung der dem Beschädigten entzogenen Gegenstände kann auch vor der Hauptverhandlung durch den Untersuchungsrichter erfolgen, wenn deren Aufbewahrung nicht zur Überweisung des Beschuldigten oder eines an der strafbaren Handlung Beteiligten nötig ist und wenn der Beschuldigte und der Ankläger damit einverstanden sind.

§ 369. Wenn das dem Beschuldigten entzogene Gut nicht mehr zurückgestellt werden kann, sowie in allen Fällen, wo es sich nicht um die Rückstellung eines entzogenen Gegenstandes, sondern um den Ersatz eines erlittenen Schadens oder entgangenen Gewinnes oder um Tilgung einer verursachten Beleidigung handelt (§ 1323 ABGB.), ist in dem verurteilenden Erkenntnisse die Schadloshaltung oder Genugtuung zuzuerkennen, insoferne sowohl der Betrag derselben als auch die Person, welcher dieselbe gebührt, mit Zuverlässigkeit bestimmt werden kann.

§ 370. Ergeben sich aus den gepflogenen Erhebungen Gründe, zu vermuten, daß der Beschädigte seinen Schaden zu hoch angebe, so kann ihn das Gericht, nach Erwägung aller Umstände, allenfalls nach vorgenommener Schätzung durch Sachverständige mäßigen.

§ 371, erster Absatz. Ergibt sich aus der Schuld des Angeklagten die gänzliche oder teilweise Ungültigkeit eines mit demselben eingegangenen Rechtsgeschäftes oder eines Rechtsverhältnisses, so ist in dem Urteile auch hierüber und über die daraus entspringenden Rechtsfolgen zu erkennen.

§ 381, erster Absatz, Z. 6. 6. die Reisekosten und Diäten der Gerichtspersonen und Staatsanwälte und die Gebühren der Geschwornen und Schöffen,

§ 389, erster Absatz. Wird der Angeklagte einer strafbaren Handlung schuldig erkannt, so ist in dem Urteile zugleich auszudrücken, daß er auch die Kosten des Strafverfahrens zu ersetzen habe.

§ 389, dritter Absatz, letzter Satz. Zur Bezahlung aller anderen Kosten des Strafverfahrens sind der Täter, der Anstifter, Gehilfe, Hehler und Begünstiger zur ungeteilten Hand zu verurteilen, soferne der Gerichtshof nicht besondere Gründe findet, eine Beschränkung dieser Haftung eintreten zu lassen.

§ 395 a. (Nach der Überschrift des dreiundzwanzigsten Hauptstückes einzuschalten.) Die Vollstreckung der Urteile wird von dem Vorsitzenden des Gerichtshofes angeordnet, der in erster Instanz erkannt hat. Der Gerichtshof entscheidet nach Anhörung des Staatsanwaltes, wenn über die Zulässigkeit des Vollzuges der Strafe oder die Berechnung der Strafe Zweifel entstehen.

Wenn das Gesetz die Anfechtung einer Entscheidung zuläßt, steht dem Staatsanwalte und dem Verurteilten binnen drei Tagen die Beschwerde an den Gerichtshof zweiter Instanz zu. Der Gerichtshof zweiter Instanz entscheidet in nicht öffentlicher Sitzung nach Anhörung des Oberstaatsanwaltes.

§ 397, erster Satz. Jedes verurteilende Erkenntnis ist ungesäumt in Vollzug zu setzen, sobald feststeht, daß der Vollstreckung nicht ein gesetzliches Hindernis und insbesondere nicht ein rechtzeitig und von einem hiezu Berechtigten ergriffenes Rechtsmittel entgegensteht, dem das Gesetz aufschiebende Wirkung beimißt (§ 284, Absatz 3, § 294, Absatz 1, § 346).

§ 397, letzter Satz. Der Angeklagte ist in Freiheit zu setzen, wenn das Gericht von der Verhängung einer Strafe absieht, nur auf eine Geldstrafe erkennt oder einen bedingten Strafnachlaß gewährt.

§ 399. Wenn der Verurteilte an einer übertragbaren Krankheit leidet oder wenn in seiner nächsten Umgebung eine solche Krankheit herrscht, kann der Vollzug der Freiheitsstrafe aufgeschoben werden.

§ 401. Der Beginn des Vollzuges einer Freiheitsstrafe, die nicht sechs Monate übersteigt, kann auf kurze Zeit aufgeschoben werden, wenn durch deren unverzügliche Vollstreckung der Erwerb des Verurteilten oder der Unterhalt seiner schuldlosen Familie gefährdet würde oder ein Aufschub zur Ordnung von Familienangelegenheiten dringend geboten erscheint und in beiden Fällen die Flucht des Verurteilten nicht zu besorgen ist.

Diesen Aufschub bewilligt der Gerichtshof erster Instanz nach Anhörung des Staatsanwaltes für eine Zeit von höchstens sechs Wochen von der Rechtskraft des Urteiles an. Ein längerer Aufschub kann nur auf Antrag des Gerichtshofes erster Instanz vom Gerichtshofe zweiter Instanz aus besonders wichtigen Gründen bewilligt werden. Das Ansuchen ist beim Gerichtshofe erster Instanz anzubringen, der es zurückweist, wenn er nicht auf Bewilligung anzutragen erachtet.

Stimmen der Vorsitzende und der Staatsanwalt überein, den Aufschub zu bewilligen oder das Ansuchen befürwortend vorzulegen, so bedarf es keines Beschlusses des Gerichtshofes.

Gegen die Entscheidung findet kein Rechtsmittel statt.

§ 402. Die Vollstreckung der Freiheitsstrafe darf nicht unterbrochen werden.

Wenn ein Todesfall oder eine dringende und wichtige Familienangelegenheit die Anwesenheit eines Sträflings bei seiner Familie notwendig macht, kann der Gerichtshof erster Instanz nach Anhörung des Staatsanwaltes die Unterbrechung des Vollzuges der Strafe für die Dauer von höchstens acht Tagen bewilligen, wenn der Sträfling nur eine Haftstrafe oder eine sechs Monate nicht übersteigende Gefängnisstrafe zu verbüßen hat. Bei Freiheitsstrafen, die in einer Strafanstalt verbüßt werden, steht diese Befugnis dem Oberstaatsanwalte zu. Sträflinge, deren Flucht zu besorgen ist, sind von der Begünstigung ausgeschlossen.

Stimmen der Vorsitzende und der Staatsanwalt überein, die Unterbrechung zu bewilligen, so bedarf es keines Beschlusses des Gerichtshofes.

Gegen die Entscheidung findet kein Rechtsmittel statt.

§ 402a. Der Vollzug der gegen eine Militärperson oder Landwehrperson verhängten Freiheitsstrafe, die nicht sechs Monate übersteigt, ist auf Verlangen der zuständigen Militärbehörde oder Landwehrbehörde zu verschieben oder zu unterbrechen, wenn der Verurteilte zur Dienstleistung einberufen wird.

§ 405. Der Vollzug der Freiheitsstrafen erfolgt nach den Bestimmungen des neunundzwanzigsten Hauptstückes.

§ 406. Hat der zu Hausarrest Verurteilte sein Gelöbnis gebrochen, so verfügt der Gerichtshof erster Instanz den Vollzug der Haft in der ganzen Dauer des Hausarrestes; gegen die Entscheidung steht die Beschwerde mit aufschiebender Wirkung offen.

§ 407. Wenn der Verurteilte die Geldstrafe nicht bei der Urteilsverkündung sofort erlegt, wird er nach Rechtskraft des Urteils aufgefordert, sie binnen 8 Tagen zu bezahlen, widrigens sie zwangsweise eingetrieben werde.

Der Gerichtshof erster Instanz ist befugt, die Zahlungsfrist auf eine angemessene Zeit, jedoch höchstens bis zu sechs Monaten nach Rechtskraft des Urteiles zu verlängern oder die Entrichtung der Geldstrafe in Teilbeträgen innerhalb dieser Frist zu gestatten. Stimmen der Vorsitzende und der Staatsanwalt überein, das Ansuchen zu bewilligen, so bedarf es keines Beschlusses des Gerichtshofes. Gegen die Entscheidung findet kein Rechtsmittel statt.

Eine Geldstrafe oder ein Teilbetrag, die nicht rechtzeitig erlegt werden, sind nach den bestehenden Vorschriften einzutreiben.

Würde der Verurteilte durch die Eintreibung der Geldstrafe in seinem Unterhalte gefährdet oder in der Erfüllung der Pflicht gehindert, seinen Angehörigen den Unterhalt oder dem Beschädigten Ersatz zu leisten, so kann das Gericht dem Verurteilten gestatten, die Geldstrafe durch freie Arbeit für den Staat, ein Land, einen Bezirk oder eine Gemeinde zu tilgen, wenn zur Zeit des Ansuchens Gelegenheit zu solchen Arbeiten vorhanden ist.

Die Durchführung dieser Maßregel wird durch Verordnung festgesetzt.

Wenn die Geldstrafe weder eingetrieben werden kann noch durch freie Arbeit getilgt wird, so erklärt das Gericht die Geldstrafe als uneinbringlich und ordnet den Vollzug der Ersatzstrafe an.

§ 408. Die Bestimmungen über die Einbringung von Geldstrafen sind auch auf die Einziehung von Geldbeträgen anzuwenden.

Wurde eine andere bewegliche Sache eingezogen und kommt der Verurteilte der Aufforderung des Strafgerichtes nicht nach, sie binnen acht Tagen zu erlegen, so verfügt das zur Bewilligung der Exekution zuständige Gericht, daß die eingezogene Sache dem Verurteilten abgenommen und zu Gericht erlegt werde. Die abgenommene Sache ist bei der nächsten gerichtlichen Versteigerung auch unter dem Schätzwerte zu veräußern.

Wurde ein unbewegliches Gut oder eine auf einem unbeweglichen Gute haftende Forderung eingezogen, so ist der Anspruch des Staates auf Übertragung des Eigentums an der Liegenschaft oder Forderung auf Antrag der Finanzprokuratur nach den Vorschriften der Exekutionsordnung zu vollstrecken. Wurde ein bücherlich nicht sichergestellte Forderung eingezogen, so ist sie auf Antrag der Finanzprokuratur unter sinngemäßer Anwendung der Vorschriften über die Exekution auf Forderungen dem Staate zu überweisen.

Hat der Verurteilte sich des Vermögensvorteiles entäußert oder ihn verbraucht, so ordnet das Gericht den Vollzug der an die Stelle der Einziehung tretenden Geldstrafe an.

§ 409. Die Übergabe erlegter Geldstrafen, eingezogener Geldbeträge und des Erlöses eingezogener Sachen oder Forderungen an die Länder, Bezirke und Gemeinden (§ 31 StGB.) wird vom Justizminister in dem auf den Erlag folgenden Kalenderjahre angeordnet.

Die Übergabe erfolgt an die Landesausschüsse, welchen die Verteilung zwischen dem Landesfonds, den Bezirken und Gemeinden obliegt.

§ 409a. Zieht eine Verurteilung die Schmälerung der bürgerlichen Ehrenrechte oder eine andere Straffolge kraft Gesetzes nach sich oder ist vom Gerichte darauf erkannt worden, so verständigt das Gericht nach Rechtskraft des Urteiles die Behörde, welcher die zum Vollzuge erforderlichen Vorkehrungen zustehen.

Ein Strafurteil gegen eine Person, die ein öffentliches Amt oder eine öffentliche Würde bekleidet, ist nach Eintritt der Rechtskraft dem unmittelbaren Vorgesetzten des Verurteilten bekanntzugeben.

Muß infolge eines Strafurteiles eine der im § 158 genannten Personen verhaftet werden, so ist deren unmittelbarer Vorgesetzter ungesäumt zu benachrichtigen.

§ 409b. Die an den Staat zu ersetzenden Kosten des Strafverfahrens werden nach den Bestimmungen des ersten und zweiten Absatzes des § 407 eingebracht.

Für die zwangsweise Eintreibung gelten dieselben Vorschriften wie für die Eintreibung der Geldstrafen.

§ 410a. Wenn nach Rechtskraft des Strafurteiles der Verurteilte wegen derselben Tat im Auslande eine Strafe verbüßt hat oder wenn ein wegen mehrerer strafbaren Handlungen Verurteilter nicht zum Strafvollzuge wegen aller dieser Handlungen ausgeliefert worden ist, so bestimmt der Gerichtshof erster Instanz den vollstreckbaren Teil der Strafe nach Anhörung des Staatsanwalts.

Gegen die Entscheidung steht die Beschwerde offen. Hat der Kassationshof die Strafe bemessen, so entscheidet er nach Anhörung des Generalprokurators über den vollstreckbaren Teil der Strafe.

§ 411a. Die Schutzaufsicht über den Jugendlichen, dem die Strafe bedingt nachgelassen wurde, wird durch Vertrauenspersonen ausgeübt.

Als Vertrauenspersonen sind insbesondere Männer und Frauen zu bestellen, die in der Waisenpflege, Jugendfürsorge oder in der Fürsorge für entlassene Gefangene tätig sind. Das Gericht hat mit staatlichen und autonomen Verwaltungsorganen, mit Seelsorgern und Lehrern sowie mit Organen der freiwilligen Fürsorge in Verbindung zu treten, um geeignete Vertrauenspersonen zu gewinnen.

§ 411b. Die Vertrauensperson wird mit Handschlag in Pflicht genommen.

Die Vertrauensperson hat die Pflicht, dem Jugendlichen während der Probezeit mit Rat und Tat beizustehen, auf seinen Lebenswandel und seinen Umgang Einfluß zu nehmen, ihn moralisch zu festigen und ihm zu helfen, ein ehrliches Fortkommen zu finden. Die Vertrauensperson wacht darüber, daß der Jugendliche die Weisungen befolge, die ihm das Gericht für sein Verhalten erteilt hat.

Das Gericht kann anordnen, daß die Vertrauensperson in Zeitabschnitten über das Verhalten der Jugendlichen berichte; es kann den Jugendlichen vorladen und ihm bestimmte Weisungen für sein Verhalten während der Probezeit erteilen.

§ 411c. Die Beschlüsse, durch die der Vollzug einer bedingt nachgelassenen Strafe angeordnet oder der Nachlaß der Strafe festgestellt wird, faßt das Gericht erster Instanz nach Anhörung des Staatsanwaltes.

Gegen die Beschlüsse steht die Beschwerde mit aufschiebender Wirkung offen.

Der Aufschub des Strafvollzuges und der Strafnachlaß oder der Widerruf sind in das Strafregister einzutragen.

§ 411d. Das Gericht kann die vorläufige Unterbringung oder die vorläufige Verwahrung eines Jugendlichen, den es der Fürsorgeerziehung überwiesen hat, anordnen, wenn die Fürsorgeerziehung wegen eines gegen die Entscheidung ergriffenen Rechtsmittels oder aus anderen Gründen nicht sogleich vollzogen werden kann und das Wohl des Jugendlichen eine solche Vorsorge erfordert oder die Gefahr besteht, daß der Jugendliche flüchten werde.

§ 411e. Wenn das Gericht statt eine Strafe zu verhängen einen verurteilten Jugendlichen der Fürsorgeerziehung überwiesen hat und diese wegen Vollendung des achtzehnten Lebensjahres überhaupt nicht oder aus anderen Gründen nicht innerhalb angemessener Frist eingeleitet werden kann, so hat das Gericht auf eine entsprechende Strafe zu erkennen, nachdem es den Verurteilten vernommen und die notwendigen Erhebungen vorgenommen hat. Das Gericht kann davon absehen, eine Strafe zu verhängen, wenn das Verhalten des Verurteilten während eines längeren Zeitraumes seine Besserung beweist.

Der Beschluß ist von dem Gerichte, das in erster Instanz erkannt hat, in nicht öffentlicher Sitzung nach Anhörung des Staatsanwaltes zu fassen. Gegen die Entscheidung steht die Beschwerde mit aufschiebender Wirkung offen.

§ 411f. Über das Ansuchen um Rehabilitation entscheidet der Gerichtshof, der die Strafsache in erster Instanz entschieden hat oder in dessen Sprengel das Bezirksgericht liegt, das in erster Instanz entschieden hat. Das Gesuch ist dem Staatsanwalte mitzuteilen, der die erforderlichen Erhebungen veranlaßt. Das Gericht entscheidet in nicht öffentlicher Sitzung nach Anhörung des Staatsanwaltes durch Beschluß. Gegen den Beschluß steht die Beschwerde mit aufschiebender Wirkung offen.

Das Begehren, daß die kraft des Gesetzes eingetretene Rehabilitation angemerkt werde, ist bei dem Gerichte anzubringen, das die Strafsache in erster Instanz entschieden hat. Es wird vom Vorsitzenden erledigt. Der Ausspruch, der dem Begehren stattgibt, hat dahin zu lauten, daß die Rehabilitation eingetreten und im Strafakte und in der im Strafregisteramte erliegenden Strafakte anzumerken und in den Vormerken der Verwaltungsbehörden ersichtlich zu machen sei.

§ 411g. Zum Zwecke einer einheitlichen Vormerkung aller Verurteilungen sind bei den Staatsanwaltschaften Strafregister zu führen. Alle Verurteilungen sind den Strafregisterämtern durch Strafkarten mitzuteilen. Die innere Einrichtung dieser Strafregister und der Vorgang bei Verurteilungen von Ausländern wird durch Verordnung geregelt.

Die Strafregisterämter dürfen nur an staatliche Behörden Auskünfte erteilen.

§ 417, zweiter Absatz. Wie mit Steckbriefen, so ist auch mit der Beschreibung und Kundmachung von gestohlenen oder geraubten Sachen, von Gegenständen eines verübten Betruges, einer Fälschung von Geld, öffentlichen Wertpapieren oder öffentlichen Wertzeichen vorzugehen. Wenn eine solche Beschreibung Gegenstände von größerem Werte oder von solcher Beschaffenheit betrifft, daß Hoffnung vorhanden ist, durch ihre Bekanntmachung den Täter selbst zu entdecken oder noch ferneres Übel zu verhindern oder demjenigen, der Schaden leidet, Entschädigung zu verschaffen, so ist die Bekanntmachung ohne

Verzug vorzunehmen. Jedermann ist verpflichtet, dasjenige, was er von den beschriebenen Gegenständen erfährt, sogleich der Obrigkeit anzuzeigen.

§ 421, vierter Absatz. Dasselbe hat zu geschehen, wenn die Auslieferung eines Beschuldigten, welcher sich in den Ländern der ungarischen Krone oder in Bosnien oder Herzegowina befindet, von den dortigen Behörden verweigert wird.

§ 427, erster Absatz, erster Satz. Ist der Angeklagte bei der Hauptverhandlung nicht erschienen, so kann in seiner Abwesenheit die Hauptverhandlung vorgenommen und das Urteil gefällt werden, jedoch bei sonstiger Nichtigkeit nur dann, wenn es sich um eine höchstens mit fünfjähriger Freiheitsstrafe bedrohte Tat handelt, wenn der Angeklagte zur Zeit der Tat das achtzehnte Lebensjahr vollendet hatte und in der Voruntersuchung schon vernommen wurde und wenn ihm die Vorladung zur Hauptverhandlung noch persönlich zugestellt wurde.

§ 427, dritter Absatz, letzter Satz. Hat der Verurteilte zugleich mit dem Einspruche die Nichtigkeitsbeschwerde oder die Berufung ergriffen oder liegt eine von anderer Seite ergriffene Berufung oder Nichtigkeitsbeschwerde vor, so ist von jenem Gerichte, welchem die Akten nach Vorschrift der §§ 285c und 294 vorgelegt werden, vorerst über den Einspruch in nicht öffentlicher Sitzung nach Anhörung der Staatsanwaltschaft zu entscheiden, und nur wenn derselbe zurückgewiesen wird, in die Prüfung der Berufung oder Nichtigkeitsbeschwerde einzugehen.

§ 429, erster Satz. Das standrechtliche Verfahren kann in der Regel nur in den Fällen des Aufruhrs stattfinden, wenn Gewalttätigkeiten gegen Personen oder Sachen verübt wurden und die übrigen gesetzlichen Mittel zu dessen Unterdrückung nicht ausreichen.

§ 430, erster Satz. Außerdem kann das standrechtliche Verfahren auch dann angeordnet werden, wenn in einzelnen oder mehreren Bezirken Mord, Raub, Landfriedensbruch oder ein gemeingefährliches Verbrechen in besonders gefahrdrohender Weise um sich greifen.

§ 432. Die Bekanntmachung des standrechtlichen Verfahrens ist im Falle des Aufruhrs mit dem Befehle zu verbinden, daß sich jedermann von allen aufrührerischen Zusammenrottungen, allen Aufreizungen hierzu und aller Teilnahme daran zu enthalten und den zur Unterdrückung des Aufruhrs ergehenden Anordnungen der Obrigkeit zu fügen habe, widrigens jeder, der sich nach der Kundmachung derselben des Aufruhrs schuldig macht, standrechtlich gerichtet und mit dem Tode bestraft würde.

§ 433. Auf die im vorausgehenden Paragraphen angegebene Art ist auch bei Bekanntmachung des Standrechtes wegen einer der im § 430 bezeichneten strafbaren Handlungen vorzugehen. Nach Umständen kann das Standrecht auch nur gegen diejenigen bekannt gemacht werden, welche eine dieser strafbaren Handlungen auf eine bestimmt bezeichnete, besondere Art begehen sollten. In jedem dieser

Fälle ist die Begehung der strafbaren Handlung überhaupt oder in der bezeichneten besonderen Art mit der Strafe des Todes zu bedrohen.

§ 434, erster Absatz. Mit der Kundmachung des standrechtlichen Verfahrens wird der Gerichtshof erster Instanz, in dessen Sprengel die Verkündung erfolgte, für alle in seinem Bezirke verübten strafbaren Handlungen, auf welche sich das standrechtliche Verfahren nach den Bestimmungen der §§ 432 und 433 zu erstrecken hat, sowie für die Anstiftung und Beihilfe zu diesen strafbaren Handlungen ausschließend zuständig, und zwar ohne Rücksicht auf die gegen den Beschuldigten bei einem ordentlichen Gerichte etwa anhängigen Untersuchungen.

§ 441, zweiter und dritter Absatz. Das Verfahren hat sich in der Regel auf den Beweis der Tat zu beschränken, wegen welcher das standrechtliche Verfahren eingeleitet worden ist. Es ist daher auf andere strafbare Handlungen des Ergriffenen keine Rücksicht zu nehmen. Werden diese im Wege des ordentlichen Strafverfahrens verfolgt, so verhängt das Gericht die Strafe als Zusatzstrafe, die nach Anrechnung der vom Standgerichte ausgesprochenen Freiheitsstrafe (§ 442, Absatz 2) noch erübrigt.

Das Verfahren darf durch Erhebungen über die Entschädigung nicht aufgehalten werden. Ebenso ist die Ausforschung der Anstifter und Gehilfen zwar nicht außer acht zu lassen, jedoch soll deshalb die Schöpfung und Vollziehung des Erkenntnisses gegen den Ergriffenen nicht aufgeschoben werden.

§ 442, zweiter Absatz. Gegen jugendliche Beschuldigte ist auf Gefängnis von drei bis zn füufzehn Jahren; gegen Personen, die zur Zeit der Tat im Alter vom vollendeten achtzehnten bis zum vollendeten zwanzigsten Lebensjahre standen, auf Kerker von fünf bis zu zwanzig Jahren zu erkennen. Gegen andere Personen kann das Standgericht aus wichtigen Milderungsgründen auf Kerker von fünf bis zu zwanzig Jahren erkennen, wenn sie minder beteiligt sind und durch die Vollziehung der Todesstrafe an einem oder mehreren der Strafwürdigsten das zur Herstellung der Ruhe nötige abschreckende Beispiel gegeben ist.

§ 445, zweiter Absatz. Die Todesstrafe ist zwei Stunden nach der Verkündung des Urteiles mit dem Strange oder durch Erschießen zu vollziehen; nur auf ausdrückliches Bitten des Verurteilten kann ihm noch eine dritte Stunde zu seiner Vorbereitung auf den Tod gestattet werden.

§ 452, Z. 3. 3. Die Untersuchungshaft kann nur in den Fällen des § 175, Z. 2 und 3 verhängt werden. Die Vorschriften des § 184 sind anzuwenden. Die Verhafteten können sich ihre Nahrung außer dem Hause bereiten lassen, soferne dadurch die Ordnung des Hauses nicht gestört wird.

§ 453, zweiter und dritter Absatz. Handelt es sich aber um die Überweisung eines leugnenden Beschuldigten durch die Aussage von Zeugen, so müssen dieselben, wenn der Beschuldigte deren Beeidigung insbesondere verlangt oder wenn es sich um eine Gesetzesübertretung handelt, die eine Freiheitsstrafe von mehr als sechs Wochen oder eine Geldstrafe von mehr als fünfhundert Kronen nach sich ziehen kann, beeidet werden, soferne ihrer Beeidigung kein gesetzliches Hindernis entgegensteht.

Für ihr Amt oder ihren Dienst beeidete Personen des öffentlichen Dienstes sind unter Erinnernng an ihren Diensteid als Zeugen zu vernehmen, wenn sie eine Aussage über Tatsachen oder Umstände ablegen, die sie bei Ausübung ihres Amtes oder Dienstes wahrgenommen haben und ihre Aussage einen Gegenstand betrifft, auf welchen sich ihre Amtshandlung bezog. Die Bestimmung gilt auch für Mitglieder der Gendarmerie und der Militärpolizeiwache; auf andere Militärpersonen ist sie nicht anzuwenden.

§ 455, neuer vierter und fünfter Absatz. Einem Beschuldigten, der das achtzehnte Lebensjahr nicht vollendet hat, ist für die Hauptverhandlung ein Verteidiger von Amts wegen zu bestellen, wenn der gesetzliche Vertreter an der strafbaren Handlung beteiligt ist oder wenn die geringere geistige Entwicklung des Beschuldigten oder andere wichtige Umstände dies notwendig oder zweckmäßig erscheinen lassen und für seine Verteidigung anderweitig nicht gesorgt ist. Ist die Bestellung einer in die Verteidigerliste eingetragenen Person nicht tunlich, so können zum Richteramte befähigte Beamte oder andere geeignete Personen, die zur Übernahme der Verteidigung bereit sind, als Verteidiger bestellt werden, und zwar auch Personen weiblichen Geschlechtes.

In andern Fällen findet die Beigebung eines Verteidigers von Amts wegen oder eines Armenvertreters nicht statt.

§ 456, erster Satz. Die Hauptverhandlung vor dem Bezirksgerichte (§ 9) ist öffentlich bei sonstiger Nichtigkeit, jedoch unter den in den §§ 228—231 a und § 231 c enthaltenen Beschränkungen.

§ 457 a. Ist ein Jugendlicher beschuldigt, so ist dessen Alter zu erheben.

Ergeben sich Zweifel über die Entwicklung und die geistige Reife des Jugendlichen oder liegen Anzeichen seiner Verwahrlosung oder der Gefahr ihres Eintrittes vor, so sind alle maßgebenden Umstände, insbesondere die Verhältnisse, unter denen er aufgewachsen ist, und seine frühere Aufführung in der Hauptverhandlung festzustellen, soferne dies nicht schon vorher geschehen ist.

§ 458. Nach geschlossener Verhandlung wird sofort das Urteil gefällt, samt dessen wesentlichen Gründen vom Richter verkündet und bei sonstiger Nichtigkeit dem Protokolle einverleibt oder beigelegt. Der Richter ist befugt, nach geschlossener Verhandlung die Fällung des Urteiles bis auf den darauf folgenden Tag auszusetzen.

Die Befugnis, einem Erwachsenen die Strafe bedingt nachzulassen, steht dem Gerichtshofe erster Instanz als Berufungsgerichte zu, wenn das Höchstmaß der angedrohten Strafe mehr als drei Monate Freiheitsstrafe oder tausend Kronen Geldstrafe beträgt und der mit den staatsanwaltschaftlichen Verrichtungen betraute Beamte, der Bewilligung nicht zugestimmt hat. Hält in einem solchen Falle der Richter den bedingten Nachlaß der Strafe für begründet, so hat er ihn beim Gerichtshofe zu beantragen. Dieser Ausspruch ist in das Urteil aufzunehmen.

Im übrigen haben die im achtzehnten Hauptstücke für die Hauptverhandlung erteilten Vorschriften auch für die Verhandlung vor dem Bezirksgerichte zu gelten.

§ 459, neuer zweiter Absatz. Gegen einen jugendlichen Beschuldigten darf in seiner Abwesenheit bei sonstiger Nichtigkeit weder die Hauptverhandlung vorgenommen noch das Urteil gefällt werden.

§ 460. Wenn von einer öffentlichen Behörde oder einer Person des öffentlichen Dienstes gegen einen auf freiem Fuße befindlichen Beschuldigten auf Grund ihrer eigenen dienstlichen Wahrnehmung eine Übertretung angezeigt wird, die im Gesetze mit einer Freiheitsstrafe bis zu drei Monaten oder mit einer Geldstrafe bis zu tausend Kronen bedroht ist, so kann der Richter, insoferne er eine Freiheitsstrafe von höchstens einer Woche oder eine Geldstrafe von höchstens hundert Kronen zu verhängen findet, auf Antrag des mit den staatsanwaltschaftlichen Verrichtungen betrauten Beamten die verwirkte Strafe ohne vorausgehendes Verfahren durch eine Strafverfügung festsetzen.

Gegen einen jugendlichen Beschuldigten darf eine Strafverfügung nicht erlassen werden.

§ 464. Die Berufung kann ergriffen werden:

1. wegen vorliegender Nichtigkeitsgründe;
2. wegen des Ausspruches über die Schuld;
3. wegen des Ausspruches über die Strafe, über Straffolgen und die Anordnung der Fürsorgeerziehung statt einer Strafe unter den in den §§ 283 und 283 a angeführten Voraussetzungen;
4. wegen der Entscheidung über die privatrechtlichen Ansprüche.

Die Berufung kann ferner ergriffen werden, wenn in den Fällen des zweiten Absatzes des § 458 der Richter keinen Antrag auf Bewilligung des bedingten Strafnachlasses stellt.

Gegen die Anordnung der Schutzaufsicht über einen Jugendlichen, dem bedingter Strafnachlaß bewilligt wurde, und gegen eine Weisung, die dem Jugendlichen für sein Verhalten während der Probezeit erteilt wird, findet kein Rechtsmittel statt.

§ 465, erster Absatz. Zugunsten des Angeklagten kann die Berufung sowohl von ihm selbst, als auch von seinem Ehegatten, seinen Verwandten in aufsteigender und absteigender Linie und seinem gesetzlichen Vertreter ergriffen werden.

§ 465, neuer vierter und fünfter Absatz. Wegen der Entscheidung über die Anordnung der Fürsorgeerziehung statt einer Strafe kann die Berufung vom Angeklagten, dessen gesetzlichen Vertreter und vom Staatsanwalte ergriffen werden.

In den Fällen, in welchen das Gesetz dem Verletzten oder dem Freigesprochenen das Recht einräumt, die Veröffentlichung des Urteiles zu begehren, sind diese Personen zur Berufung berechtigt, wenn ihrem Antrage nicht stattgegeben wurde.

§ 466, fünfter Absatz. Die Entlassung eines freigesprochenen Angeklagten aus der Haft darf nur wegen einer Berufung des Staatsanwaltes, und zwar bloß dann aufgeschoben werden, wenn diese sogleich bei Verkündung des Urteiles angemeldet wird und nach den Umständen die Annahme begründet ist, daß sich der Angeklagte dem Verfahren durch die Flucht entziehen werde. Gegen die Entlassung aus der Haft ist ein Rechtsmittel nicht zulässig.

§ 467, dritter Absatz. Die zugunsten des Angeklagten ergriffene Berufung gegen den Ausspruch über die Schuld enthält auch die Berufung gegen die Bemessung der Strafe und die sonst dem Urteile vorbehaltenen Entscheidungen.

§ 468, erster Absatz, Z. 2. 2. wenn eine Vorschrift verletzt oder vernachlässigt worden ist, deren Beobachtung das Gesetz bei sonstiger Nichtigkeit vorschreibt (§§ 120, 151, 152, 170, 271, 456, 458 und 459) oder wenn einer der im § 281, Z. 4 und 5, erwähnten Nichtigkeitsgründe vorliegt.

§ 469, letzter Satz. Bezieht sich die Berufung nur auf die im § 464, Absatz 1, Z. 3 und 4 Absatz 2 angeführten Punkte, so entscheidet der Gerichtshof sofort auch in der Sache selbst.

§ 471, erster Absatz. Liegt keiner der in den §§ 469 und 470, Absatz 3 erwähnten Fälle vor, so ist ein Gerichtstag zur öffentlichen Verhandlung über die Berufung, und zwar auch soweit sie gegen den Ausspruch über die Strafe und die sonst dem Urteile vorbehaltenen Entscheidungen gerichtet ist, anzuordnen und es sind dazu der Ankläger, der Angeklagte und jene Zeugen und Sachverständigen, deren Vorladung nach § 470 beschlossen wurde, rechtzeitig vorzuladen. Für einen Angeklagten, der das achtzehnte Lebensjahr nicht vollendet hat, ist ein Verteidiger von Amts wegen zu bestellen, wenn die im vierten Absatze des § 455 angeführten Voraussetzungen vorliegen.

§ 472, erster Absatz. Die Verhandlung vor der Berufungsbehörde ist öffentlich nach den Vorschriften der §§ 228 - 231 a und § 231 c.

§ 482, erster Absatz. Die Strafen werden nach den Vorschriften des neunundzwanzigsten Hauptstückes vollzogen.

§ 484. Das Strafrichteramt in Preßsachen steht ausschließlich den Gerichten zu. Zur Hauptverhandlung und Entscheidung sind rücksichtlich der Übertretungen die Bezirksgerichte, rücksichtlich der durch den Inhalt einer Druckschrift begangenen Verbrechen und Vergehen die Gerichtshöfe erster Instanz als große Schöffengerichte berufen, soferne nicht die Zuständigkeit des Geschworenengerichtes eintritt.

§ 91*).

*) Ebenso wie Einführungsgesetze zum Strafgesetzbuche die Abänderung des Preſsgesetzes und seiner Novellen einem späteren Zeitpunkte vorbehalten worden ist, wurde auch hier § 491 StPO. vorläufig ungeändert gelassen.

XXVIII. Hauptstück.

Besondere Bestimmungen über die Anwendung der Sicherungsmittel.

Erster Abschnitt.

Die Verwahrung wegen Gemeingefährlichkeit.

I. Gemeinsame Bestimmungen.

§ 495. Liegen Anhaltspunkte für die Annahme vor, daß der Täter einer mit Strafe bedrohten Handlung wegen Gemeingefährlichkeit zu verwahren sei, so haben sich die Vorerhebungen darauf zu erstrecken, ob die gesetzlichen Voraussetzungen der Verwahrung vorhanden sind; zu diesem Zwecke kann der Untersuchungsrichter auch im Laufe der Voruntersuchung Erhebungen pflegen.

§ 496. Auf die mündliche Verhandlung über den Verwahrungsantrag und auf die Vorbereitung dieser Verhandlung sind die Bestimmungen des siebzehnten und achtzehnten Hauptstückes entsprechend anzuwenden.

Bevor das Gericht über die Verwahrung eines Geisteskranken oder die Zulässigkeit der Verwahrung eines geistig Minderwertigen entscheidet, hat es das Gutachten zweier Irrenärzte einzuholen.

§ 497. Die im § 152, Z. 1, genannten Personen sind, nachdem der Täter außer Verfolgung gesetzt oder das Urteil gefällt wurde, von der Verbindlichkeit zur Ablegung eines Zeugnisses nicht mehr befreit; doch dürfen ihre Aussagen weder zur Fortsetzung noch zur Wiederaufnahme des Strafverfahrens zum Nachteile des Beschuldigten noch in dem wiederaufgenommenen Strafverfahren verwendet werden.

§ 498. Dem gesetzlichen Vertreter eines Geisteskranken oder Minderjährigen stehen die im § 38a bezeichneten Rechte zu.

In den Fällen, in welchen das Gesetz die Zustellung von Beschlüssen anordnet, sind die Beschlüsse auch dem gesetzlichen Vertreter zuzustellen; in diesem Falle läuft die Frist zur Ergreifung des Rechtsmittels für den gesetzlichen Vertreter von dem Tage, an welchem ihm der Beschluß zugestellt wird.

Der gesetzliche Vertreter eines Geisteskranken oder Minderjährigen und der Verteidiger eines Geisteskranken oder eines Minderjährigen, der das achtzehnte Lebensjahr nicht vollendet hat, sind berechtigt, die Rechtsmittel auch gegen den Willen dieser Personen zu ergreifen.

Der von Amts wegen für die mündliche Verhandlung bestellte Verteidiger ist berufen, Rechtsmittel anzumelden und auszuführen.

§ 499. Die Beschlüsse sind zu begründen.

Die Ausfertigung der Beschlüsse, mit welchen über die Verwahrung oder ihre Zulässigkeit erkannt wird, hat die Namen der Richter, den des Staatsanwaltes, des gesetzlichen Vertreters eines Geisteskranken oder Minderjährigen und des Verteidigers zu enthalten.

II. Verwahrung Geisteskranker und Trunksüchtiger (§ 36 und 243 StGB.)

1. Verfahren nach Einstellung des Strafverfahrens wegen Zurechnungsunfähigkeit.

§ 500. Legt der Staatsanwalt die Anzeige wegen Zurechnungsunfähigkeit des Täters zurück, ohne daß Vorerhebungen oder eine Voruntersuchung stattgefunden haben, so ist er berechtigt, durch den Untersuchungsrichter, die Bezirksgerichte oder die Sicherheitsbehörden Erhebungen zu dem Zwecke führen zu lassen, um die nötigen Anhaltspunkte dafür zu gewinnen, ob ein Antrag auf Verwahrung des Täters wegen Gemeingefährlichkeit zu stellen sei.

§ 501. Beantragt der Staatsanwalt die Einstellung des Strafverfahrens wegen Zurechnungsunfähigkeit des Täters und erachtet er die Voraussetzungen für dessen Verwahrung gegeben, so hat er zugleich bei dem Gerichte den Antrag auf Verwahrung zu stellen.

Wird das Strafverfahren ohne Antrag des Staatsanwaltes eingestellt, so kann er bei dem Gerichte binnen einer Frist von drei Tagen nach Mitteilung der Einstellung den Antrag auf Verwahrung stellen oder zunächst weitere Erhebungen über die Voraussetzungen der Verwahrung einleiten.

§ 502. Für die Erhebungen über die Voraussetzungen der Verwahrung gelten die Vorschriften, die sich auf die Vorerhebungen wegen eines Verbrechens oder Vergehens beziehen.

Die den Täter betreffenden Bestimmungen sind auf den Kranken anzuwenden.

Der Kranke ist zu vernehmen, es sei denn, daß die Einvernahme überhaupt nicht oder nicht ohne Nachteil für seinen Gesundheitszustand ausführbar ist.

Befindet er sich in einer Heilanstalt oder Pflegeanstalt, so ist er in der Regel in der Anstalt zu vernehmen.

§ 503. Der Staatsanwalt kann die vorläufige Verwahrung des Kranken beantragen, wenn aus triftigen Gründen zu besorgen ist, daß der Kranke sich den Erhebungen durch die Flucht entziehen oder andere Personen gefährden werde. Findet der Untersuchungsrichter oder der Bezirksrichter Bedenken, dem Antrage stattzugeben, so holt er die Entscheidung der Ratskammer ein.

Gegen die Entscheidung steht die Beschwerde nach den §§ 113 und 114 offen.

Der Kranke wird in einer staatlichen Anstalt für verbrecherische Irre oder, wenn dies nicht ausführbar ist, in einer öffentlichen oder privaten Irrenanstalt oder Pflegeanstalt vorläufig verwahrt.

§ 504. Den Antrag auf Verwahrung bringt der Staatsanwalt bei dem Gerichtshofe erster Instanz ein, der zum Urteile gegen den Täter zuständig wäre.

In den Gründen des Antrages hat er die strafbare Handlung zu benennen, welche die Tat begründen würde, den Strafsatz zu bezeichnen, der auf sie anzuwenden wäre, und die Gründe anzugeben, aus denen sich die Begehung der Tat durch den Kranken, die Zurechnungsunfähigkeit des Täters und seine Gemeingefährlichkeit ergeben.

Außerdem sind die Beweismittel anzugeben, die in der mündlichen Verhandlung vorgeführt werden sollen.

§ 505. Der Gerichtshof entscheidet in einer Versammlung von zwei Richtern und zwei Schöffen.

Der Tag der mündlichen Verhandlung wird vom Vorsitzenden bestimmt und dem Staatsanwalte, dem Kranken sowie dessen gesetzlichem Vertreter und Verteidiger bekanntgegeben. Die Ladung ist dem Kranken und seinem gesetzlichen Vertreter zu eigenen Händen zuzustellen.

Ist ein gesetzlicher Vertreter nicht vorhanden, so sind der Ehegatte und die Eltern von der mündlichen Verhandlung mit dem Bemerken zu verständigen, daß sie erscheinen und Aufklärungen geben können.

Von der Vorladung des Kranken ist abzusehen, wenn sein Erscheinen nicht möglich ist oder wenn es seinem Gesundheitszustande entschieden abträglich wäre.

Dem Kranken ist ein Verteidiger von Amts wegen zu bestellen, wenn nicht er selbst oder sein gesetzlicher Vertreter einen bestellt hat.

§ 506. Die Öffentlichkeit der mündlichen Verhandlung kann auf Antrag auch ausgeschlossen werden, wenn sie auf den Geisteszustand des Kranken nachteilig wirken würde.

Verliert der Kranke die Verhandlungsfähigkeit oder würde die Fortsetzung der Verhandlung in seiner Gegenwart seinen Gesundheitszustand bedeutend verschlimmern, so ist von seiner Anwesenheit abzusehen.

Ist seine Vernehmung dringend geboten und der Eintritt der Vernehmungsfähigkeit voraussichtlich bald zu erwarten, so kann die Verhandlung vertagt werden.

§ 507. Wenn das Gericht zur Überzeugung gelangt, daß der Kranke im Zustande der Zurechnungsunfähigkeit eine strenger als mit sechs Monaten Freiheitsstrafe bedrohte Tat begangen hat und wegen seines Geisteszustandes und mit Rücksicht auf seinen Lebenswandel und die Eigenart seiner Tat gemeingefährlich ist, so spricht es durch Beschluß aus, daß der Kranke in einer staatlichen Anstalt für verbrecherische Irre zu verwahren sei.

Das Gericht weist den Verwahrungsantrag ab, wenn eine der Voraussetzungen fehlt.

2. Verfahren nach einem Freispruche des Angeklagten wegen Zurechnungsunfähigkeit.

§ 508. Wird der Angeklagte, der eine strenger als mit sechs Monaten Freiheitsstrafe bedrohte Tat begangen hat, wegen Zurechnungsunfähigkeit zur Zeit der Tat freigesprochen, so stellt der Staatsanwalt nach Verkündung des Urteiles mündlich den Antrag auf

Verwahrung, wenn er die Voraussetzungen der Verwahrung für gegeben erachtet.

Im Verfahren vor dem Geschwornengerichte kann der Staatsanwalt den Antrag stellen, wenn wenigstens sechs Geschworne die Zusatzfrage auf Zurechnungsunfähigkeit bejaht haben.

§ 509. Der Gerichtshof, der das freisprechende Urteil gefällt hat, entscheidet in wieder eröffneter Verhandlung durch Beschluß; im Verfahren vor dem Geschwornengerichte entscheidet der Schwurgerichtshof.

Die Bestimmungen des § 505, letzter Absatz, und des § 507 sind anzuwenden.

Die Feststellungen des Urteiles oder der Ausspruch der Geschwornen über die Tat und die Zurechnungsunfähigkeit des Täters sind der Entscheidung zugrunde zu legen.

Steht der unverzüglichen Entscheidung die Notwendigkeit der Aufnahme von Beweisen, die nicht zur Stelle sind, oder ein anderes Hindernis entgegen, so ist die Verhandlung auf Antrag oder von Amts wegen zu vertagen.

3. Verfahren nach Verurteilung eines Trunksüchtigen.

§ 510. Wird der Angeklagte verurteilt, weil er im Zustande einer die Zurechnung ausschließenden Trunkenheit eine strenger als mit sechs Monaten Freiheitsstrafe bedrohte Tat begangen hat, so stellt der Staatsanwalt nach Verkündung des Urteiles mündlich den Antrag auf Verwahrung, wenn er die Voraussetzungen der Verwahrung gegeben erachtet.

§ 511. Das erkennende Gericht entscheidet in wieder eröffneter Verhandlung durch Beschluß; im Verfahren vor dem Geschwornengerichte entscheidet der Schwurgerichtshof.

Gelangt das Gericht zur Überzeugung, daß der Verurteilte wegen seines Hanges zur Trunksucht und mit Rücksicht auf seinen Lebenswandel und die Eigenart seiner Tat gemeingefährlich ist, so spricht es aus, daß er nach Vollzug der Strafe in einer staatlichen Anstalt für verbrecherische Irre zu verwahren sei.

Das Gericht weist den Verwahrungsantrag ab, wenn es die Gemeingefährlichkeit nicht für gegeben erachtet.

Die Bestimmung des letzten Absatzes des § 509 ist anzuwenden.

4. Rechtsmittel.

§ 512. Der Beschluß über den Verwahrungsantrag kann mittels Beschwerde angefochten werden.

Die Beschwerde kann ergriffen werden:

1. wenn das Verfahren, das infolge des Antrages auf Verwahrung stattfand, an einem wesentlichen Mangel leidet;

2. wenn durch den Ausspruch über die Frage, ob die gesetzlichen Voraussetzungen der Verwahrung gegeben sind, ein Gesetz verletzt oder unrichtig angewendet worden ist;

3. wenn das Gericht die Gemeingefährlichkeit ungegründet angenommen oder verneint hat.

§ 513. Die Beschwerde steht dem Staatsanwalte und demjenigen zu, auf dessen Verwahrung erkannt wurde.

Die Beschwerde ist binnen drei Tagen nach Verkündung des Beschlusses bei dem Gerichte erster Instanz anzumelden; der Beschwerdeführer hat das Recht, innerhalb acht Tagen nach der Anmeldung und, soferne er vor oder bei der Anmeldung eine Abschrift des Beschlusses verlangt hat, nach der Zustellung eine Ausführung der Gründe seiner Beschwerde bei dem Gerichte zu überreichen.

Die Beschwerde hat aufschiebende Wirkung; doch wird bei einer Beschwerde gegen die Abweisung des Verwahrungsantrages die Entlassung des Verwahrten aus der vorläufigen Verwahrung nur dann aufgeschoben, wenn der Staatsanwalt die Beschwerde sogleich bei Verkündung des Beschlusses anmeldet und nach den Umständen die Annahme begründet ist, daß der Verwahrte sich dem Verfahren durch die Flucht entziehen oder andere Personen gefährden werde. Gegen die Entlassung ist kein Rechtsmittel zulässig.

§ 514. Über die Beschwerde entscheidet der Gerichtshof zweiter Instanz, wenn der angefochtene Beschluß von einem Gerichtshofe gefaßt, und der Gerichtshof erster Instanz, wenn der Beschluß von einem Bezirksgerichte gefaßt wurde, in nicht öffentlicher Sitzung nach Anhörung des Vertreters der Staatsanwaltschaft.

Ist der Beschluß nach dem Urteile eines Gerichtshofes ergangen und wird gegen dieses die Nichtigkeitsbeschwerde ergriffen, so steht dem Kassationshofe auch die Entscheidung über die Beschwerde zu; es wäre denn, daß die Nichtigkeitsbeschwerde aus einem der Gründe zurückgewiesen wird, die im § 285a angeführt sind.

§ 515. Das zur Entscheidung berufene Gericht hat sich auf die vom Beschwerdeführer ausdrücklich oder durch deutlichen Hinweis geltend gemachten Beschwerdepunkte zu beschränken.

Findet das Gericht, daß wesentliche Mängel des Verfahrens vorliegen oder daß Tatsachen, die es seiner Entscheidung zugrunde legen müßte, nicht festgestellt sind, so verweist es die Sache an das Gericht erster Instanz zur neuerlichen Verhandlung und Entscheidung. In allen anderen Fällen entscheidet es in der Sache selbst.

§ 516. Die rechtskräftige Entscheidung über den Verwahrungsantrag ist dem Pflegschaftsgerichte mitzuteilen.

5. Entlassung aus der Verwahrung.

§ 517. Die Entlassung aus der Anstalt für verbrecherische Irre erfolgt, sobald nach einer ausreichend langen Beobachtung die Annahme begründet ist, daß der Verwahrte nicht mehr gemeingefährlich sei.

Die Entlassung findet nur auf Grund eines gerichtlichen Beschlusses statt.

Den Antrag auf Entlassung können der Staatsanwalt am Sitze

des Gerichtshofes, in dessen Sprengel die Anhaltung stattfindet, der Verwahrte und sein gesetzlicher Vertreter, alle mit Ausnahme des Staatsanwaltes jedoch erst nach Ablauf eines Jahres seit dem Beginne der Verwahrung stellen.

§ 518. Der Verwahrte wird auf freien Fuß gesetzt, soferne nicht sein Wohl eine Vorkehrung der Verwaltungsbehörde, insbesondere die Aufnahme in eine öffentliche oder private Heilanstalt erfordert.

Die Entlassung auf freien Fuß ist entweder eine bedingte oder eine endgiltige. Der Verwahrte ist bedingt zu entlassen, wenn eine längere Beobachtung seines Verhaltens in der Freiheit zweckmäßig erscheint.

In diesem Falle kann die Entlassung an die Bedingung geknüpft werden, daß der Entlassene durch eine vertrauenswürdige Person überwacht werde. Bei der Entlassung oder später können bestimmte Vorschriften für die Überwachung gegeben werden.

§ 519. Der Gerichtshof, in dessen Sprengel der Verwahrte angehalten wird, entscheidet über den Antrag auf Entlassung in nicht öffentlicher Sitzung nach Anhörung des Staatsanwaltes.

Er läßt den Verwahrten vernehmen und kann auch sonst Erhebungen veranlassen, um die Tatsachen festzustellen, die für die Entscheidung von Bedeutung sind.

Das Gutachten von Irrenärzten ist einzuholen, wenn die Verwahrung auf Grund des § 36 StGB. stattfindet.

Die Vernehmung von Sachverständigen kann unterbleiben, wenn ein in jüngster Zeit vor Gericht abgegebenes Gutachten vorliegt und nach den Ergebnissen der Erhebungen seither eine wesentliche Veränderung in dem Zustande des Verwahrten nicht eingetreten ist; sie unterbleibt, wenn der Staatsanwalt die Entlassung beantragt oder ihr zustimmt.

§ 520. Der Beschluß ist dem Staatsanwalte und dem Verwahrten zuzustellen.

Diesen Personen steht binnen acht Tagen nach Zustellung des Beschlusses die Beschwerde an den Gerichtshof zweiter Instanz mit aufschiebender Wirkung zu.

Einem geisteskranken Verwahrten ist zur Ausführung der Beschwerde ein Verteidiger von Amts wegen zu bestellen, wenn nicht der Verwahrte oder sein gesetzlicher Vertreter einen bestellt hat.

Der Gerichtshof zweiter Instanz entscheidet in nicht öffentlicher Sitzung nach Anhörung des Oberstaatsanwaltes.

§ 521. Wird der Entlassungsantrag des Verwahrten oder seines gesetzlichen Vertreters abgewiesen, so können diese Personen den Antrag erst nach Ablauf eines Jahres seit der Rechtskraft des abweisenden Beschlusses erneuern.

Ist die Entlassung nur bedingt erfolgt, so beantragt der Staatsanwalt den Widerruf, wenn sich ergibt, daß der Entlassene noch gemeingefährlich ist oder die Vorschriften für die Überwachung des Entlassenen nicht beobachtet werden.

Die notwendigen Erhebungen, insbesondere die Vernehmung des Entlassenen veranlaßt der Gerichtshof, welcher die Entlassung bewilligt hat. Er entscheidet über den Widerruf in nicht öffentlicher Sitzung nach Anhörung des Staatsanwaltes. Der Beschluß kann mittels Beschwerde angefochten werden (§ 520); die Beschwerde hat keine aufschiebende Wirkung.

Nach Ablauf von drei Jahren seit der Entlassung ist ein Widerruf unzulässig.

§ 522. Die Entlassung sowie der Widerruf der Entlassung sind dem Pflegschaftsgerichte des Verwahrten mitzuteilen.

III. Verwahrung geistig Minderwertiger (§ 37 StGB.)

1. Verfahren über die Zulässigkeit der Verwahrung.

§ 523. Wird der Täter eines Verbrechens oder eines mit einer sechs Monate übersteigenden Freiheitsstrafe bedrohten Vergehens, dessen Zurechnungsfähigkeit wesentlich vermindert war (§ 48 StGB.), zu einer Freiheitsstrafe verurteilt, so stellt der Staatsanwalt nach Verkündung des Urteiles mündlich den Antrag, die Verwahrung für zulässig zu erklären, wenn er die Voraussetzungen gegeben erachtet.

§ 524. Der Gerichtshof, der das Urteil gefällt hat, entscheidet in wieder eröffneter Verhandlung durch Beschluß; im Verfahren vor dem Geschwornengerichte entscheidet der Schwurgerichtshof.

Gelangt der Gerichtshof zur Überzeugung, daß die Fähigkeit des Verurteilten, das Unrecht seiner Tat einzusehen oder dieser Einsicht gemäß zu handeln, zur Zeit der Tat infolge eines andauernden krankhaften Zustandes wesentlich vermindert war und daß der Verurteilte wegen seines Zustandes und mit Rücksicht auf seinen Lebenswandel und die Eigenart seiner Tat gemeingefährlich ist, so spricht er die Zulässigkeit der Verwahrung aus. Ist die zuerst angeführte Voraussetzung schon im Urteile festgestellt, so ist diese Feststellung der Entscheidung zugrunde zu legen.

Der Gerichtshof weist den Verwahrungsantrag ab, wenn er die Voraussetzungen der Verwahrung nicht für gegeben erachtet.

Die Bestimmung des letzten Absatzes des § 509 ist anzuwenden.

§ 525. Für die Anfechtung des Beschlusses gelten die Vorschriften der §§ 512, 513, Absatz 1 und 2, 514 und 515.

2. Anordnung der Verwahrung.

§ 526. Entsprechende Zeit vor Ablauf der Strafe kann der Staatsanwalt auf Grund der Ergebnisse des Strafvollzuges beim Gerichtshofe erster Instanz, in dessen Sprengel der Verurteilte seine Strafe verbüßt, den Antrag auf Anordnung der Verwahrung stellen.

Ist dieser Antrag beim Ablauf der Strafe nicht gestellt worden, so kann die Verwahrung nicht mehr angeordnet werden.

§ 527. Über diesen Antrag entscheidet der Gerichtshof in nicht öffentlicher Sitzung nach Anhörung des Staatsanwaltes, nachdem er die Vernehmung des Verurteilten und der Organe des Strafvollzuges veranlaßt hat.

Der Gerichtshof kann das Gutachten zweier Irrenärzte einholen.

Erachtet das Gericht die Gemeingefährlichkeit nicht für behoben, so ordnet es an, daß der Verurteilte nach Vollzug der Strafe in einer besonderen staatlichen Anstalt oder in einer besonderen Abteilung einer staatlichen Anstalt für verbrecherische Irre zu verwahren sei.

Andernfalls weist er den Antrag ab.

§ 528. Der Beschluß ist dem Staatsanwalte und dem Verurteilten zuzustellen.

Diesen Personen steht binnen acht Tagen nach Zustellung des Beschlusses die Beschwerde an den Gerichtshof zweiter Instanz mit aufschiebender Wirkung zu.

Der Gerichtshof zweiter Instanz entscheidet in nicht öffentlicher Sitzung nach Anhörung des Oberstaatsanwaltes.

3. Entlassung aus der Verwahrung.

§ 529. Auf die Entlassung und das Verfahren über einen Entlassungsantrag sind die Bestimmungen der §§ 517—521 entsprechend anzuwenden.

IV. Verwahrung gemeingefährlicher Verbrecher (§ 38 StGB.)

1. Verfahren über die Zulässigkeit der Verwahrung.

§ 530. Wird ein Inländer, der wegen desselben oder wegen verschiedener der in den Hauptstücken 18, 22, 23, 26, 27, 28, 29, 30, 34 und 35 des Strafgesetzbuches angeführten Verbrechen mindestens zwei Kerkerstrafen erstanden hat, innerhalb fünf Jahren seit dem Vollzuge der letzten dieser Strafen wieder wegen eines dieser Verbrechen verurteilt, so stellt der Staatsanwalt nach Verkündung des Urteiles mündlich den Antrag, die Verwahrung für zulässig zu erklären, wenn er die Voraussetzungen gegeben erachtet.

§ 531. Der Gerichtshof, der das Urteil gefällt hat, entscheidet in wieder eröffneter Verhandlung durch Beschluß; im Verfahren vor dem Geschwornengerichte entscheidet der Schwurgerichtshof.

Gelangt der Gerichtshof zur Überzeugung, daß der Verurteilte gemeingefährlich sei und sich von weiteren strafbaren Handlungen nicht werde abhalten lassen, so spricht er die Zulässigkeit der Verwahrung aus.

Andernfalls weist er den Verwahrungsantrag ab.

Die Bestimmung des letzten Absatzes des § 509 ist anzuwenden.

§ 532. Die Beschwerde gegen den Beschluß kann ergriffen werden:

1. wenn einer der im § 51, Z. 1 und 2, angeführten Gründe vorliegt;

2. wenn das Gericht die Gemeingefährlichkeit oder den Umstand, der Verurteilte werde sich von weiteren strafbaren Handlungen nicht abhalten lassen, ungegründet angenommen oder verneint hat.

Für diese Beschwerde und die Entscheidung gelten die Vorschriften der §§ 513, Absatz 1 und 2, 514 und 515.

2. Anordnung der Verwahrung.

§ 533. Der Gerichtshof erster Instanz, in dessen Sprengel der Verurteilte seine Strafe verbüßt, entscheidet auf Antrag des Staatsanwaltes (§ 526) in nicht öffentlicher Sitzung über die Anordnung der Verwahrung, nachdem er die Vernehmung des Verurteilten und der Organe des Strafvollzuges veranlaßt hat.

Erachtet das Gericht die Gemeingefährlichkeit nicht für behoben, so spricht es aus, daß der Verurteilte nach Vollzug der Strafe in einer besonderen Anstalt oder in einer besonderen Abteilung einer Strafanstalt zu verwahren sei.

Andernfalls weist es den Antrag ab.

Für die Beschwerde gegen den Beschluß gelten die Vorschriften des § 528.

3. Entlassung aus der Verwahrung.

§ 534. Nach Ablauf von drei Jahren seit Beginn der Verwahrung ist der Verwahrte auf seinen Antrag oder auf Antrag des Staatsanwaltes durch Beschluß des Gerichtshofes, in dessen Sprengel er angehalten wird, zu entlassen, wenn er nicht mehr gemeingefährlich ist.

Die Entlassung ist entweder eine bedingte oder eine endgiltige. Der Verwahrte ist bedingt zu entlassen, wenn eine längere Beobachtung seines Verhaltens in der Freiheit zweckmäßig erscheint.

Für die Entscheidung über den Antrag auf Entlassung und die Beschwerde gelten die Vorschriften der §§ 519, Absatz 1 und 2, und 520, Absatz 1, 2 und 4.

Wird der Entlassungsantrag des Verwahrten abgewiesen, so kann er den Antrag erst nach Ablauf eines Jahres seit der Rechtskraft des abweisenden Beschlusses erneuern.

§ 535. Ist die Entlassung nur bedingt erfolgt, so beantragt der Staatsanwalt den Widerruf, wenn der Entlassene wegen einer strafbaren Handlung rechtskräftig verurteilt wird, aus der sich ergibt, daß die Gemeingefährlichkeit nicht behoben ist.

Die notwendigen Erhebungen, insbesondere die Vernehmung des Entlassenen veranlaßt der Gerichtshof, welcher die Entlassung bewilligt hat. Er entscheidet über den Widerruf in nicht öffentlicher Sitzung nach Anhörung des Staatsanwaltes. Der Beschluß kann mittels Beschwerde angefochten werden (§ 520).

Ist der Widerruf erfolgt, so darf die in der Freiheit verbrachte Zeit nicht in das gesetzliche Höchstmaß der Dauer der Verwahrung eingerechnet werden.

Nach Ablauf von drei Jahren seit der Entlassung ist ein Widerruf unzulässig.

V. Wiederaufnahme des Strafverfahrens.

§ 536. Wird die Wiederaufnahme des Strafverfahrens wegen der strafbaren Handlung bewilligt, die den Anlaß zur Verwahrung gegeben hat, so tritt der Beschluß außer Kraft.

VI. Kosten.

§ 537. Wird auf Zulässigkeit der Verwahrung oder auf Verwahrung erkannt, trägt derjenige, dessen Verwahrung ausgesprochen wurde, die Kosten der Anordnung und des Vollzuges wie auch die des Entlassungsverfahrens. Wird der Antrag abgewiesen, trägt der Staat die Kosten.

Die Entscheidung über die Kosten ist in den Beschluß aufzunehmen, mit dem über den Antrag erkannt wird.

Für die Kosten, die durch Ergreifung eines Rechtsmittels herbeigeführt werden, haftet derjenige, der das Rechtsmittel ergriffen hat, wenn es erfolglos geblieben ist.

Für die Einbringung der Kosten aus dem Vermögen des Verwahrten oder aus seinem Nachlasse gelten die Bestimmungen über die Einbringung der Kosten des Strafverfahrens. Die Bestimmungen der §§ 380—388 und der §§ 391—395 sind entsprechend anzuwenden.

Zweiter Abschnitt.

Fürsorgeerziehung, Polizeiaufsicht, Landesverweisung und Verfall.

I. Verfahren und Beschluss.

§ 538. Das erkennende Gericht entscheidet über die Anordnung der Fürsorgeerziehung im Falle des Freispruches (§ 5 StGB.) und der Fürsorgeerziehung neben einer Strafe, über die Zulässigkeit der Stellung unter Polizeiaufsicht, über die Landesverweisung und den Verfall einer Sache im Anschlusse an das Urteil durch besonderen Beschluß, der zu begründen ist.

Im Verfahren vor dem Geschworenengerichte entscheidet der Schwurgerichtshof.

Haben auf die Sache, über deren Verfall erkannt werden soll, dritte Personen Ansprüche erhoben, so sind sie darüber in der Hauptverhandlung zu hören. In der Ladung zur Verhandlung sind sie aufmerksam zu machen, daß ihr Ausbleiben die Entscheidung nicht hindere.

§ 539. Soll über den Verfall einer Sache selbständig entschieden werden, hat der Ankläger den Antrag bei dem Gerichte zu stellen, das zum Urteile gegen den Täter zuständig wäre. Wenn bei diesem Gerichte ein Strafverfahren nicht eingeleitet worden ist, kann der Antrag auch bei dem sachlich zuständigen Gerichte gestellt werden, in dessen Sprengel die Sache angetroffen wurde. Bei Gerichtshöfen ist die Ratskammer zur Entscheidung berufen.

Das Gericht kann Erhebungen veranlassen, um die Tatsachen festzustellen, die für die Entscheidung von Bedeutung sind. Personen, von denen anzunehmen ist, daß sie einen rechtlichen Anspruch auf die Sache besitzen, sind zu vernehmen. Die Vernehmung kann unterbleiben, wenn die Entscheidung sich nicht aufschieben läßt.

Das Gericht entscheidet in nicht öffentlicher Sitzung nach Anhörung des Staatsanwaltes durch Beschluß, der zu begründen ist. Der Beschluß ist den Personen zuzustellen, von denen anzunehmen ist, daß sie einen rechtlichen Anspruch auf die Sache besitzen.

II. Beschwerde.

§ 540. Die Beschwerde gegen den Beschluß kann ergriffen werden:

1. wenn durch den Ausspruch über die Frage, ob die gesetzlichen Voraussetzungen für die Anwendung des Sicherungsmittels gegeben sind, ein Gesetz verletzt oder unrichtig angewendet worden ist;

2. wenn das Gericht die gesetzlichen Voraussetzungen für die Anwendung des Sicherungsmittels ungegründet angenommen oder verneint hat.

§ 541. Die Beschwerde steht dem Staatsanwalte und dem Angeklagten zu; betrifft die Entscheidung den Verfall einer Sache, so kann der Ankläger und jeder Beteiligte die Beschwerde ergreifen.

In den Fällen des § 539 ist die Beschwerde binnen acht Tagen nach Zustellung des Beschlusses, in den übrigen Fällen binnen der im zweiten Absatze des § 513 bestimmten Fristen anzumelden und auszuführen. Sie hat aufschiebende Wirkung.

Die Entscheidung der Beschwerde richtet sich nach den Vorschriften der §§ 514 und 515.

III. Vollzug.

§ 542. Wie die Fürsorgeerziehung zu vollziehen sei, bestimmt ein besonderes Gesetz.

Das Gericht kann die vorläufige Unterbringung oder die vorläufige Verwahrung eines Jugendlichen, den es der Fürsorgeerziehung überwiesen hat, anordnen, wenn die Fürsorgeerziehung eines freigesprochenen Jugendlichen wegen eines gegen die Entscheidung ergriffenen Rechtsmittels oder aus andern Gründen nicht sogleich oder, wenn die Fürsorgeerziehung eines verurteilten Jugendlichen nicht unmittelbar im Anschlusse an die Strafe vollzogen werden kann und das Wohl des Jugendlichen eine solche Vorsorge erfordert oder die Gefahr besteht, daß der Jugendliche flüchten werde.

§ 543. Das Gericht kann anordnen, daß der Vollzug einer neben einer Strafe ausgesprochenen Fürsorgeerziehung entfalle, wenn das gesamte Verhalten des Verurteilten während des Vollzuges der Strafe beweist, daß er sich gebessert habe und einer Fürsorgeerziehung nicht mehr bedürfe. Für diese Entscheidung und ihre Anfechtung gelten die Vorschriften des zweiten Absatzes des § 411 e.

§ 544. Ist die Zulässigkeit der Stellung unter Polizeiaufsicht oder die Landesverweisung ausgesprochen worden, so benachrichtigt das Gericht die zum Vollzuge dieser Sicherungsmittel berufenen Verwaltungsbehörden.

Der Gerichtshof zweiter Instanz kann auf Antrag des Verurteilten den Ausspruch über die Zulässigkeit der Polizeiaufsicht und den Ausspruch der Landesverweisung aufheben, wenn die Gründe für den Ausspruch weggefallen sind.

Die Durchführung des Verfalles einer Sache hat das Gericht zu veranlassen. Soweit nicht gesetzliche Vorschriften bestehen, wird der Vollzug durch Verordnung geregelt.

IV. Wiederaufnahme des Strafverfahrens.

§ 545. Wird die Wiederaufnahme des Strafverfahrens wegen der strafbaren Handlung bewilligt, die den Anlaß zu dem Ausspruche über die Anordnung der Fürsorgeerziehung, über die Stellung unter Polizeiaufsicht oder die Landesverweisung gegeben hat, so tritt der Beschluß außer Kraft.

V. Kosten.

§ 546. Die Kosten der Anordnung dieser Sicherungsmittel und des Vollzuges der Landesverweisung trägt derjenige, gegen den das Sicherungsmittel angewendet wird.

Wird der Antrag abgewiesen, so sind die Kosten in der Regel vom Staate zu tragen. Wenn das Verfahren auf Begehren eines Privatanklägers eingeleitet wurde, ist diesem der Ersatz aller infolge seines Einschreitens aufgelaufenen Kosten aufzutragen.

Die Entscheidung über die Kosten ist in den Beschluß aufzunehmen, mit dem über den Antrag erkannt wird.

Für die Kosten, die durch Ergreifung eines Rechtsmittels herbeigeführt wurden, und für die Einbringung der Kosten aus dem Vermögen oder aus dem Nachlasse desjenigen, gegen den das Sicherungsmittel angewendet wird, gelten die Vorschriften des dritten und vierten Absatzes des § 537.

VI. Anwendung dieser Bestimmungen auf die Sicherungsmittel des Markenrechtes, Urheberrechtes und Patentrechtes.

§ 547. Die Vorschriften dieses Abschnittes sind auf die Sicherungsmittel anzuwenden, die nach den Gesetzen über den Markenschutz, das Urheberrecht und Patentrecht zulässig sind, soferne diese Gesetze nicht besondere Bestimmungen enthalten.

XXIX. Hauptstück.

Von dem Vollzuge der Freiheitsstrafen und der Verwahrung wegen Gemeingefährlichkeit.

I. Von dem Vollzuge der Freiheitsstrafen.

§ 548. Die Kerkerstrafe wird nur in Strafanstalten vollzogen, die ausschließlich diesem Zwecke dienen.

Die Gefängnisstrafe wird in Strafanstalten oder in den gerichtlichen Gefangenhäusern vollstreckt.

Der Vollzug der Haftstrafe erfolgt in besonderen Abteilungen der gerichtlichen Gefangenhäuser.

§ 549. Der Strafvollzug in den Gefangenhäusern wird vom Vorsteher des Gerichtes geleitet und von dem Präsidenten des übergeordneten Gerichtes überwacht.

Der Strafvollzug in den Strafanstalten wird vom Vorsteher der Anstalt geleitet und vom Oberstaatsanwalte und in dessen Vertretung vom Staatsanwalte überwacht.

Die oberste Leitung des gesamten Strafvollzuges steht dem Justizminister zu.

§ 550. Für jede Strafanstalt und jedes Gefangenhaus bei einem Gerichtshofe besteht eine ständige Strafvollzugskommission.

Sie setzt sich zusammen aus dem Vorsteher des Gerichtshofes, in dessen Sprengel die Strafanstalt liegt oder zu dem das Gefangenhaus gehört, als Vorsitzenden, zwei Vertrauensmännern und zwei Ersatzmännern, die auf die Dauer von drei Jahren vom Justizminister ernannt werden, und dem Staatsanwalte; der Kommission ist ein Schriftführer beizuziehen.

Zu Vertrauensmännern können, abgesehen von Angehörigen des Lehrstandes, nur Personen berufen werden, die nicht im Staatsdienste stehen. Der Kommission soll ein Arzt und ein Mitglied eines Fürsorgevereins angehören.

Die Vertrauensmänner sind vom Vorsteher des Gerichtshofes auf die gewissenhafte Erfüllung ihrer Obliegenheiten zu verpflichten. Die Gebühren, auf die sie Anspruch haben, werden durch Verordnung bestimmt.

§ 551. Die Strafvollzugskommission hat einmal im Monate die Strafanstalt oder das Gefangenhaus in Gegenwart des Vorstehers, Seelsorgers und Lehrers zu besichtigen. Je nach Erfordernis ist der Arzt des Hauses und mindestens zweimal im Jahre der Amtsarzt der politischen Behörde erster Instanz beizuziehen.

Die Kommission hat jeden eingelieferten Sträfling und außerdem jeden Sträfling, der sich zur Einvernahme meldet, über seine Verhältnisse, sein Begehren oder seine Beschwerden zu befragen. Sie hat das Ergebnis ihres Besuches, insbesondere wahrgenommene Gebrechen und vorgebrachte Beschwerden, dem Oberstaatsanwalte oder dem Oberlandesgerichtspräsidenten mitzuteilen und hiebei ein Gutachten über die Abstellung wahrgenommener Gebrechen abzugeben, soferne diese nicht unmittelbar im Einvernehmen mit dem Staatsanwalte oder dem Vorsteher des Gerichtshofes behoben werden können.

§ 552. Die Strafvollzugskommission entscheidet über die bedingte Entlassung des Sträflings, nachdem sie ihn vernommen hat; sie entscheidet auch über den Widerruf der bedingten Entlassung.

Sie wird für diese Entscheidungen verstärkt bei den Gefangenhäusern durch einen vom Vorsteher des Gerichts bestimmten Richter, wenn aber eine eigene Gefangenhausverwaltung besteht, durch deren Vorstand und bei den Strafanstalten durch den Vorsteher der Anstalt. Sie faßt ihre Beschlüsse mit einfacher Stimmenmehrheit. Gegen die Bewilligung der Entlassung steht dem Staatsanwalte, gegen den Widerruf dem Sträflinge die binnen drei Tagen anzubringende Beschwerde an den Justizminister zu. Die Beschwerde des Staatsanwaltes hat aufschiebende Wirkung.

§ 553. In den Gefangenhäusern der Bezirksgerichte hat der Gerichtsvorsteher mindestens einmal wöchentlich alle Vollzugsräume und Sträflinge zu besuchen und wahrgenommene Mißstände abzustellen oder die hiezu erforderlichen Anträge zu stellen.

§ 554. Beschwerden der Sträflinge gegen Verfügungen, die den Vollzug der Strafe betreffen, haben keine aufschiebende Wirkung.

§ 555. Gefängnisstrafen, deren Dauer ein Jahr erreicht, werden in den Strafanstalten vollzogen.

Gefängnisstrafen von kürzerer Dauer sowie Haftstrafen werden in dem Gefangenhause des Gerichtes verbüßt, das in erster Instanz erkannt hat. Doch kann der Gerichtshof zweiter Instanz wegen Überfüllung der Gefängnisse, zur Ersparung unverhältnismäßiger Reiseauslagen oder Transportauslagen oder aus andern wichtigen Gründen die Vollstreckung bei einem andern Gerichte seines Sprengels bewilligen. Die gleiche Befugnis steht dem Gerichtshofe erster Instanz in bezug auf Strafen zu, die bei einem Bezirksgerichte seines Sprengels zu verbüßen sind.

Soll der Vollzug außerhalb des Sprengels des Gerichtshofes zweiter Instanz erfolgen, so ist die Entscheidung des Justizministers einzuholen.

Es kann durch Verordnung bestimmt werden, daß der Strafvollzug für mehrere Gerichte vereinigt werde oder daß auch Gefängnisstrafen von kürzerer als einjähriger Dauer in den dazu eingerichteten Strafanstalten vollzogen werden.

Hat jemand Freiheitsstrafen verschiedener Art zu verbüßen, so ist die der Art nach schwerste zuerst zu vollstrecken.

Die Einlieferung in die Strafanstalt veranlaßt der Staatsanwalt.

Die näheren Vorschriften über die Grundsätze der Einlieferung in die Vollzugsorte werden durch Verordnung festgesetzt.

§ 556. Die Sträflinge sind von andern Personen, die in den gerichtlichen Gefangenhäusern angehalten werden, vollständig abzusondern; insbesondere dürfen sie in keiner Weise mit Untersuchungsgefangenen in Verkehr treten.

Die männlichen Sträflinge sind von den weiblichen zu trennen. Sträflinge verschiedenen Geschlechtes dürfen in derselben Strafanstalt nicht angehalten werden, es wäre denn, daß eine vollständige Sonderung in der Anlage der Gebäude durchgeführt ist.

Soweit Gefängnisstrafen und Haftstrafen in verschiedenen Abteilungen desselben Gefangenhauses vollzogen werden, ist durch besondere Vorschriften dafür zu sorgen, daß jeder Verkehr der Sträflinge vermieden werde, die Strafen verschiedener Art verbüßen.

§ 557. Sträflinge, die das zwanzigste Lebensjahr nicht vollendet haben, sind von erwachsenen Sträflingen derart zu trennen, daß jeder Verkehr mit diesen ausgeschlossen ist.

Zur Verbüßung von Strafen, deren Dauer drei Wochen übersteigt, werden sie in der Regel in besonderen Anstalten oder Abteilungen angehalten. Sie sind in diesen Anstalten oder Abteilungen bis zum vollendeten zwanzigsten Lebensjahre anzuhalten; wenn der in diesem Zeitpunkte noch zu verbüßende Strafrest die Dauer von sechs Monaten nicht übersteigt, können sie bis zur Verbüßung dieses Restes dort angehalten werden.

Die Anhaltung in einer besonderen Anstalt oder Abteilung kann unterbleiben, wenn die Nähe des zwanzigsten Lebensjahres und die Länge der Strafe dafür sprechen; in diesem Falle kann der Sträfling ausnahmsweise zusammen mit erwachsenen vertrauenswürdigen Sträflingen angehalten werden, wenn besondere Umstände diesen Vorgang im Interesse des Sträflings gelegen sein lassen.

§ 558. Strafen bis zur Dauer von drei Monaten, die von Personen zu verbüßen sind, welche das achtzehnte Lebensjahr nicht vollendet haben, können in den Anstalten eines Landes, einer Gemeinde, einer Körperschaft oder eines Vereines vollzogen werden, wenn diese Anstalten hiefür eingerichtet sind und sich der Überwachung der Organe des Strafvollzuges unterstellen.

Die geeigneten Anstalten werden durch Verordnung bezeichnet.

§ 559. Sträflinge, die das zwanzigste Lebensjahr nicht vollendet haben, verbüßen in den gerichtlichen Gefangenhäusern und in den Strafanstalten Freiheitsstrafen bis zu drei Wochen in Einzelhaft.

Längere Strafen sind in Gemeinschaftshaft oder in Einzelhaft zu vollstrecken, je nachdem die eine oder andere Art des Vollzuges ihrer körperlichen Entwicklung, dem Besserungszwecke und ihrem späteren Fortkommen mehr entspricht. Diejenigen unter ihnen, die einen verderblichen Einfluß ausüben können, dürfen nicht in Gemeinschaft mit andern Sträflingen dieses Alters angehalten werden.

Die Dauer der Einzelhaft darf zwei Jahre nicht übersteigen.

§ 560. Sträflinge, die das zwanzigste Lebensjahr vollendet haben, verbüßen Strafen bis zu drei Monaten in Einzelhaft.

Sträflinge, die zu einer längeren Freiheitsstrafe verurteilt sind und noch keine Strafe oder nur Geldstrafen oder nur sechs Monate nicht übersteigende Haftstrafen oder eine drei Monate nicht übersteigende Gefängnisstrafe verbüßt haben, sind bis zur Dauer von zwei Jahren in Einzelhaft anzuhalten. Andere Sträflinge können bis zur Dauer von zwei Jahren in Einzelhaft angehalten werden; eine in dieser Richtung von dem Sträflinge gestellte Bitte ist nach Möglichkeit zu berücksichtigen.

Arbeitsscheue oder sittlich verdorbene Sträflinge, von denen ein nachteiliger Einfluß auf Mitsträflinge zu befürchten ist, können während des Strafvollzuges mehrmals in Einzelhaft, aber niemals länger als je zwei Jahre hindurch angehalten werden.

Wenn der Besserungszweck es verlangt, kann ein Sträfling der Einzelhaft nach Ablauf des ersten Monates seiner Strafe ausnahmsweise zu Feldarbeiten oder ähnlichen Arbeiten verwendet werden.

§ 561. Vom Vollzuge der Einzelhaft ist ganz oder teilweise abzusehen, wenn es der Gesundheitszustand des Sträflings gebietet.

§ 562. Ein Sträfling der Einzelhaft wird bei Tag und Nacht in einer besonderen Zelle abgesondert verwahrt. Es ist Vorsorge zu treffen, daß er beim Gottesdienste, dem Schulunterrichte und der Bewegung im Freien nicht mit andern Sträflingen in Verkehr trete.

Jeder Sträfling soll täglich wenigstens zwei Besuche erhalten.

Soweit diese Besuche nicht von seinen Angehörigen, den Seelsorgern, Lehrern, Gewerbemeistern, Ärzten oder den von der Behörde hiezu ermächtigten Mitgliedern von Fürsorgevereinen gemacht werden, sind sie von den Beamten und Aufsichtsorganen vorzunehmen.

§ 563. Sträflinge der Gemeinschaftshaft sind bei Nacht stets und während der arbeitsfreien Zeit soviel als möglich abgesondert voneinander zu verwahren; bei der Verwendung von Sträflingen zu Außenarbeiten ist die Bestimmung soweit anzuwenden, als es die Verhältnisse gestatten.

Erfordert der Gesundheitszustand eines Sträflings die ständige Gegenwart einer zweiten Person, so kann er zusammen mit andern vertrauenswürdigen Sträflingen angehalten werden.

§ 564. Für den Vollzug von Kerkerstrafen und von Gefängnisstrafen, deren Dauer ein Jahr erreicht, sind drei Klassen im Sinne einer stufenweisen Milderung des Strafzwanges einzurichten.

Sie haben sich namentlich durch die Höhe der Arbeitsprämie und des Teiles, über den der Sträfling verfügen darf, durch das Ausmaß der Besuche, des brieflichen Verkehres, der Lektüre und der Nebengenüsse zu unterscheiden.

Für das Aufsteigen in eine höhere Klasse sind der Fleiß des Sträflings bei der Arbeit und andere offenbare Kennzeichen von Besserung maßgebend.

Sträflinge, auf welche der Strafvollzug in Klassen anzuwenden ist, können nur dann bedingt entlassen werden, wenn sie in die erste Klasse aufgestiegen sind.

§ 565. Die Justizverwaltung kann für Gefängnissträflinge und Kerkersträflinge, die mindestens die Hälfte ihrer drei Jahre oder mehr betragenden Strafe verbüßt haben und in die erste Klasse aufgestiegen sind, landwirtschaftliche Zwischenanstalten errichten; in diesen können Gefängnissträflinge und Kerkersträflinge vereinigt werden.

§ 566. Die Zwischenanstalten sind derart einzurichten, daß sie dem Sträflinge durch eine allmähliche Milderung des Strafzwanges und die Annäherung der Lebensführung an die des freien Arbeiters die Bewährung in der Freiheit erleichtern.

Über die Versetzung in die Zwischenanstalt entscheidet der Justizminister auf Grund eines Antrages der Strafvollzugskommission.

Als Zuchtmittel dient in der Zwischenanstalt nur der Verweis; ist das Verschulden zu schwer, um auf diese Weise geahndet zu werden, so ist der Sträfling in die Strafanstalt zurückzuversetzen.

Bis zur Entscheidung durch die Strafvollzugskommission kann der Sträfling, namentlich bei Fluchtgefahr, in einer Zelle der Zwischenanstalt verwahrt werden.

§ 567. Sträflinge, die eine Kerkerstrafe oder Gefängnisstrafe verbüßen, tragen die vorgeschriebenen gleichförmigen Sträflingskleider und erhalten ausschließlich die vorgeschriebene Sträflingskost. Es sind ihnen Arbeiten zuzuweisen, die sie zu verrichten haben.

Männlichen Sträflingen, die eine Kerkerstrafe oder eine Gefängnisstrafe von mindestens einem Jahre zu verbüßen haben, wird das Haar kurz geschoren und der Bart abgenommen.

Sträflinge, die eine Haftstrafe zu verbüßen haben, dürfen ihre eigenen Kleider und ihre eigene Wäsche benützen, wenn diese zureichend und reinlich sind. Sie dürfen sich unter den durch die Hausordnung festgesetzten Beschränkungen auf ihre Kosten ernähren und ihre Beschäftigung wählen; sie sind jedoch zu einer ernsten Beschäftigung verpflichtet.

§ 568. Sträflinge, die wegen des Verbrechens des Hochverrates nach § 110 StGB. oder wegen Vorbereitung zum Hochverrate nach § 112, Z. 1 oder 3, StGB. eine Gefängnisstrafe verbüßen, dürfen ihre eigenen Kleider und ihre eigene Wäsche benützen, wenn diese zureichend und reinlich sind. Sie dürfen ihre Beschäftigung wählen; sie sind jedoch zu einer ernsten Beschäftigung verpflichtet.

Die Bestimmung des zweiten Absatzes des § 567 ist auf solche Sträflinge nicht anzuwenden.

§ 569. Bei der Auswahl der Arbeit für den einzelnen Sträfling ist auf seinen Gesundheitszustand, seine Fähigkeiten und sein Fortkommen in der Freiheit Rücksicht zu nehmen; insbesondere soll nach Möglichkeit darauf Bedacht genommen werden, daß die Sträflinge die zur Ausübung ihres Berufes oder ihrer Beschäftigung erforderliche Übung und Fertigkeit sich erhalten, wenn sie voraussichtlich ihren Beruf oder ihre Beschäftigung in der Freiheit wieder aufnehmen können. Sträflinge, die das zwanzigste Lebensjahr nicht vollendet haben, sind mit Arbeiten zu beschäftigen, die auch einen erziehlichen Wert besitzen.

Kerkersträflingen und Gefängnissträflingen können Arbeiten außerhalb der Anstalten und Gefangenhäuser zugewiesen werden, den Gefängnissträflingen jedoch nur mit ihrer Zustimmung. Hiebei sind sie von freien Arbeitern getrennt zu halten.

§ 570. Der Ertrag der den Sträflingen zugewiesenen Arbeit kommt dem Staate zu.

Den Arbeitspflichtigen wird eine Arbeitsprämie gutgeschrieben; bei wiederholt rückfälligen Sträflingen kann sie in geringerem Umfange bemessen werden.

Über einen Teil der gutgeschriebenen Beträge darf der Sträfling mit Genehmigung des Vorstehers der Anstalt oder des Gefangenhauses während des Strafvollzuges verfügen, um seine Angehörigen zu unterstützen oder den Verletzten zu entschädigen, nützliche Gegenstände zu erwerben, seine Kost zu verbessern oder für sein Fortkommen in der Freiheit vorzusorgen. Der andere Teil fällt dem Sträflinge bei seinem Austritte aus dem Strafvollzuge zu, jedoch soll er ihm, wenn dies durch die Umstände gerechtfertigt erscheint, namentlich im Falle der bedingten Entlassung nicht zu eigenen Händen ausgezahlt, sondern einem Fürsorgevereine übergeben werden.

Haftsträflingen, die eine in dem Gefangenhause eingeführte Arbeit verrichten, ist eine angemessene Vergütung gutzuschreiben, über welche sie nach den Vorschriften des vorhergehenden Absatzes verfügen können.

Wenn ein Sträfling vorsätzlich Sachen, die im Staatseigentume stehen, beschädigt, kann die ihm gutgeschriebene Arbeitsprämie oder Vergütung zum Ersatze des Schadens verwendet werden.

§ 571. Sämtliche Sträflinge werden in den Elementargegenständen und nach Möglichkeit in ihrem Glaubensbekenntnisse unterrichtet, soferne sie des Unterrichtes bedürfen und mit Rücksicht auf die Dauer der Strafe ein Erfolg des Unterrichtes erwartet werden kann.

Bei Sträflingen, die das zwanzigste Lebensjahr nicht vollendet haben, ist ein Teil der täglichen Arbeitszeit für den Unterricht in ihrem Glaubensbekenntnisse, in den Elementargegenständen und in anderen Gegenständen zu verwenden, die für ihr künftiges Fortkommen dienlich sind.

§ 572. Soweit es die Verhältnisse gestatten, ist für Sträflinge jeden Bekenntnisses ein regelmäßiger Gottesdienst einzurichten und ihnen der Zuspruch eines Seelsorgers ihres Bekenntnisses zu ermöglichen.

Es wird durch Verordnung bestimmt, an welchen Festtagen der einzelnen Glaubensbekenntnisse der Arbeitszwang zu entfallen hat.

§ 573. Das Ausmaß der Besuche, des brieflichen Verkehrs und der Lektüre der Sträflinge wird unter Berücksichtigung der Straftat und der Klasse durch Verordnung festgesetzt.

§ 574. Jeder Sträfling hat sich täglich durch mindestens eine Stunde in freier Luft zu bewegen, soferne nicht sein Gesundheitszustand darunter leiden würde.

Bei Sträflingen, die das zwanzigste Lebensjahr nicht vollendet haben, ist die Dauer auf zwei Stunden zu erstrecken, während deren sie auch zu körperlichen Übungen anzuhalten sind.

§ 575. Als Zuchtmittel für Kerkersträflinge und Gefängnissträflinge dienen:

Verweis, Zuweisung einer schwereren Arbeit, Entziehung von Begünstigungen, die dem Sträflinge nach den für den Strafvollzug bestehenden Vorschriften eingeräumt werden, Versetzung in eine niedrigere Klasse, zeitweise Entziehung des warmen Frühstückes, Fasten bei Brot und Wasser, hartes Lager, Anhaltung in dunkler Zelle oder in besonders dazu bestimmten Zellen, allenfalls geschärft durch Entziehung der Arbeit.

Als Zuchtmittel für Haftsträflinge dienen:

Verweis, Entziehung von Begünstigungen, die dem Sträflinge nach den für den Vollzug dienenden Vorschriften eingeräumt werden, Entziehung der Selbstverköstigung, Fasten bei Brot und Wasser und im Falle besonderer Widerspenstigkeit hartes Lager und Anhaltung in dunkler Zelle.

Fasten und hartes Lager dürfen nur an zwei Tagen in einer Woche, Anhaltung in dunkler Zelle ununterbrochen nicht länger als durch drei Tage und dann erst wieder nach einer Woche angewendet werden.

Sträflinge, die das achtzehnte Lebensjahr nicht vollendet haben, dürfen nicht in dunkler Zelle angehalten werden.

§ 576. Untersuchungsgefangene und andere in einem gerichtlichen Gefangenhause angehaltene Personen unterliegen den Zuchtmitteln, die für Haftsträflinge zulässig sind.

§ 577. Sträflinge, die sich gewalttätig benehmen, andere aufreizen, zu flüchten versuchen oder die Flucht vorbereiten, können zur Sicherung gefesselt werden.

Die Maßregel darf jedoch weder der Art noch der Dauer nach ihren Zweck überschreiten.

§ 578. Für die Schutzaufsicht über einen Jugendlichen, der aus der Strafe bedingt entlassen wird, und die Weisungen, die ihm für sein Verhalten während der Probezeit erteilt werden können, gelten die gleichen Bestimmungen wie für die Überwachung eines Jugendlichen, dem die Strafe bedingt nachgelassen wurde.

§ 579. Wird ein Sträfling, der das zwanzigste Lebensjahr nicht vollendet hat, aus der Strafe bedingt entlassen, so hat der Vorsteher des Gefangenhauses oder der Strafanstalt im Einvernehmen mit der Vormundschaftsbehörde oder mit Organen der Fürsorge für den Eintritt des Entlassenen in einen redlichen Erwerb zu sorgen.

In den übrigen Fällen der Entlassung aus der Strafe soll der Vorsteher des Gefangenhauses oder der Strafanstalt nach Möglichkeit dafür sorgen, dem Entlassenen einen redlichen Erwerb zu verschaffen.

Zu diesem Zwecke ist ein ständiger Verkehr mit Fürsorgevereinen und Organen der Stellenvermittlung zu pflegen.

§ 580. Zum Vollzuge von Freiheitsstrafen, die nach dem Urteile des Gerichtes wegen verminderter Zurechnungsfähigkeit des Täters zur Zeit der Tat und wegen der drohenden Verschlimmerung seines Krankheitszustandes nach besonderen, der Eigenart solcher Personen angepaßten Vorschriften zu vollziehen sind, bestehen besondere Strafanstalten oder besondere Abteilungen einer Strafanstalt oder eines Gefangenhauses.

Wird der Krankheitszustand des Sträflings behoben, so ist der ordentliche Strafvollzug einzuleiten. Die Entscheidung fällt der Gerichtshof, in dessen Sprengel das Gefangenhaus oder die Anstalt gelegen ist, auf Antrag des Staatsanwaltes und auf Grund eines Gutachtens der Strafvollzugskommission.

Bei der Bestellung des Anstaltsarztes ist insbesondere aut psychiatrische Kenntnisse und Erfahrung Rücksicht zu nehmen.

§ 581. Im Strafvollzuge treten folgende Abweichungen von den allgemeinen Vorschriften ein:

Die Vollstreckung der Freiheitsstrafe kann bis zum Ablaufe von sechs Monaten aufgeschoben werden (§ 401), wenn innerhalb dieses Zeitraumes eine Besserung im Krankheitszustande zu erwarten ist.

Die Strafe ist in Einzelhaft oder Gemeinschaftshaft zu verbüßen, je nachdem die eine oder die andere Vollzugsart dem Gesundheitszustande des Sträflings mehr entspricht. Die Bewegung im Freien kann auf längere Zeit ausgedehnt werden. Es können diejenigen Erleichterungen im Arbeitszwange und Aufbesserungen der Kost gewährt werden, die nach dem Gutachten des Anstaltsarztes notwendig sind.

§ 582. Sträflinge, die geisteskrank werden, sind in eine staatliche Anstalt für verbrecherische Irre abzugeben, wenn ihre Erkrankung andauernd ist.

Andernfalls können sie in einer besonderen Abteilung der Strafanstalt oder des Gefangenhauses nach den für verbrecherische Irre geltenden Vorschriften verwahrt werden.

In allen Fällen wird die Zeit der Verwahrung in die Strafzeit eingerechnet.

II. Von dem Vollzuge der Verwahrung wegen Gemeingefährlichkeit.

I. Anstalten für verbrecherische Irre.

§ 583. Die Anstalten für verbrecherische Irre dienen dazu, die ihnen vom Gerichte überwiesenen Personen für die Dauer ihrer Gemeingefährlichkeit zu verwahren.

Die Verwahrten sind einer Behandlung zu unterziehen, um ihren krankhaften Zustand zu beheben oder zu bessern.

§ 584. Der Vollzug der Verwahrung wird vom Vorsteher der Anstalt geleitet.

Zum Vorsteher ist ein psychiatrisch gebildeter und erfahrener Arzt zu bestellen.

Der Vollzug wird vom Oberstaatsanwalte, in dessen Sprengel die Anstalt liegt, und in dessen Vertretung vom Staatsanwalte überwacht. Die oberste Leitung steht dem Justizminister zu.

§ 585. Für jede Anstalt besteht eine ständige Aufsichtskommission.

Sie setzt sich zusammen aus dem Vorsteher des Gerichtshofes, in dessen Sprengel die Anstalt liegt, als Vorsitzenden, zwei Vertrauensmännern und zwei Ersatzmännern, die auf die Dauer von drei Jahren vom Juttizminister ernannt werden, und dem Staatsanwalte. Der Kommission ist ein Schriftführer beizuziehen.

Zu Vertrauensmännern können, abgesehen von Angehörigen des Lehrstandes, nur Personen berufen werden, die nicht im Staatsdienste stehen. Die Vertrauensmänner sind vom Vorsteher des Gerichtshofes auf die gewissenhafte Erfüllung ihrer Obliegenheiten zu verpflichten. Die Gebühren, auf die sie Anspruch haben, werden durch Verordnung bestimmt.

§ 586. Die Aufsichtskommission hat mindestens viermal im Jahre die Anstalt in Gegenwart des Vorstehers zu besichtigen. Der Amtsarzt der politischen Behörde erster Instanz ist mindestens zweimal im Jahre beizuziehen.

Die Kommission hat das Ergebnis ihrer Besuche, insbesondere wahrgenommene Gebrechen dem Oberstaatsanwalte mitzuteilen und hiebei ein Gutachten über die Abstellung der Gebrechen abzugeben, soferne diese nicht unmittelbar im Einvernehmen mit dem Staatsanwalte behoben werden können.

§ 587. Die Einrichtnng der Anstalten und die Behandlung der Kranken wird durch den Zweck der Anstalt bestimmt; es sind die Maßregeln zulässig, die zur sicheren Verwahrung und zur voraussichtlichen Heilung des Kranken geboten sind.

Der Vollzug der Verwahrung darf nicht unterbrochen werden.

§ 588. Kranken, die eine ihnen zugewiesene Arbeit regelmäßig verrichten, kann eine angemessene Vergütung gutgeschrieben werden. Die Bestimmung des dritten Absatzes des § 570 ist entsprechend anzuwenden.

Als Zuchtmittel sind nur der Verweis und die Entziehung einer Begünstigung zulässig; doch können Kranke, die sich gewalttätig benehmen, andere aufreizen, zu flüchten versuchen oder die Flucht vorbereiten, den zur Sicherung erforderlichen Beschränkungen ihrer Freiheit unterworfen und insbesondere einzeln angehalten werden; die Maßregeln dürfen jedoch weder der Art noch der Dauer nach über ihren Zweck hinausgehen.

§ 589. Gemeingefährliche Trunksüchtige, die wegen Begehung einer strafbaren Handlung im Zustande der Trunkenheit verurteilt wurden, sind in einer besonderen Abteilung der Anstalt anzuhalten.

Sie werden bei Tag in Gemeinschaft, bei Nacht abgesondert von einander verwahrt.

Sie können zu einer ihrem Gesundheitszustande und ihren Fähigkeiten entsprechenden und ihrem Fortkommen in der Freiheit dienlichen Arbeit angehalten werden; eine Vergütung für geleistete Arbeit wird nicht gewährt.

Als Zuchtmittel dienen die beim Vollzuge von Kerkerstrafen und Gefängnisstrafen zulässigen (§ 575).

2. Anstalten für geistig Minderwertige.

§ 590. Die Anstalten für geistig Minderwertige dienen dazu, die ihnen vom Gerichte überwiesenen Personen für die Dauer der Gemeingefährlichkeit zu verwahren.

Die Verwahrten sind einer Behandlung zu unterziehen, um ihren krankhaften Zustand zu beheben oder zu bessern.

Die Vorschriften der §§ 584—587 sind anzuwenden.

§ 591. Die Verwahrten sind zu einer ihrem Gesundheitszustande und ihren Fähigkeiten entsprechenden und ihrem Fortkommen in der Freiheit dienlichen Arbeit anzuhalten, bei der auf die Eigenart des einzelnen Rücksicht zu nehmen ist; Kranken, die eine ihnen zugewiesene Arbeit regelmäßig verrichten, kann eine angemessene Vergütung gutgeschrieben werden. Die Bestimmungen des dritten und fünften Absatzes des § 570 sind entsprechend anzuwenden.

Als Zuchtmittel dienen die beim Vollzuge von Kerkerstrafen und Gefängnisstrafen zulässigen (§ 575), soweit sie mit dem Zustande des Verwahrten vereinbar sind.

§ 592. Diese Bestimmungen sind auch dann anzuwenden, wenn geistig Minderwertige in einer besonderen Abteilung einer Anstalt für verbrecherische Irre verwahrt werden.

3. Anstalten zur Verwahrung gemeingefährlicher Verbrecher.

§ 593. Die Anstalten zur Verwahrung gemeingefährlicher Verbrecher werden vom Vorsteher geleitet, vom Oberstaatsanwalte und in dessen Vertretung vom Staatsanwalte überwacht und stehen unter der obersten Leitung des Justizministers.

Der Vollzug der Verwahrung darf nicht unterbrochen werden.

§ 594. Als Aufsichtskommission wirkt die ständige Strafvollzugskommission des Gerichtshofes, in dessen Sprengel die Anstalt liegt.

Sie hat die Anstalt mindestens viermal im Jahre in Gegenwart des Vorstehers zu besichtigen. Je nach Erfordernis ist der Arzt der Anstalt und mindestens zweimal im Jahre der Amtsarzt der politischen Behörde erster Instanz beizuziehen.

Die Kommission hat jeden Eingelieferten zu vernehmen, das Ergebnis ihrer Besuche, insbesondere wahrgenommene Gebrechen dem Oberstaatsanwalte mitzuteilen und ein Gutachten über die Abstellung der Gebrechen abzugeben, wenn sie nicht unmittelbar im Einvernehmen mit dem Staatsanwalte behoben werden können.

§ 595. Beschwerden der Verwahrten gegen Verfügungen, die sich auf ihre Anhaltung beziehen, haben keine aufschiebende Wirkung.

§ 596. Die Einlieferung in die Anstalt veranlaßt der Staatsanwalt bei dem Gerichtshofe, in dessen Sprengel der Verbrecher seine Strafe verbüßt.

§ 597. Die Verwahrten sind bei Nacht stets und während der arbeitsfreien Zeit soviel als möglich von einander abzusondern; erfordert der Gesundheitszustand eines Verwahrten die ständige Gegenwart einer zweiten Person, so kann er zusammen mit andern angehalten werden.

§ 598. Die Verwahrten tragen die vorgeschriebene Kleidung und erhalten ausschließlich die vorgeschriebene Kost.

§ 599. Den Verwahrten sind Arbeiten zuzuweisen, zu deren Verrichtung sie verpflichtet sind. Bei der Auswahl der Arbeit für den einzelnen ist auf seinen Gesundheitszustand, seine Fähigkeiten und sein Fortkommen in der Freiheit Rücksicht zu nehmen.

Der Ertrag der Arbeit kommt dem Staate zu; doch wird den Verwahrten eine Arbeitsprämie in dem Ausmaße gutgeschrieben, wie sie Kerkersträflingen der ersten Klasse gewährt wird. Über einen Teil der gutgeschriebenen Beträge darf der Verwahrte mit Genehmigung des Vorstehers der Anstalt während der Verwahrung verfügen, um seine Angehörigen zu unterstützen oder den Verletzten zu entschädigen, nützliche Gegenstände zu erwerben, seine Kost zu verbessern oder für sein Fortkommen in der Freiheit vorzusorgen. Der andere Teil fällt dem Verwahrten bei der Entlassung zu.

Wenn der Verwahrte vorsätzlich Sachen, die im Staatseigentume stehen, beschädigt, kann die ihm gutgeschriebene Arbeitsprämie zum Ersatze des Schadens verwendet werden.

§ 600. Soweit es die Verhältnisse gestatten, ist für die Verwahrten jedes Bekenntnisses ein regelmäßiger Gottesdienst einzurichten und ihnen der Zuspruch eines Seelsorgers ihres Bekenntnisses zu ermöglichen.

§ 601. Das Ausmaß der Besuche, des brieflichen Verkehres und der Lektüre wird durch Verordnung festgesetzt.

§ 602. Jeder Verwahrte hat sich täglich durch mindestens eine Stunde in freier Luft zu bewegen, soferne nicht sein Gesundheitszustand darunter leiden würde.

§ 603. Als Zuchtmittel dienen Verweis, Zuweisung einer schwereren Arbeit, Entziehung von Begünstigungen, zeitweise Entziehung des warmen Frühstückes, Fasten bei Brot und Wasser, hartes Lager, Anhaltung in dunkler Zelle oder in besonders dazu bestimmten Zellen, allenfalls geschärft durch Entziehung der Arbeit.

Fasten und hartes Lager dürfen nur an zwei Tagen in einer Woche, Anhaltung in dunkler Zelle ununterbrochen nicht länger als durch drei Tage und dann erst wieder nach einer Woche angewendet werden.

Verwahrte, die sich gewalttätig benehmen, andere aufreizen, zu flüchten versuchen oder die Flucht vorbereiten, können zur Sicherung gefesselt werden.

§ 604. Wird ein Verwahrter geisteskrank, so ist er für die Dauer der noch zulässigen Anhaltung in eine Anstalt für verbrecherische Irre abzugeben.

§ 605. Diese Bestimmungen sind auch dann anzuwenden, wenn gemeingefährliche Verbrecher in einer besonderen Abteilung einer Strafanstalt verwahrt werden.

III. Gemeinsame Bestimmung.

§ 606. Die näheren Vorschriften über die Einrichtung aller Anstalten, die dem Strafvollzuge oder der Verwahrung wegen Gemeingefährlichkeit dienen, und über den Wirkungskreis der im Strafvollzuge und bei der Verwahrung gemeingefährlicher Personen tätigen Organe werden durch Verordnung festgesetzt.

Regierungsvorlage.

Nr. $\frac{62}{\text{H. H.}}$

Gesetz

vom . . . .

über die

Bildung der Geschwornenlisten und Schöffenlisten.

Mit Zustimmung beider Häuser des Reichsrates finde Ich anzuordnen, wie folgt:

Eignung zum Amt eines Geschworenen oder Schöffen.

§ 1. Zu dem Ehrenamt eines Geschworenen oder Schöffen sollen nur Männer berufen werden, welche

1. das dreißigste Lebensjahr vollendet haben;

2. des Lesens und Schreibens kundig sind;

3. in einer Gemeinde der im Reichsrate vertretenen Königreiche und Länder das Heimatsrecht besitzen;

4. in dem politischen Bezirke durch wenigstens zwei Jahre ihren Wohnsitz haben.

§ 2. Unfähig zu dem Amt eines Geschworenen oder Schöffen ist:

1. wer wegen körperlicher oder geistiger Gebrechen außerstande ist, den mit diesen Ämtern verbundenen Pflichten nachzukommen;

2. wer nicht im Vollgenusse der bürgerlichen Rechte ist, insbesondere auch der gerichtlich erklärte Verschwender und derjenige, über dessen Vermögen das Konkursverfahren eröffnet worden ist, bis zur Beendigung des Konkurses und, wenn er ein Kaufmann ist, bis zur Erlangung der Wiederbefähigung zu den im § 246 der Konkursordnung vom 25. Dezember 1868, RGB. Nr. 1 vom Jahre 1869, angeführten Rechten;

3. wer infolge einer strafgerichtlichen Verurteilung vom Richteramt ausgeschlossen ist und derjenige, gegen den ein Strafverfahren wegen einer strafbaren Handlung anhängig ist, die diesen Ausschluß zur Folge haben kann;

4. wer sich in strafgerichtlicher Haft befindet oder eine gerichtliche Strafe verbüßt;

5. wer für sich oder seine Familie eine Armenunterstützung aus öffentlichen Mitteln bezieht oder in den letzten zwei Jahren bezogen hat.

Personen, die zum Amt eines Geschwornen oder Schöffen nicht zu berufen sind.

§ 3. Zu dem Amt eines Geschworenen oder Schöffen sind nicht zu berufen:

1. die wirklich dienenden Staatsbeamten mit Ausnahme der Professoren und Lehrer an Hochschulen, Mittelschulen, Lehrer- und Lehrerinnenbildungsanstalten, gewerblichen Lehranstalten Handelsschulen und nautischen Schulen, ferner die im kaiserlichen Hofdienste stehenden Personen;

2. die aktiven Militärpersonen mit Ausnahme derjenigen, die nur zu einer zeitlichen aktiven Dienstleistung einberufen sind;

3. die Religionsdiener der gesetzlich anerkannten Kirchen- und Religionsgesellschaften;

4. die in der Verteidigerliste eingetragenen Personen;

5. die beim Betriebe der Post, des öffentlichen Telegraphen oder Telephons oder einer dem allgemeinen Verkehre dienenden Eisenbahn oder Schiffahrt beschäftigten Personen;

6. Dienstboten.

Befreiungsgründe.

§ 4. Befreit vom Amt eines Geschwornen oder Schöffen sind:

1. Personen, die das fünfundsechzigste Lebensjahr überschritten haben, für immer;

2. die Mitglieder des Reichsrates und der Delegation sowie die Mitglieder der Landtage für die Dauer der Sitzungsperiode;

3. die zu einer zeitlichen aktiven Dienstleistung einberufenen Militärpersonen und die Landsturmpflichtigen während der Dauer ihrer militärischen Dienstleistung;

4. Professoren und Lehrer an Hochschulen, Mittelschulen, Lehrer- und Lehrerinnenbildungsanstalten, gewerblichen Lehranstalten, Handelsschulen, nautischen Schulen, Volksschulen und Bürgerschulen und Werkmeister an gewerblichen Lehranstalten für das folgende Jahr, wenn die Unentbehrlichkeit in ihrem Berufe von dem Gemeindevorsteher bestätigt wird;

5. Ärzte und Apotheker für das folgende Jahr, wenn die Unentbehrlichkeit in ihrem Berufe von dem Gemeindevorsteher bestätigt wird;

6. Personen, die ihrer Pflicht als Geschworene in einer Schwurgerichtsperiode oder als Schöffen an fünf Verhandlungstagen entsprochen haben, bis zum Schlusse des nächsten Kalenderjahres.

Festsetzung der Anzahl der Geschwornen und Schöffen für jeden Gerichtshof.

§ 5. Niemand soll für dasselbe Jahr als Geschworner und als Schöffe berufen werden.

Jeder Schöffe soll nur zu fünf Verhandlungstagen im Jahr herangezogen werden. Finden bei einem Gerichtshof in der Regel nur an vier Tagen oder an weniger als vier Tagen der Woche Verhandlungen statt, so kann der Präsident des Gerichtshofes zweiter Instanz bestimmen, daß die Schöffen nur zu vier, drei oder zwei Verhandlungstagen im Jahr herangezogen werden.

Die Tage, an welchen ordentliche Sitzungen des Gerichtshofes erster Instanz als Schöffengerichtes stattfinden, werden für das ganze Jahr im voraus festgesetzt; sie sind derart zu bestimmen, daß sie soviel als möglich an unmittelbar aufeinanderfolgenden Tagen der Woche stattfinden.

§ 6. Der Präsident des Gerichtshofes zweiter Instanz bestimmt für jeden Gerichtshof alljährlich im vorhinein die Anzahl der Geschworenen und Ergänzungsgeschworenen sowie der Schöffen und Ergänzungsschöffen, die nach der Zahl der zu gewärtigenden ordentlichen und außerordentlichen Sitzungsperiodeu des Schwurgerichtes und der Zahl der Verhandlungstage des Gerichtshofes erster Instanz als Schöffengerichtes voraussichtlich erforderlich ist, und verteilt die für jeden Gerichtshof ermittelte Anzahl nach dem Verhältnisse der Bevölkerung auf die einzelnen politischen Bezirke des Sprengels. Auf die Fälle der Verhinderung und Ausschließung von Geschworenen und Schöffen und auf die Fälle der Ablehnung von Schöffen ist Rücksicht zu nehmen.

Urlisten.

§ 7. Der Gemeindevorsteher hat mit zwei von ihm aus der Gemeindevertretung gewählten Mitgliedern alljährlich Ende August ein Verzeichnis aller Personen anzulegen, die in der Gemeinde ihren Wohnsitz haben, als Geschworene oder Schöffen berufen werden können und ihre Befreiung nicht nach § 4, Z. 1 oder 6, erwirkt haben.

Das Verzeichnis enthält in alphabetischer Ordnung und unter fortlaufenden Nummern die Vornamen und Zunamen der eingetragenen Personen, deren Beruf oder Beschäftigung, Wohnort und die Angabe, welche von den Landessprachen sie verstehen und welcher sie sich vorwiegend bedienen. Bei Wehrpflichtigen (§ 4, Z. 3) ist anzumerken, ob und für welche Zeit ihre Einberufung zur militärischen Dienstleistung zu gewärtigen ist. Dieses Verzeichnis bildet die Urliste.

§ 8. Die Urliste muß durch wenigstens vierzehn Tage an dem Amtssitze des Gemeindevorstehers zu jedermanns Einsicht aufliegen. Das Aufliegen der Liste und die Belehrung über das Einspruchsrecht sind auf ortsübliche Weise öffentlich bekannt zu machen.

Jedem Beteiligten steht es frei, während dieser Frist wegen Übergehung gesetzlich zulässiger oder wegen Eintragung gesetzlich unfähiger oder unzulässiger Personen in die Liste schriftlich oder zu Protokoll Einspruch bei dem Gemeindevorsteher zu erheben oder in gleicher Weise seine Befreiungsgründe geltend zu machen.

§ 9. Die Gemeindekommission (§ 7) entscheidet über alle erhobenen Einsprüche und über die Richtigkeit der angeführten Befreiungsgründe. Diese Entscheidungen sowie die dagegen eingebrachten Beschwerden sind in der Urliste anzumerken; die Beschwerde muß innerhalb dreier Tage nach amtlicher Mitteilung der Entscheidung eingebracht werden. Sind durch die Entscheidungen der Gemeindekommission Abänderungen an der veröffentlichten Liste vorgenommen worden, so sind diese durch Anschlag am Amtssitze bekannt zu machen und die Beteiligten davon zu verständigen. Personen, die Einspruch erhoben haben, sind von der Entscheidung zu verständigen. Dasselbe Verfahren findet bei Geltendmachung von Befreiungsgründen statt.

Prüfung der Urlisten und Verfassung der Vorschlagslisten.

§ 10. Die richtiggestellte Urliste ist von dem Gemeindevorsteher unter Anschluß aller Schriftstücke, die sich auf die eingebrachten Einsprüche und Befreiungsgesuche beziehen, ohne Verzug und längstens bis Ende September an den Bezirkshauptmann einzusenden. Der Bezirkshauptmann nimmt sofort die Prüfung der Liste vor und stellt sie, wenn er Ungesetzlichkeiten oder erhebliche Ungenauigkeiten wahrnimmt, dem Gemeindevorsteher zur Berichtigung zurück. Wenn die Berichtigung die Ausschließung früher aufgenommener oder die Aufnahme früher ausgeschlossener Personen zur Folge hat, so ist mit der berichtigten Liste wie mit der zuerst verfaßten vorzugehen (§§ 8 und 9).

Die berichtigte Liste ist längstens bis Ende Oktober an den Bezirkshauptmann wieder einzusenden. Sollte der Gemeindevorsteher die Anlegung, Berichtigung oder Einsendung der Urliste beträchtlich verzögern, so steht es dem Bezirkshauptmanne zu, die rückständige Amtshandlung durch seine eigenen Organe auf Kosten der Gemeinde vollziehen zu lassen.

§ 11. Der Bezirkshauptmann schlägt dreimal so viel Personen zu Geschwornen und Schöffen vor, als nach der Verteilung auf seinen Amtssprengel entfallen; er wählt aus den Urlisten die Männer aus, die ihm wegen ihrer Verständigkeit, rechtlichen Gesinnung und ihres festen und ehrenhaften Charakters für das Amt eines Geschwornen oder Schöffen vorzüglich geeignet erscheinen und vereinigt ihre Namen in einer Vorschlagsliste. In mehrsprachigen Ländern hat der Bezirkshauptmann nach Maßgabe des Bedürfnisses auf die sprachliche Verwendbarkeit für das Amt eines Geschwornen oder Schöffen

Bedacht zu nehmen. Die Urlisten und die Vorschlagsliste sind samt allen Urkunden dem Präsidenten des Gerichtshofes erster Instanz vorzulegen.

§ 12. In Städten, die ein eigenes Statut besitzen und deren Ämter die Geschäfte der politischen Behörde besorgen, hat der Gemeindevorsteher die Urliste unmittelbar an den Präsidenten des Gerichtshofes erster Instanz einzusenden und hiebei die sonst dem Bezirkshauptmann im § 11 zugewiesenen Aufgaben zu erfüllen.

Jahreslisten.

§ 13. Der Präsident des Gerichtshofes erster Instanz beruft eine Kommission, die spätestens im Monate November die Jahresliste der Geschwornen und die Jahresliste der Schöffen für den Sprengel bildet.

Die Kommission besteht aus dem Präsidenten oder dessen Stellvertreter als Vorsitzenden und aus drei Richtern, welche der Zahl der Räte des Gerichtshofes oder der Vorsteher der Bezirksgerichte des Sprengels entnommen werden, dann aus drei Vertrauensmännern.

Die Mitglieder werden vom Präsidenten bestimmt.

Zu Vertrauensmännern können nur Personen bestimmt werden, die nicht im Staatsdienste stehen und für den Sprengel dieses Gerichtshofes die Eignung zum Amt eines Geschwornen und Schöffen besitzen.

Wenn Vertrauensmänner das Erscheinen ablehnen oder sich sonst der Erfüllung ihrer Aufgabe entziehen, hat der Präsident des Gerichtshofes ohne Verzug andere Vertrauensmänner zu berufen.

Die Kommission entscheidet nach Stimmenmehrheit. Gegen ihre Beschlüsse ist keine Beschwerde zulässig.

§ 14. Der Präsident verständigt von der Sitzung den Vorsteher der politischen Landesbehörde, der einen Abgeordneten zu entsenden hat. Dieser hat nur beratende Stimme.

§ 15. Die Kommission hat vorerst über die in den Listen vorgemerkten Beschwerden (§ 9) zu entscheiden. Sind Personen wider das Gesetz in die Liste nicht aufgenommen worden, so veranlaßt sie deren Eintragung. Hierauf schreitet sie zur Bildung der aus je einer Hauptliste und einer Ergänzungsliste bestehenden Jahreslisten der Geschwornen und Schöffen.

Der Umfang dieser Listen ist in der Art zu bemessen, daß jede Liste um die Hälfte mehr Personen enthält, als voraussichtlich benötigt werden.

§ 16. Die Kommission wählt aus den Urlisten unter Benützung der Vorschlagslisten die Personen aus, die sie für die fähigsten und würdigsten zum Geschwornenamt und zum Schöffenamt hält und vereinigt die Namen in je einer Hauptliste und in je einer Ergänzungsliste. In die Ergänzungslisten sind Personen aufzunehmen, die am Sitze des Gerichtshofes oder in dessen nächster Umgebung wohnen.

Die Reihenfolge, in der die Schöffen und Ergänzungsschöffen im Laufe des Jahres zum Dienst einberufen werden, wird in öffentlicher Sitzung der Kommission durch Auslosung bestimmt. Die Advokatenkammer ist einzuladen, ein Mitglied zu entsenden. Das Los zieht der Präsident des Gerichtshofes. In der Reihenfolge der Auslosung werden die Schöffen und Ergänzungsschöffen in der Hauptliste und in der Ergänzungsliste verzeichnet. In mehrsprachigen Ländern ist dem Namen die Angabe beizufügen, welche von den Landessprachen der Schöffe versteht und welcher er sich vorwiegend bedient.

Über die Vorgänge in der Sitzung der Kommission ist ein Protokoll aufzunehmen.

§ 17. Die Jahreslisten sind in Druck zu legen und dem Präsidenten des Gerichtshofes zweiter Instanz, dem Oberstaatsanwalte, dem Vorsteher der politischen Landesstelle, ferner den Staatsanwälten, Bezirkshauptmännern und den Vorstehern der Bezirksgerichte und Gemeinden im Sprengel des Gerichtshofes mitzuteilen.

Die Jahreslisten sind an der Amtstafel des Gerichtshofes und der in seinem Sprengel gelegenen Bezirksgerichte anzuschlagen.

§ 18. Die Vorsteher von Behörden und Gemeinden sind verpflichtet, dem Präsidenten des Gerichtshofes erster Instanz sogleich die Anzeige zu erstatten, wenn im Laufe des Jahres Verhältnisse zu ihrer Kenntnis gelangen, die Geschworne oder Schöffen unfähig (§ 2) oder die Berufung zu diesem Amt unzulässig (§ 3) machen, und wenn die Einberufung von Wehrpflichtigen (§ 4, Z. 3) zur militärischen Dienstleistung erfolgt. Die im § 4, Z. 2, 4 und 6, genannten Personen können beim Präsidenten des Gerichtshofes erster Instanz um ihre Ausscheidung einschreiten, wenn der gesetzliche Befreiungsgrund erst nach Ablauf der Einspruchsfrist eintritt.

Über die Notwendigkeit und Berechtigung einer Ausscheidung aus der Jahresliste entscheidet der Präsident des Gerichtshofes erster Instanz.

Dienstliste der Geschwornen.

§ 19. Vierzehn Tage vor Beginn jeder Schwurgerichtsperiode ist bei dem Gerichtshof erster Instanz in Anwesenheit zweier Richter und des Staatsanwaltes in öffentlicher Sitzung die Dienstliste durch das Los zu bilden. Die Advokatenkammer ist einzuladen, ein Mitglied zu entsenden.

§ 20. Um die Dienstliste zu bilden, werden aus der Jahresliste vorerst die für die Zeit der Schwurgerichtsperiode zur militärischen Dienstleistung einberufenen Wehrpflichtigen ausgeschieden.

Sodann werden die Namen der in den beiden Bestandteilen der Jahresliste eingetragenen übrigen Personen in je eine Urne gelegt und daraus durch den Präsidenten des Gerichtshofes zuerst die sechsunddreißig Hauptgeschwornen und hierauf die neun Ergänzungsgeschwornen gezogen.

Über diesen Vorgang ist ein Protokoll aufzunehmen.

Ergänzung der Jahresliste der Geschwornen.

§ 21. Enthält die Jahresliste nur mehr eine so geringe Zahl von Namen, daß die Hauptliste weniger als vierundfünfzig, die Ergänzungsliste weniger als vierzehn Namen umfaßt, so hat eine nach § 13 zusammengesetzte Kommission die Jahresliste bis auf die erwähnten Zahlen aus den Urlisten zu ergänzen, ehe zur Bildung der Dienstliste geschritten wird.

Ladung der Geschwornen und Eintreten von Ergänzungsgeschwornen.

§ 22. Die sechsunddreißig Hauptgeschwornen und die neun Ergänzungsgeschwornen sind unter Bekanntgabe des Ortes, des Tages und der Stunde des Beginnes der Schwurgerichtssitzungen und unter Hinweis auf die gesetzlichen Folgen des Ausbleibens durch den Präsidenten des Gerichtshofes erster Instanz schriftlich vorzuladen, wobei dafür Sorge zu tragen ist, daß die Ladung zu ihren eigenen Händen und acht Tage vor dem Beginne der Sitzungsperiode zugestellt werde.

§ 23. Sind vor dem Beginne der Hauptverhandlung weniger als dreißig Hauptgeschworene erschienen, so sind die auf diese Zahl fehlenden aus den neun Ergänzungsgeschwornen zu ersetzen. Zu diesem Behufe werden vom Vorsitzenden des Schwurgerichtshofes in Gegenwart seiner Mitglieder, des Anklägers und der Verteidiger der Angeklagten die Namen der neun Ergänzungsgeschwornen in eine Urne gelegt, die erforderliche Anzahl von Namen gezogen und verlesen.

Über diesen Vorgang ist ein Protokoll aufzunehmen.

Bildung einer Geschwornenbank für mehrere Straffälle.

§ 24. Wenn bei einem Schwurgerichte mehrere Straffälle an demselben Tage zur Hauptverhandlung gelangen sollen, so kann die Bildung der Geschwornenbank für alle diese Straffälle vor Beginn der Verhandlung des ersten Falles erfolgen.

Die für den ersten Straffall gebildete Geschwornenbank verbleibt, wenn die zur Ablehnung von Geschwornen Berechtigten sich damit einverstanden erklären, auch für die folgenden an demselben Tage zur Verhandlung kommenden Straffälle in Tätigkeit.

Wird, weil ein zur Ablehnung Berechtigter es verlangt, für einen der folgenden Straffälle eine neue Geschwornenbank gebildet, so verbleibt diese, wenn die zur Ablehnung Berechtigten sich damit einverstanden erklären, auch für die andern folgenden Fälle in Tätigkeit.

Verzögert sich wegen der längeren Dauer der vorhergehenden Verhandlungen oder aus anderen Gründen der festgesetzte Anfang einer Verhandlung dergestalt, daß sie erst am vierten oder einem noch späteren Tage nach demjenigen beginnt, an dem die Geschwornenbank gebildet worden war, so muß zur Bildung einer neuen Geschwornenbank geschritten werden.

Ladung der Schöffen.

§ 25. Der Präsident des Gerichtshofes erster Instanz benachrichtigt die Schöffen und Ergänzungsschöffen unter Mitteilung der Jahresliste von ihrer Auslosung.

Der Vorsitzende des Gerichtshofes ladet die Schöffen in der Reihenfolge der Jahresliste zu den nach der Geschäftseinteilung des Gerichtshofes unmittelbar aufeinanderfolgenden Verhandlungstagen, an welchen sie ihr Amt auszuüben haben. Sind die zunächst zu berufenden Schöffen der Sprache, in welcher eine Verhandlung durchzuführen ist, nicht mächtig, so sind in der Reihenfolge der Auslosung die dieser Sprache kundigen Schöffen zu laden.

In die Ladung ist der Hinweis auf die Folgen des Ausbleibens aufzunehmen. Die Ladung ist zu eigenen Händen und womöglich acht Tage vor dem ersten Verhandlungstage zuzustellen.

§ 26. Wird infolge der Ausschließung oder Ablehnung eines Schöffen, wegen Unkenntnis der Verhandlungssprache, Anberaumung einer außerordentlichen Sitzung oder aus einem andern Grunde die Verwendung anderer als der zunächst berufenen Schöffen notwendig, so sind sie aus der Zahl der Ergänzungsschöffen nach der Reihenfolge der Jahresliste zu berufen.

In derselben Weise ist die Ergänzung der Zahl der Schöffen vorzunehmen, wenn der Gerichtshof erster Instanz, der in einer Versammlung von zwei Richtern und zwei Schöffen in die Verhandlung über eine Anklage eingetreten ist, zur Ansicht gelangt, daß die Tat mit einer fünf Jahre übersteigenden Freiheitsstrafe bedroht ist oder daß das Verbrechen oder Vergehen durch den Inhalt einer Druckschrift begangen wurde, ohne daß die Zuständigkeit des Geschworenengerichtes begründet wäre.

Die nicht am Sitze des Gerichtes wohnenden Ergänzungsschöffen können übergangen werden, wenn ihre Einberufung den Beginn oder die Fortsetzung der Verhandlung erheblich verzögern würde.

Die Bestimmungen sind nicht anzuwenden, wenn der Gerichtshof aus einem der angeführten Gründe die Vertagung der Hauptverhandlung beschließt.

§ 27. Ist ein Schöffe gehindert, der Ladung Folge zu leisten, so hat er seiner Pflicht zu genügen, sobald das Hindernis behoben ist.

Der Schöffe ist verpflichtet, seine Tätigkeit bis zum Schluß einer Verhandlung fortzusetzen, wenngleich sich ihre Dauer über die Zahl von Tagen hinaus erstreckt, für die der Schöffe einberufen ist.

Die Teilnahme an einer vertagten Verhandlung kann ein Schöffe, der bei der ersten Verhandlung mitwirkte, nicht deshalb verweigern, weil er schon an der vorgeschriebenen Zahl von Verhandlungstagen verwendet wurde oder weil die Verhandlung erst im nächsten Kalenderjahre fortgesetzt wird.

Der Schöffe, der seinen Dienst zu Ende eines Jahres begonnen hat, setzt ihn im nächsten Jahre fort.

§ 28. Der Präsident des Gerichtshofes erster Instanz kann auf übereinstimmenden Antrag der beteiligten Schöffen die Änderung der durch die Auslosung bestimmten Reihenfolge bewilligen, solange die Straffälle noch nicht bestimmt sind, die an den einzelnen Verhandlungstagen durchzuführen sind.

Der Präsident kann einen Schöffen auf dessen Antrag aus erheblichen Gründen von der Dienstleistung an bestimmten Verhandlungstagen entheben.

Ergänzung der Jahresliste der Schöffen.

§ 29. Wird die Jahresliste vor Ablauf des Jahres erschöpft, so hat eine nach § 13 zu bildende Kommission die für den Rest des Jahres erforderlichen Schöffen oder Ergänzungsschöffen und die Reihenfolge ihrer Verwendung in der in den §§ 14 bis 16 angeordneten Weise zu bestimmen.

Folgen des Ungehorsams.

§ 30. Geschworne und Schöffen, die ohne ein unabwendbares Hindernis zu bescheinigen, von einer Sitzung ausbleiben oder sich in anderer Weise ihren Obliegenheiten entziehen, werden von dem Gerichtshof erster Instanz zu einer Ordnungstrafe bis zu hundert Kronen, im Falle der Wiederholung bis zu zweihundert Kronen verurteilt.

Gegen ein solches Erkenntnis kann der Verurteilte binnen acht Tagen nach der Zustellung bei dem Gerichtshof Einspruch erheben und unter genügender Bescheinigung, daß ihm die Vorladung nicht gehörig zugestellt worden sei oder daß ihn ein unvorhergesehenes und unabwendbares Hindernis vom Erscheinen abgehalten habe oder daß die ausgesprochene Strafe nicht im Verhältnisse zu seinem Versäumnisse stehe, um Aufhebung oder Milderung der ihm auferlegten Strafe bitten.

Gegen die Entscheidung findet kein Rechtsmittel statt.

Die Vorschriften über die Verwendung von Geldstrafen, die auf Grund der Bestimmungen der Strafprozeßordnung verhängt werden, sind anzuwenden.

Befreiung vom Dienst im nächsten Jahre.

§ 31. Die Geschwornen und Schöffen sind bei Beendigung ihrer Dienstleistung vom Vorsitzenden zu befragen, ob sie für das nächste Kalenderjahr oder für eine kürzere Zeit vom Dienste befreit werden wollen. Wird von dieser Befreiung Gebrauch gemacht, so hat der Präsident des Gerichtshofes den Gemeindevorsteher des Wohnortes zu verständigen.

Gebühren.

§ 32. Geschworene, Schöffen und Vertrauensmänner, die weiter als vier Kilometer vom Gerichtsort entfernt wohnen, erhalten für jeden Tag der Dienstleistung ein Taggeld von vier Kronen. Personen, die vom Taglohn oder Wochenlohne leben, erhalten dieses Taggeld ohne Rücksicht auf die Entfernung ihres Wohnortes. Der Tag, an dem der Geschworene zur Sitzung erscheint, gilt als Tag der Dienstleistung, auch wenn der Geschworne nicht ausgelost wird.

Geschwornen, Schöffen und Vertrauensmännern, die weiter als acht Kilometer vom Gerichtsort entfernt wohnen, werden die Reiseauslagen vergütet. Das Ausmaß wird durch Verordnung bestimmt. Die Vergütung wird nur einmal gewährt, wenn die Tage der Dienstleistung unmittelbar aufeinanderfolgen oder wenn sie nur durch zwei dazwischenliegende Tage getrennt sind. Für die inmitten liegenden Tage wird in diesem Falle das Taggeld gewährt.

Jeder Geschworene und Schöffe hat Anspruch auf die Vergütung der Reiseauslagen, wenn ein Augenschein außerhalb des Gerichtsortes vorgenommen wird.

Die Gebühren sind nur auf Verlangen zu erfolgen.

§ 33. Das Gesetz vom 23. Mai 1873, RGB. Nr. 121, über die Bildung der Geschwornenlisten wird aufgehoben.

§ 34. Die Minister des Innern und der Justiz sind mit dem Vollzuge des Gesetzes beauftragt.

Der Justizminister wird ermächtigt, durch Verordnung zu bestimmen, wann die einzelnen Bestimmungen des Gesetzes in Wirksamkeit treten.

Druck von Leonhard Simion Nf. in Berlin SW.

No. 15. **Strafgesetzbuch der Republik Chile.** 3 M.

No. 16. **Allgemeines Bürgerliches Strafgesetzbuch für das Königreich Dänemark** vom 10. Februar 1866 sowie Gesetz, betreffend die Behandlung einiger im allgemeinen Bürgerlichen Strafgesetzbuch behandelter Verbrechen und Gesetz über Gewalt gegen schuldlose Personen vom 11. Mai 1897. Übersetzt von Dr. jur Hans Bittl. 1 M. 60 Pf.

No. 17. **Die Bulgarische Strafprozeßordnung** vom 3. April 1897. Übersetzt von Dr. A. Teichmann, ord. Professor. 2 M. 25 Pf.

No. 18. **Die Norwegische Strafgesetzgebung** vom 22. Mai 1902. 1. Militärstrafgesetz. 2. Gerichtliches Verfahren in Militärstrafsachen. 3. Änderungen im Gesetz über das gerichtliche Verfahren in Strafsachen vom 1. Juli 1887. Übersetzt von Professor Dr. A. Teichmann. 2 M. 50 Pf.

No. 19. **Das Portugiesische Strafgesetzbuch.** Übersetzt von F. Zander. 3 M.

No. 20. **Allgemeines bürgerl. Strafgesetz für das Königreich Norwegen** vom 22. Mai 1902. Übersetzt von Dr. Ernst Heinrich Rosenfeld, o. ö. Professor und Andreas Urbye, Staatsanwalt in Tromsö (einzeln nicht mehr erhältlich). 2 M. 50 Pf.

No. 21. **Die Ottomanische Strafprozeßordnung,** veröffentlicht auf Irade vom 5 Redscheb 1296 (25. Juni 1879). Übersetzt von W. Padel, zweitem Dragoman der Kaiserlich Deutschen Botschaft in Konstantinopel. 2 M. 50 Pf.

No. 22. **Dänemark.** I. Interimistisches Gesetz vom 1. April 1905 betr. Änderungen der Strafgesetze (Prügelgesetz). II. Verordnung betr. Körperstrafe und Vollziehung. III. Bekanntmachung vom 6. September 1905 betr. die Durchführung der im interimistischen Gesetze vom 1. April enthaltenen Bestimmung, daß Gefängnisstrafe bei gewöhnlicher Kost mit Arbeitszwang verbunden ist. 60 Pf.

No. 23. **Strafgesetzbuch für das Kaiserlich japanische Reich** vom 23. April 1907. Übersetzt von Dr. jur. Shigema Oba, Kaiserlich japanischer Staatsanwalt. 1 M. 50 Pf.

No. 24. **Das neue russische Strafgesetzbuch** (Ugolovnoje Ulozenje). Allerhöchst bestätigt am 22. März 1903. Aus dem Russischen übersetzt von Dr. O. S. Bernstein. 4 M.

No. 25. **Oesterreichischer Gesetzentwurf,** betr. die strafrechtliche Behandlung und den strafrechtlichen Schutz Jugendlicher. 1907. 2 M. 50 Pf.

No. 26. **Spanisches Strafgesetzbuch.** Vom 17. Juni 1870. Übersetzt von Alfredo Hartwig. 3 M.

No. 27. **Neueste Englische Kriminalpolitik.**
1. Children Act, 1908.
2. Prevention of Crime Act, 1908.
3. Probation of Offenders Act, 1907. 2 M.

Fortsetzung auf der 4. Umschlagseite.

No. 28. Vorentwurf zu einem **Schweizerischen Strafgesetzbuch.** (April 1908.) 1 M. 50 Pf.

No. 29. Vorentwurf zu einem **Oesterreichischen Strafgesetzbuch.** (September 1909.) 2 M.

No. 30. **Das Ungarische Strafgesetzbuch über Verbrechen und Vergehen** (V. Gesetzartikel vom Jahre 1878) mit allen Abänderungen und Ergänzungen einschließlich der Ungarischen Strafgesetznovelle (XXXVI. Gesetzartikel vom Jahre 1908) und den bis 1909 ergangenen strafrechtlichen Nebengesetzen. 2 M. 50 Pf.

No. 31. **Japanisches Militär-Strafgesetzbuch** vom 9. April 1908. Gesetzblatt No. 46. — **Japanische Militär-Strafgerichtsordnung** vom 19. Oktober 1898, Gesetzblatt No. 2. Übersetzt von Rennosuke Fujisawa, Berlin-Schöneberg. 1 M. 20 Pf.

No. 32. **Vorentwurf zu einem Strafgesetzbuch für das Königreich Serbien.** Nach der amtlichen Ausgabe des Justizministeriums übersetzt und herausgegeben von Zivko Topalovits aus Belgrad und Hans Landsberg aus Berlin. 2 M.

No. 33. **Das Alkoholgesetz in Chile** vom 18. Januar 1902. Übersetzt von Alfredo Hartwig. 1 M.

No. 34. **Das türkische Strafgesetzbuch** vom 9. August 1858 mit Novelle vom 4. April 1911 und den wichtigsten türkischen Strafnebengesetzen. Deutsche Übersetzung nebst Einleitung und Anmerkungen von Dr. jur. Erich Nord. 3 M. 50 Pf.

No. 35. **Englisches Spionage-Gesetz** vom Jahre 1911. 80 Pf.

No. 36. **Das Gerichtsverfassungsgesetz und die Strafprozeßordnung von Japan.** Übersetzt und mit Anmerkungen versehen von Staatsanwalt Dr. Mannosuke Yamaoka und k. k. Hauptmannauditor Dr. Otto Kerry. 3 M.

No. 37. a) **Das belgische Kinderschutzgesetz** vom 15. Mai 1912. Übersetzt von Staatsanwalt Dr. Rosenfeld. b) **Französisches Gesetz betr. Jugendgerichte und Schutzaufsicht** vom 22. Juli 1912. Übersetzt von Staatsanwalt Dr. Rosenfeld. c) **Entwurf eines Deutschen Gesetzes über das Verfahren gegen Jugendliche.** 80 Pf.

No. 38. **Das polizeiliche Strafverfahren in Ungarn.** Übersetzt von Dr. Gabriel von Szöllösy, Oberleutnantauditor im k. u. k. Kriegsministerium in Wien.

No. 39. **Regierungs-Entwurf eines Österreichischen Strafgesetzbuches und einer Abänderung der Strafprozeßordnung** (1912).

No. 40. **Das Russische Militär-Strafrecht.** Übersetzt und bearbeitet von Rechtsanwalt Klibanski in Berlin.

Druck von Leonhard Simion Nf. in Berlin SW. 48.

191012

FSC
www.fsc.org
MIX
Papier | Fördert gute Waldnutzung
FSC® C083411

Kolibri 360 GmbH
Ferdinand-Jühlke-Straße 7
99095 Erfurt, Deutschland
produktsicherheit@kolibri360.de